ANNETT

DEM SCHICKSAL AUF DER SPUR –
DAS GEHEIMNIS DER INDISCHEN PALMBLATTBIBLIOTHEKEN

Annett & Thomas Ritter

Dem Schicksal auf der Spur

Das Geheimnis der indischen Palmblattbibliotheken

1. Auflage Mai 1998
2. Auflage Oktober 1998
3. durchgesehene und korrigierte Auflage Mai 1999
4. überarbeitete, inhaltlich unveränderte Auflage November 1999
Copyright © by CTT-Verlag,
Stadelstraße 16, D-98527 Suhl
1998/1999

Alle Rechte vorbehalten, insbesondere das Recht der mechanischen, elektronischen oder fotografischen Vervielfältigung, der Einspeicherung und Verarbeitung in elektronischen Systemen, des Nachdrucks in Zeitschriften oder Zeitungen, des öffentlichen Vortrags, der Verfilmung oder Dramatisierung, der Übertragung durch Rundfunk, Fernsehen oder Video, auch einzelner Bild- und Textteile.

Satz und Umschlagentwurf: TM, Suhl
Herstellung: Copy Tech Thüringen
Printed in Germany
ISBN 3-9806077-1-2

INHALTSVERZEICHNIS

I.	STATT EINES VORWORTES	7
II.	WIR ÜBER UNS	11
III.	AUF DER SPUR DES PHÄNOMENS	18
IV.	GO EAST – REISE NACH INDIEN	38
V.	DAS ERBE DER VORZEIT	92
VI.	DER MEISTER AUS MADRAS UND DIE SCHICKSALSBIBLIOTHEK	120
VII.	VON KARMA UND REINKARNATION	165
IIX.	DIE PROPHEZEIUNGEN DES BHAGAWAN SHUKA MAHARSHI	172
IX.	EIN LEBEN IN 12 KAPITELN	196
X.	DAS VERMÄCHTNIS DER RISHIS	237
	DANKSAGUNG	248
	LITERATURVERZEICHNIS	249
	BILDQUELLEN	251

I. STATT EINES VORWORTES

Wunder sind heutzutage rar geworden. Am Ende des Zweiten Jahrtausends christlicher Zeitrechnung triumphieren Bilanzen, sogenannte »Harte Tatsachen« und weitestgehend ungehemmter Eigennutz.

Umfassendes Wissen, Weisheit und Erkenntnis der innewohnenden Zusammenhänge scheinen in dieser Welt nur noch eine Existenzberechtigung zu besitzen, wenn sie sich auch entsprechend rechnen, mit anderen Worten, möglichst kurzfristig Profit abwerfen. »Shareholder value« und »Flexibilität« sind die Zauberworte dieses »neuen globalen Denkens«, welches Geld und materiellen Besitz als die einzigen Maßstäbe des »Erfolges« anerkennt, an dem der Einzelne gemessen wird.

Ideale, hohe Ziele und selbstlose Träume von einer wahrhaft gemeinsamen Zukunft aller Menschen sind als »Sekundärtugenden« »mega-out« und allenfalls Sache belächelter Außenseiter.

Wir definieren uns nicht mehr über das Sein, sondern ausschließlich über das Haben. Die selbstverständliche Folge einer solchen Haltung ist, daß wir immer mehr haben wollen, um »etwas zu Sein«. Ständig neue Bedürfnisse zu wecken, um sie ebenso rasch zu befriedigen und durch wiederum neue, von außen suggerierte Wünsche abzulösen, dies gilt als der Motor des Fortschritts, der angeblich unsere Gesellschaft unaufhörlich und mit immer höherem Tempo vorwärts treibt. Schon längst haben die meisten aufgehört zu fragen, wohin dieser Weg des Fortschritts denn überhaupt führen soll. In der ständigen Bewegung allein, im laufend neu angeheizten Konsum im internetverkabelten »Globalen Dorf« oder der Scheinbefriedigung einer Karriere in der Arbeitswelt erschöpfen sich heutige Zukunftsvisionen. Niemals aber werden wir genug von dem bekommen, was wir nicht wirklich brauchen.

Allenthalben mehren sich deshalb die Zeichen, daß dieser Trend wohl einen katastrophalen Irrläufer der menschlichen Entwicklungsgeschichte darstellt. Nicht nur die zunehmende Verflachung im geistigen Leben mag Anlaß zur Sorge bieten – viel auffälliger, da für jedermann auf einfache Weise erfahrbar, sind die Zerstörung der Natur und die fortschreitende Plünderung der Ressourcen des Planeten für die Aufrechterhaltung des Wohlstandes eines immer kleiner werdenden Bruchteils der Weltbevölkerung. Die Mißachtung der natürlichen Umwelt als Urgrund auch unseres Seins setzt sich in den sozialen Beziehungen der Individuen unserer postindustriellen Gesellschaft fort. Wer rücksichtslosen Ellenbogeneinsatz als Leistungsbereitschaft prämiert, Konkurrenz und Verdrängung der Konkurrenten zum alles beherrschenden Prinzip in sämtlichen Lebensbereichen erhebt und dies mit dem Begriff von der Freiheit des Individuums garniert, muß sich nicht wundern, wenn eskalierende Gewalt, soziale Kälte und zunehmende Entsolidarisierung an der Tagesordnung sind und die Apokalypse einer totalen Entropie der westlichen Gesellschaft gespenstische Aktualität gewinnt.

Wir stehen an der Schwelle eines neuen Jahrtausends. Obwohl uns materielle Dinge im Überfluß umgeben und wir in der Vielzahl täglicher Informationen schier zu ersticken drohen und uns daher in der trügerischen Sicherheit wiegen, alles zu wissen, erscheint die Zukunft in düsteren Farben und Endzeitpropheten haben Hochkonjunktur.

Instinktiv spüren die Menschen, wie instabil unsere scheinbar so festgefügte Gesellschaft in Wahrheit ist. Dieses Unbehagen produziert eine fortgesetzte Sehnsucht nach Sicherheit, die sich auch darin äußert, alles und jedes, insbesondere aber das eigene Leben, stets und ständig »unter Kontrolle« zu halten. Resultat einer solchen Einstellung ist die vielfach zu beobachtende »Vollkasko-Mentalität«, das Bestreben also, gegen alle Wechselfälle des Schicksals auf bequeme Weise abgesichert zu sein, ohne selbst eine besondere Verantwortung für sein Leben übernehmen zu müssen.

So wünscht sich denn auch mancher, ab und an in die eigene Zukunft schauen zu können – natürlich nicht zu weit, denn es gehört zu den Schutzmechanismen der meisten menschlichen Individuen, die eigene Sterblichkeit zu leugnen.

Jedoch einen Blick von dem zu erhaschen, was das Leben noch bereithält, sein Schicksal zu kennen, um für die Zukunft gewappnet zu sein, diese Perspektive ist für viele durchaus reizvoll.

So lesen denn auch Millionen Menschen tagtäglich in aller Welt die Horoskope diverser Tageszeitungen und Magazine. Handleser, Traumdeuter, Astrologen, Kartenlegerinnen und andere, deren Beruf die Zukunft ist, bieten – per Annonce und zumeist für teures Geld – ihre Dienste feil, die nicht zu knapp in Anspruch genommen werden.

Nun soll es hier keineswegs darum gehen, die zumeist auf jahrelangen Studien beruhende Arbeit ernsthafter Astrologen und Chiromanten in Zweifel zu ziehen, zumal jeder weiß, der sich ein wenig intensiver mit diesen Themen befaßt hat, das es sich bei diesen Varianten der Zukunftsschau um durchaus ernstzunehmende Abbildungssysteme unserer Wirklichkeit handelt.

Am Beispiel der Astrologie wollen wir dies verdeutlichen. Die Astrologie geht von der Grunderkenntnis aus, daß das Universum ein geschlossenes System ist und in seiner Gesamtheit den gleichen Gesetzmäßigkeiten gehorcht. Bei der Betrachtung eines beliebigen Teiles dieses geschlossenen Systems muß es daher möglich sein, auf das Verhalten anderer Teile desselben Systems zu schließen.

Viel einfacher als diese komplizierte Erklärung ist der alte hermetische Grundsatz »Wie oben, so unten«, welcher dasselbe besagt.

Das Horoskop zeigt daher bei entsprechender Berechnung mit exakter Genauigkeit die Verteilung der »Wirklichkeitsbausteine« an, aus denen sich das Leben eines jeden Menschen im einzelnen zusammensetzt. Das Horoskop läßt also sichtbar werden, welche dieser »Bausteine« etwa als Talente, Neigungen und Veranlagungen mit in das Leben gebracht wurden und welche es noch durch entsprechende Erfahrungen zu erwerben gilt. Es zeigt sogar die Art und Weise des Handelns oder Geschehens an, das die noch ausstehenden Erfahrungen erst ermöglicht. Im Horoskop sind also Ausgangspunkt und Finalität eines Lebens vereint.

Das Horoskop, welches für den Zeitpunkt der Geburt eines Menschen erstellt wird, beinhaltet nach dieser Ansicht also die »Lebensformel« der betreffenden Person.

Die Erstellung eines solchen Horoskops bedarf allerdings umfassender Kenntnisse und gründlicher Studien – es ist vollkommen verschieden von den zweizeiligen Machwerken sogenannter Tageshoroskope in diversen Boulevardblättern.

Wirkliche Sicherheit und die Fähigkeit, das eigene Leben frei und dennoch im Einklang mit den allgegenwärtigen kosmischen Gesetzmäßigkeiten zu gestalten, kann nur aus der Erkenntnis von Wahrheiten erwachsen.

Solche universellen Wahrheiten und Gesetzmäßigkeiten existieren jedoch auch und gerade in unserer heutigen »relativen« Zeit.

Die Lehren von Astrologie und Chiromantie beruhen auf diesen universellen Wahrheiten.

Wunder mögen zwar rar geworden sein – aber es gibt sie, ebenso wie wirkliche Weisheit im Sinn der Kenntnis vom wahren Wesen der Menschen und Dinge – und solche Weisheit für sich ist bereits ein Wunder.

II. WIR ÜBER UNS

Schon immer hat es uns interessiert, was für ein Mensch sich hinter den geschriebenen Worten eines Buches verbirgt, wie sein Leben verlaufen sein mag und welchen Weg er gegangen ist. Zumeist erfährt der Leser nur sehr wenig über den Autor – einige ausgewählte Details und Fakten, so daß der Abstand zwischen Leser und Autor für gewöhnlich sehr groß bleibt. Doch das Thema dieses Buches ist nun einmal von sehr persönlicher Art.

So wird zunächst Annett ein wenig über Thomas und danach Thomas ein wenig über uns beide erzählen und über die Gründe, die uns veranlaßten, nach Indien zu reisen, damit Sie, lieber Leser, sich ein eigenes Bild von den Menschen machen können, die hier ihr Wissen über die Palmblattbibliotheken, ihre Gedanken und Erfahrungen mit Ihnen teilen möchten.

Annett über Thomas

An dem Abend, an dem ich Thomas zum ersten Mal begegnet war, teilte ich mit einer bislang nie gekannten Bestimmtheit meiner Mutter mit: »Heute habe ich den Mann meines Lebens kennengelernt!«

Ich war gerade 17 Jahre alt, hatte noch keine feste Beziehung hinter mir, hielt mich damals selbst noch für recht »verspielt« – und war mir doch so sicher, daß er eine nicht unerhebliche Rolle in meinem Leben spielen sollte. Ja, es war Liebe auf den ersten Blick. Neben seinen braunen Augen, die mich genauso wie der breite Mund anlachten, fielen mir auch sofort seine fast grazilen, schlanken Hände auf. Trotz seiner 20 Jahre wirkte er in seiner Armeeuniform so erwachsen und weltgewandt. Seine unvoreingenomme, offene Art, mit der er jedem Menschen begegnet, faszinierte mich sofort. Er zog mich mit seinem umfangreichen Wissen, das nur so aus ihm herauszusprudeln schien, in seinen Bann. Ich konnte ihn nur staunend und verwirrt betrachten. Thomas war so völlig anders – selbstsicher und wortgewandt. Er hatte bereits die Sowjetunion, China und Vietnam bereist, kannte sich in der Geschichte genauso gut aus wie in der

Weltliteratur. Ich kam mir zu anfangs so klein und unbeholfen neben ihm vor, doch er schaffte es sehr rasch, mein Selbstbewußtsein zu stärken. Trotz seines ungeheures Wissen und seiner Sicherheit wirkte er auf mich in emotionaler Hinsicht fast schüchtern und verschlossen. Heute bin ich sehr dankbar dafür, daß wir uns viel Zeit für diese Phase des »Beschnupperns« genommen haben. Ich glaube, es hätte uns viel heranwachsende Tiefe unserer Gefühle genommen, wenn diese Annäherung schneller zustande gekommen wäre. Damals wünschte ich mir zwar, daß er mehr über seine Empfindungen sprechen sollte, doch war diese Verschlossenheit keine Gefühlskälte, sondern eher der lang aufgebaute Panzer gegen Verletzungen seines Herzens. Noch heute ist Thomas ein Mensch, der jedem ohne Vorurteile und mit offenem Herzen entgegentritt und zuallererst das Positive zu sehen bereit ist.

Als wir uns kennenlernten, hatte auch Thomas noch keine Beziehung hinter sich und so begann für uns beide – »jungfräulich« in jeglicher Hinsicht und ohne Vorurteile – eine tiefe Liebesbeziehung. In den kommenden Jahren sollte uns dies noch sehr oft bestätigt werden, wenn Fremde uns als »Seelenpartner« zu bezeichnen pflegten – aber dazu später.

Die ersten Jahre, in denen wir uns kannten, waren nicht nur in persönlicher Hinsicht sehr bewegt, es war auch die sogenannte »Wendezeit«. Uns eröffneten sich in wissenschaftlicher Hinsicht riesige Möglichkeiten, unsere bereits zu DDR-Zeiten begonnenen Arbeiten unter anderen Gesichtspunkten zu hinterfragen und neue Themen zu gewinnen.

Zwar brachte die ungeheure Literatur- und Marktschwemme auch irreführende Thesen, aber wir lernten schnell. So hatte ich nicht nur einen guten Freund und phantastischen Liebhaber, sondern auch einen ehrgeizigen und in kreativer Hinsicht streitbaren Partner gefunden. Heute sind wir ein unschlagbares Team auf unseren Forschungsreisen.

Die allererste dieser gemeinsamen Reisen führte uns im Sommer 1990 nach Medjugorje in Jugoslawien, wo seit 1982 angeblich tägliche Marienerscheinungen stattfinden sollen. Die ersten gemeinsamen Veröffentlichungen und Vorträge folgten der Reise.

Trotz unserer Erfolge und der gemeinsamen glücklichen Stunden fühlte ich mich von Zeit zu Zeit unverstanden aus Gründen, die ich selbst nicht begriff, war hin und her gerissen, depressiv, und hatte oft Angstzustände. Ich schob dies auf die plötzliche gesellschaftliche Werteverschiebung und die damit verbundene, bislang nicht gekannte Unsicherheit. Ich fühlte mich oft mit meinen Problemen, die ich nicht recht definieren konnte, alleingelassen. Thomas mußte erst langsam lernen, nicht gesprochene Worte und nicht geweinte Tränen zu erkennen – ein kompliziertes Zeichensystem, das meine Sprach- und Hilflosigkeit verschleierte. Doch wenn er mich in solchen Momenten einfach in den Arm nahm, mich laut weinen ließ und mich tröstete, dann war dieses Unaussprechbare und vor allem Unbegreifbare viel leichter zu ertragen.

Thomas über uns und unseren weiteren Weg zu den Palmblattbibliotheken

Eigentlich begann alles im Februar 1989 in der Redaktion einer sächsischen Lokalzeitung, für die ich damals, in der turbulenten Wendezeit, einige Artikel verfaßte. Bei einer Redaktionsbesprechung setzte sich ein blutjunges Mädchen zu mir, rein zufällig, wie es schien.

Trotz oder gerade wegen ihrer natürlichen Bescheidenheit war sie eine beeindruckende Erscheinung. Nicht nur ihr Äußeres – die wundervoll klaren, klugen Augen, ihre rotblonden Locken und die zarte alabasterweiße Haut – faszinierten mich; es war vielmehr die Ausstrahlung ihrer Persönlichkeit, etwas Ätherisches, Reines, eine seltsam-wunderbare Aura, die mich in ihren Bann zog.

Ich erfuhr, daß sie ebenfalls freiberuflich für diese Zeitung arbeitete, eigentlich aber noch mitten in der Berufsausbildung steckte. Wir hatten uns viel zu erzählen.

Mich beeindruckte ihre unkonventionelle, so völlig andere Art, die Dinge des Lebens zu sehen, und ich entdeckte an diesem Mädchen eine für ihr jugendliches Alter mehr als außergewöhnliche geistige Reife. Ich war ein wenig verwirrt von Annett.

Einige Wochen später lud sie mich zu einer Theaterpremiere

ein – und ich lernte eine weitere Facette ihrer vielschichtigen Persönlichkeit kennen – die leidenschaftliche Begeisterung für künstlerische Betätigung. Annett schreibt selbst dramatische Stücke und malt – und ich scheue mich nicht, sie für eine wahrhaft begabte Künstlerin zu halten.

Nach der Premiere saßen wir noch bis tief in die Nacht zusammen. Es war ein wundervoller Abend, der damit endete, daß ich Annett nach Hause begleitete und wir uns zum ersten Male küßten. Ich hätte die ganze Welt umarmen mögen in dieser Stunde! War es doch für mich das erste Mal, daß ich eine derart tiefe, liebevolle und bedingungslose Zuneigung zu einem Mädchen empfand.

Ja, wir hatten uns rettungslos ineinander verliebt – und als das Schönste an dieser Liebe erscheint es mir, daß dieses Hochgefühl mit den Jahren nicht abgenommen hat, sondern im Gegenteil noch viel tiefer und inniger geworden ist. So faßten wir denn bereits 1991 den Entschluß, uns miteinander zu verloben.

Fünf Jahre später dann, am 22. September 1996, schlossen wir an Bord eines Segelschiffes vor der lykischen Küste den Bund fürs Leben – ganz so, wie wir es uns erträumt hatten und wie es uns bestimmt war. Doch davon später.

Diese Entwicklung der Dinge mag auch darin begründet sein, daß wir in unseren Grundansichten vom Leben und der Welt vortrefflich übereinstimmen und wir die gleichen Interessen teilen, so daß einer dem anderen auf seinem Lebensweg ein aufmerksamer, einfühlsamer Begleiter geworden ist.

In einer so engen Beziehung konnte es jedoch nicht ausbleiben, daß ich frühzeitig auch mit den Problemen, die Annett bewegten, konfrontiert wurde.

Ihre Kindheit war nicht unbedingt einfach gewesen – trotzdem sich ihre Eltern aufrichtig um ausreichend Zuwendung bemühten, ließen Beruf und Alltag oft wenig, zuwenig Zeit dafür. Annetts älterer Bruder hatte das Elternhaus früh verlassen und wirkliche Freundschaften waren rar.

Ein weiteres Problem, das wir uns lange Zeit nicht erklären konnten, belastete Annett außerordentlich. Sie war nicht in der Lage, sich zu erinnern, was in ihrem Leben zwischen dem vierten und dem vierzehnten Lebensjahr geschehen war. Zwar wußte sie rein rational, daß sie in dieser Zeit Kindergarten und Schule besucht hatte, aber konkrete Erinnerungen fehlten fast vollständig.

Heute wissen wir zwar, daß dieser inzwischen vollständig geheilten Amnesie eine energetische Doppelbesetzung zugrunde lag – buchstäblich zwei Seelen rangen um die Herrschaft über Annetts Körper. Diese Situation wurde zusätzlich erschwert durch den gesellschaftlichen Umbruch in unserer Heimat, dem plötzlichen Wegfall aller tradierten und verinnerlichten Werte, der ein völliges Umdenken und eine ebenso vollkommene Neuorientierung ermöglichte und verlangte.

Annett ist um sehr viel mehr sensibler als ich. Ihre ausgeprägte Intuition läßt sie ihre eigenen Stimmungen und die anderer auf das Feinste erfühlen. Die äußere Unsicherheit, verbunden mit den psychischen Belastungen, führten zu einer Erschütterung, welche die Grenzen des bloßen Körperbewußtseins sprengte. Gleichsam als Ausgleich für fehlende Erinnerungen an ihre Vergangenheit, begann sich bei Annett Hellsichtigkeit einzustellen. Sie erlebte getreue Vorahnungen und Visionen späteren Geschehens. Meist betrafen diese Ahnungen jedoch recht unangenehme Ereignisse, beispielsweise mehrere Verkehrsunfälle, an denen Annett – stets als Beifahrerin – beteiligt war und die glücklicherweise glimpflich verliefen.

Dennoch bildeten diese Visionen eine Quelle ständiger Belastung und Anspannung für Annett, zumal sie auch Ereignisse voraussah, die mich oder unsere Angehörigen und engsten Freunde betrafen. Ganz unvorbereitet standen wir diesen seltsamen Vorahnungen nicht gegenüber, da wir zu diesem Zeitpunkt bereits begonnen hatten, uns mit grenzwissenschaftlichen Phänomenen zu beschäftigen. Es war der Beginn eines Weges, der uns zu Meditation, alternativen Heilmethoden und der Organisation spiritueller Reisen geführt hat.

Annett vermag inzwischen mit ihren Visionen so umzugehen, daß sie ihre Gabe nicht mehr als Belastung empfindet, sondern als interessante, verantwortungsvolle und dankenswerte Erfahrung annehmen kann.

Das war jedoch nicht immer so. Besonders dramatisch spitzte sich unsere Lage gegen Ende des Jahres 1992 zu, als Annett in einer immer wiederkehrenden Vision erfuhr, daß sie ihren dreißigsten Geburtstag nicht mehr erleben würde.

Wir waren beide jung, so jung, unsere Träume, Pläne und Ziele hochgesteckt, das Leben schien für uns offen zu sein – doch mit einem Mal stand alles in Frage, warf ein dunkler Tag seine Schatten voraus.

Die Vorahnung des Todes in so absehbarer Zeit erwies sich auch darum als besonders quälend, da bislang alle anderen Vorahnungen getreulich eingetroffen waren. Doch ich konnte und wollte nicht glauben, daß ich Annett schon so bald verlieren sollte. Gleichzeitig war ich mir jedoch darüber im klaren, daß meine ganze Liebe und all meine Kraft nicht ausreichen würden, um Annett die Furcht vor dem geschauten Todesdatum zu nehmen.

In dieser Situation begannen wir uns mit den wirklichen Sinnfragen des Lebens zu beschäftigen. Ist diese, unsere Existenz vorherbestimmt, wie es die zutreffenden Vorausahnungen nahelegten? Oder ist alles, was geschieht, nur »Zufall«? Was aber ist dann der Zufall? Wie will man diesen Begriff definieren, an dem sich schon Generationen von Philosophen die Zähne ausgebissen haben? Eine Spirale von Fragen und immer mehr Fragen, mit denen aber wohl jeder irgendwann in seinem Leben auf die eine oder andere Art konfrontiert wird. Wie wenig wissen wir doch in Wahrheit von den Geheimnissen der menschlichen Existenz!

War es wiederum nur ein »Zufall« oder ein planmäßiger Schritt auf dem Weg unserer Entwicklung, daß wir gerade in dieser Krisensituation auf die Schicksalsbibliotheken Indiens aufmerksam wurden? Ich vermag inzwischen an derartige »Zufälle« ganz und gar nicht mehr zu glauben.

Für Annett stand von Anfang an fest, daß sie eine Palmblattbibliothek aufsuchen mußte – sie wollte sich einfach überzeugen, ob ihr Schicksal tatsächlich so festgeschrieben war, wie sie es vorausgesehen hatte.

Ich hielt zu diesem Zeitpunkt nicht sonderlich viel von der Authentizität des Orakels, wie ich gern zugebe. Dennoch reizte auch mich die Reise, nicht nur, weil sie eine willkommene Gelegenheit bot, Indien zu besuchen, sondern auch, weil ich mir vorgenommen hatte im Fall des Falles das Orakel »auf die Probe zu stellen«. Sollten die sagenhaften Palmblattbibliotheken existieren, so würde ich alles daran setzen, in den Besitz »unserer« Palmblätter zu gelangen.

So machten wir uns denn an die Vorbereitung einer Reise, die mehr als nur eine Überraschung für uns bereithalten sollte und die schließlich zum Ausgangspunkt für den geistigen Pfad wurde, den wir heute gemeinsam Schritt für Schritt erklimmen.

Aufgrund ihrer schier unglaublichen Sensibilität und einer ausgeprägten Intuition hat Annett auf diesem Weg schon beachtliche Fortschritte erzielt. Sie entdeckte, daß es ihr gegeben ist, Kanal für mächtige Energien zu sein und mit ihren sanften, heilenden Händen Menschen von Krankheiten zu befreien oder zumindest ihre Leiden zu lindern.

Doch erzählen wir die Geschichte der Reihe nach.

III. AUF DER SPUR DES PHÄNOMENS

Das Jahr 1992 neigte sich seinem Ende entgegen und ich war mir nicht sicher, ob meiner Beziehung zu Annett nicht dasselbe Schicksal bevorstand. Sie hatte sich in der letzten Zeit sehr verändert – nur wenig war geblieben von den vor Lebenslust überschäumenden Mädchen, das ich kennengelernt hatte.

All unsere Zukunftspläne schienen überschattet von diesem unheilschwangeren Todesdatum, das Annett in verschiedenen Visionen geschaut hatte und das sie seither nicht mehr zur Ruhe kommen ließ. Der 12. Dezember 2001 – jener Tag schien für Annett schon beinahe magische Bedeutung zu besitzen. Ihr Leben betrachtete sie in jenen Tagen vor allem wegen der ständig wiederkehrenden Visionen als eine einzige Qual und nichts, aber auch wirklich nichts vermochte sie von ihren düsteren Betrachtungen abzulenken. Das Schlimmste war für Annett dabei die Ungewißheit, ob nach dem Tod der Neubeginn in einer anderen Welt folgen würde oder unwiderruflich alles zu Ende sei. Doch sie konnte auch den Gedanken nicht ertragen, mich in wenigen Jahren allein in dieser Welt zurücklassen zu müssen.

Wir sind beide fernab jeder Religion erzogen worden und bedauern dies nicht. Diese Erziehung bietet im Umgang mit jedweder Art von Religiosität eine Menge Vorteile. Man verrennt sich nicht so leicht in Dogmen und die »einzig wahren Wahrheiten«.

Doch in der damaligen Situation mußten wir erfahren, was es heißt, ohne den Trost eines Glaubens leben zu müssen.

Doch dann, eines Tages im Dezember 1992, verkündete Annett mit großer Festigkeit:

»Wir fahren im nächsten Jahr nach Indien.«

»????????«

»Dort werde ich erfahren, ob meine Visionen Wahrheit sind oder bloße Einbildung.«

»Schön – und wo soll das geschehen?«

»In einer Bibliothek. Dort sind die Lebensläufe aller Menschen aufgeschrieben, die irgendwann dahin fahren und nach ihrem Schicksal fragen.«

So erfuhr ich zum ersten Mal von den sagenhaften Palmblattbibliotheken und hielt das ganze für einen ausgemachten Schwindel. Doch Annett ließ nicht locker. Das Orakel war so etwas wie ein Rettungsanker für ihren gemarterten Geist. Da gab es einen Ort, an dem – vielleicht – auch der Verlauf ihres Lebens aufgeschrieben war. Dort würde sie von jemandem, der sie nicht persönlich kannte, sie vorher noch nie gesehen hatte, ihr Schicksal und auch den Tag ihres Todes erfahren – wann auch immer dies sein mochte. Annett brauchte diese unabhängige Bestätigung. Sie wollte nach Indien, sie wollte Gewißheit.

Die Informationen über diese Schicksalsbibliotheken stammten aus dem Bekanntenkreis. Da hatte also jemand von jemandem gehört, der das auch wieder von einem Dritten erfahren hatte, daß es in Indien ein solches Orakel geben sollte. Zu diesem Zeitpunkt ließ sich noch nicht einmal feststellen, wer die unklaren Gerüchte überhaupt aufgebracht hatte. Daher erschien die Existenz der Palmblattbibliotheken mehr als fraglich. Übereinstimmend wurde lediglich betont, daß die Texte auf uralten Palmblättern verzeichnet sein sollen.

Palmblätter? Das weckte meine Neugier. Zwar hatten wir uns bereits mit altindischen Epen wie dem Mahabharata, dem Srimad Bhagavatham und dem Ramajana beschäftigt, doch bislang war ich der Meinung gewesen, daß diese Texte jahrhundertelang nur mündlich weitergegeben worden waren. Aus welchem Grund sollten nun ausgerechnet die Lebensläufe schriftlich überliefert sein? Wann und vor allem von wem waren diese ominösen Palmblattbibliotheken denn überhaupt zusammengestellt worden? Welchen Zweck verfolgte der Schöpfer dieser Archive mit seinem Werk, dessen Schaffung mit Sicherheit einen immensen Arbeitsaufwand erfordert hatte? – Wie ich es auch drehte und wendete, wir verfügten über zu wenige Informationen.

Doch ebenso hatte es ja auch bei anderen Themen begonnen. Anhand von lokalen Sagen, mündlichen Überlieferungen und spärlichen Notizen in Chroniken war es uns gelungen, den Verlauf der Kinderkreuzzüge im Jahr 1212 zu rekonstruieren – eine reine Fleißarbeit. Dabei hatten sogar etablierte Historiker die Nachrichten über die Kinderkreuzzüge als fromme Legenden abgetan.

Diesmal würden wir das Geheimnis der Palmblattbibliotheken

entschlüsseln. Ich spürte, daß mich das Thema allmählich ebenfalls in seinen Bann zu ziehen begann. Ich wollte nun ebenfalls unbedingt nach Indien, wollte auch Gewißheit, auf meine Weise.

So begannen wir zur Jahreswende 1992/1993 mit den Recherchen. Der erste Weg führte uns in die Sächsische Landesbibliothek, die sich auch bereits bei anderen diffizilen Themen als wahre Fundgrube erwiesen hatte.

Diesmal aber stießen wir relativ rasch an die Grenzen des umfangreichen Fundus. Im Handkatalog fand sich unter »Palmblattbibliotheken« und verwandten Stichworten kein Eintrag. Nun, daß die Sache so einfach werden würde, hatten wir auch nicht erwartet. Schließlich stammte die Kartei zum überwiegenden Teil noch aus DDR-Zeiten. Doch auch bei der Computerrecherche sah es nicht viel besser aus.

Schlagwort: »Palmblattbibliotheken« — Antwort: »Keine Zielinformation gefunden«. Wie wär's dann mit »Palmblattorakel«? - Fehlanzeige. Und »Bibliothek« — »543 Zielinformationen gefunden«. Oh weh ...

Doch zwei Stunden später nach dem Durchforsten aller 543 Einträge waren wir noch keinen Schritt weiter.

Probieren wir es also mit »Orakel«. Mehr als einhundert Titel tauchten auf. Das Orakel von Delphi, »Runen raunen rechten Rat«, Volksorakel — eben alles Mögliche, nur keine Palmblattbibliotheken. Es war zum Verzweifeln.

Sollte unsere Indienreise zu Ende sein, noch ehe sie recht begonnen hatte? Waren die sagenhaften Palmblattbibliotheken am Ende doch nur ein weiteres Märchen aus dem Morgenland? Es sah ganz danach aus.

Doch im Januar 1993 kam uns — wieder einmal — »Kollege Zufall« zu Hilfe.

Warum an diesem grauen Winterabend das Fernsehgerät lief, vermag ich heute nicht mehr zu sagen. Eine weitere Folge der Serie »Phantastische Phänomene« flimmerte über den Bildschirm.

Der Moderator Rainer Holbe kündigte das Thema der Sendung an, sprach davon, sich diesmal in eine sagenumwobene Schicksalsbibliothek im südindischen Bundesstaat Tamil Nadu zu begeben.

In eine Schicksalsbibliothek? Doch nicht etwa in eine PALMBLATTBIBLIOTHEK? Es war eine Palmblattbibliothek. Sie befand sich tief im Süden Indiens, in einem kleinen Ort mit dem schier unaussprechlichen Namen Vaithisvarankoil.

Der Schriftsteller Holger Kersten, dessen Buch »Jesus lebte in Indien« einige Jahre zuvor bereits für Aufsehen sorgte, hatte diese Bibliothek besucht und schilderte in der Fernsehübertragung seine Erlebnisse.

Es war im Jahr 1984, als dem damaligen Religionslehrer Kersten Zweifel kamen – an seinem bisherigen Leben und auch an seinem Glauben. So begab er sich auf die Suche – eine Suche nach »der Wahrheit«. Sein Weg führte ihn auch nach Indien und in Madras, der Hauptstadt des Bundesstaates Tamil Nadu, lernte er einen Musiker kennen, der in Deutschland studiert hatte und seinem Gast eine besondere Überraschung bereiten wollte. Holger Kersten wurde eingeladen, in der Palmblattbibliothek von Vaithisvarankoil im Buch seines Schicksals zu lesen. Er gibt selbst zu, daß diese Einladung recht widerstreitende Gefühle in ihm auslöste.

Aus eigener Erfahrung wußte er bereits, daß in der östlichen Spiritualität gewisse Dinge alltäglich sind, die hier im Westen bestenfalls ein mitleidiges Kopfschütteln hervorrufen. In Indien sind paranormale Fähigkeiten nichts Außergewöhnliches. Bei manchen Menschen sind sie bereits von Geburt an vorhanden. Man kann sie aber auch durch langjährige spirituelle Übungen – wie etwa Yoga und Meditation – erlernen. Daher kommt es, daß etwa die Gabe der Bilokation, also die Fähigkeit, gleichzeitig an zwei Orten zu weilen, als ebenso natürlich angesehen wird wie Hellsichtigkeit, telepathische Fähigkeiten oder Materialisationsphänomene.

Sein skeptischer Intellekt hieß Holger Kersten jedoch, eine solche Schicksalsbibliothek für ausgemachten Schwindel zu halten. Doch die in Indien bereits sprichwörtliche Höflichkeit verbot ihm, das Angebot auszuschlagen, wenn er seinem Gastgeber keine Kränkung zufügen wollte. Dann war da noch eine Menge Neugier. Die Neugier siegte. Holger Kersten fuhr nach Vaithisvarankoil. Dort empfing ihn der Nadi-Reader – so nennt man einen Palmblattleser – Poosamuthu und hielt persönlich die

Lesung ab. Von diesem Reading war Holger Kersten tief beeindruckt. Viele Ereignisse in seiner Vergangenheit, über die der Palmblattleser sprach, hatten sich genauso zugetragen, wie es in dem Palmblattmanuskript geschrieben stand. Deshalb zweifelte er auch nicht an der von Poosamuthu aus den Palmblättern herausgelesenen Zukunft und nahm die Aussagen des Nadi-Readers sehr ernst. Besonders erschütterte ihn die Nennung seines Todesdatums, da er nach eigener Aussage gern älter würde als die siebzig Jahre, die ihm laut Palmblatt an Lebenszeit zugemessen sind.

»Siebzig Jahre,« seufzte Annett, »wenn ich doch nur so alt werden würde.« Der Film hatte wieder die Erinnerungen an ihre Todesvisionen geweckt.

»Du wirst noch viel älter werden,« versuchte ich, sie zu trösten, »und Dir wünschen, daß es nie soweit gekommen wäre, wenn Dich erst alle möglichen Zipperlein plagen.«

Ich konnte Annett ansehen, daß ihr das mit den Zipperlein zwar ganz und gar nicht paßte, im Moment aber jedenfalls als zweitrangig angesehen wurde.

Entscheidend war die Tatsache, daß eine solche Palmblattbibliothek wirklich existierte. Wir waren bei unseren Recherchen einen gewaltigen Schritt vorangekommen, eigentlich ganz ohne unser Zutun. Mir kam der Gedanke, daß »Zufall« ja auch eine Menge mit »zufallen« zu tun hat.

Obwohl der Fernsehbeitrag nur einen kleinen Teil unserer Probleme gelöst hatte, konnten wir uns nun an die eigentlichen Reisevorbereitungen wagen. Die Frage, auf welchem Weg wir am besten nach Vaithisvarankoil gelangen konnten, sollte uns jener Mann beantworten, der selbst schon in dieser Palmblattbibliothek gewesen war. Wir besorgten uns bei der Redaktion »Phantastische Phänomene« die Adresse Holger Kerstens und schrieben ihm einen langen Brief.

Zu unserer nicht geringen Überraschung flatterte bereits im Februar 1993 ein Antwortschreiben ins Haus. Der Schriftsteller bedankte sich für unser Interesse und berichtete in kurzen Worten über die Geschichte der Palmblattbibliotheken, soweit diese ihm bekannt war.

Demzufolge sollen die Palmblattbibliotheken vor etwa 5 000

Jahren von einem der sieben heiligen Rishis angefertigt worden sein. Der Rishi hatte den Legenden zufolge die Lebensläufe von ca. 80 000 Menschen aufgeschrieben, die in der Zukunft nach ihrem Schicksal fragen würden. Etwa 10 Prozent der Aufzeichnungen sollten Nicht-Inder betreffen.

Im Verlauf der Jahrhunderte wurden von der einen Urschrift mehrere Abschriften angefertigt, so daß der Überlieferung zufolge nunmehr insgesamt 12 Palmblattbibliotheken existieren, die über den gesamten indischen Subkontinent verstreut sein sollen.

Diese recht kurz gefaßte Beschreibung der Geschichte dieser seltsamen Bibliotheken warf bei weitem mehr Fragen auf, als sie beantwortete. Wer oder was war beispielsweise ein Rishi? Welchen Grund sollte dieses Wesen haben, die Biographien von ausgerechnet 80 000 Menschen aufzuschreiben und wie hatte es diese ungeheuer große Arbeitsleistung vollbracht?

Doch Holger Kerstens Brief hielt noch andere, interessante Neuigkeiten für uns bereit. So erfuhren wir, daß er beabsichtigte, Reisegruppen zu der Palmblattbibliothek von Vaithisvarankoil zu führen. Leider aber, so teilte er uns in dem Brief mit, sei die erste dieser Reisegruppen im Sommer 1993 bereits ausgebucht. Eine weitere einwöchige Reise würde voraussichtlich irgendwann im Zeitraum von Oktober 1993 bis März 1994 stattfinden.

Solange konnten und wollten wir aber nicht warten.

Holger Kersten schien unsere Ungeduld geahnt zu haben. Seinem Brief lag nicht nur die komplette Anschrift der Palmblattbibliothek von Vaithisvarankoil bei, sondern auch noch die Adressen von drei weiteren Bibliotheken in Madras, Kanchipuram und Bangalore! Sogar die Telefonnummern hatte er nicht vergessen.

Jetzt konnte es endlich losgehen. Es schien, als habe uns dieser Mann ein Tor geöffnet, um den Weg freizugeben in eine bislang unbekannte Welt, in eine Welt voll unvorstellbarer Wunder, Träume und Abenteuer – das Tor nach Indien.

Doch ein weiterer Abschnitt in Holger Kerstens Brief träufelte Wermut in den Becher der vorschnellen Freude. Er berichtete von einer Reisegruppe aus Berlin, die von Poosamuthu »bis zur letzten Rupie« ausgenommen worden war. Diese Leute besuchten Indien zum ersten Mal und hatten statt der üblichen 40,00 DM für das Nadi-Reading pro Person 1250,00 DM bezahlt. Dabei war die Prozedur aufgrund einer geschickten Verzögerungstaktik noch nicht einmal zu Ende geführt worden.

Indien schien also nicht nur ein Land voller Wunder, sondern auch voller Gefahren zu sein – zumindest, was den Geldbeutel betraf. Holger Kersten erinnerte denn auch nochmals an die eiserne Regel, in Indien den Preis für jedes Geschäft im Voraus auszuhandeln. Wir sollten noch oft an diesen Hinweis denken.

Doch zunächst dankten wir dem Freiburger Schriftsteller, dessen Brief uns den Palmblattbibliotheken wieder ein ganzes Stück näher gebracht hatte.

Bevor wir uns auf den Weg nach Indien machten, wollten wir noch ein wenig mehr über das Phänomen der Schicksalsbibliotheken in Erfahrung bringen. Auch hier hatte uns Holger Kersten einen nicht zu unterschätzenden Tip gegeben. Wir sollten es mit dem Buch »Gottes Würfel – Schicksal oder Zufall« des Publizisten Johannes von Buttlar versuchen, außerdem mit einer Ausgabe des Magazins »esotera« aus dem Jahr 1992, in dem von Buttlar ebenfalls über die Palmblattbibliotheken geschrieben hatte.

So kehrten wir also zurück an den Computer in der Sächsischen Landesbibliothek. Neues Spiel – neues Glück! Versuchen wir es also mit dem Autor: »Buttlar, Johannes von« – Bingo! Der Computer meldete vier Zielinformationen, darunter auch das von Holger Kersten empfohlene Buch.

Doch wir hatten uns zu früh gefreut. »Gottes Würfel« waren gerade entliehen. Aber so schnell gaben wir nicht auf. Da war doch noch Variante Nummer Zwei.

Im Zeitschriftenkatalog suchten wir weiter. Dann lächelte uns Fortuna. Es gab tatsächlich ein Magazin namens »esotera« und der Jahrgang 1992 war auch komplett vorhanden und nicht etwa zum Binden in der Druckerei.

Wir nahmen vorsichtshalber alle Hefte mit in den Zeitschriftenlesesaal, was uns einen erstaunt-prüfenden Blick der Bibliothekarin eintrug. Dann arbeiteten wir uns systematisch durch den Zeitschriftenstapel. Schließlich hielt ich Heft Nummer 8/92 der »esotera« in den Händen. Bereits auf dem Cover prangte eine Ankündigung des Artikels über die Palmblattbibliotheken – »Ein Blatt für jedes Leben«. Atemlos durchblätterten wir den Hochglanzdruck.

Aura-Soma, Engel und Geistheilung – alles schön und gut, aber weiter ... weiter ... endlich, Seite 48 – da war der Artikel! Staunend betrachteten wir die Abbildungen der Palmblätter, lasen uns im Text fest.

Johannes von Buttlar berichtete über die Erlebnisse eines gewissen Bartholomäus Schmidt, der nach dem Tod seiner Frau nach Indien gereist war, um in den Palmblattbibliotheken Antworten auf bestimmte Fragen zu suchen, die den Verlauf seines weiteren Lebens betrafen. Wir konnten die Gründe des Herrn Schmidt nur zu gut nachvollziehen. Doch uns interessierten weniger seine Erlebnisse in Indien, dafür um so mehr die Informationen über die Palmblattbibliotheken. Bereits vor Jahrtausenden sollen indische Weise die Schicksale und Lebensläufe all jener Menschen auf etwa 46 cm langen und sechs cm breiten Palmblättern notiert haben, die dann eines Tages dort vorsprechen würden. Jeder Mensch, bis auf einige wenige Ausnahmen, die von Buttlar jedoch nicht näher benannte, könne in einer solchen Palmblattbibliothek nach seinem Schicksal fragen. Nun, dann konnten wir nur hoffen, nicht zu den bewußten Ausnahmen zu gehören.

Vergangenheit und Zukunft des Ratsuchenden sollen auf beiden Seiten der hauchdünnen Palmblätter in den Versen der alttamilischen Sprache eingeritzt sein. Die Schriftzüge sind nur etwa einen Millimeter hoch und fallen einem ungeübten Betrachter kaum ins Auge. Auf den – zweifelsohne vergrößerten – Abbildungen der Palmblätter wirkten die alt-tamilische Schriftzeichen eher wie wunderschöne verschlungene Ornamente.

In dieser auf dem Palmblatt kunstvoll eingeritzten Schrift sollen alle Einzelheiten aus dem Leben des jeweiligen Besuchers verzeichnet sein sowie Angaben aus den Leben seiner Eltern, Geschwister, seines Partners und seiner Kinder.

Neben der Bezeichnung seines Berufes enthält das Palmblatt gegebenenfalls auch vorhandene körperliche Merkmale oder Gebrechen. Bei der Beschreibung werden heutige Begriffe teilweise auch durch sinnbildliche Umschreibungen ausgedrückt. So wurde beispielsweise der Beruf eines Lokführers als »Führer einer Vorrichtung, die mit Hilfe von Wasserdampf oder anderen Energien viele Personen über weite Strecken befördern kann« umschrieben.

Auf dem Palmblatt sind sowohl der Name des Besuchers als auch die am Tage des Besuches der Palmblattbibliothek noch lebenden Angehörigen verzeichnet. Bei der Beschreibung des Lebenslaufes fiel auf, daß der wohl längst verstorbene Verfasser diese Biographie so plastisch und bildhaft dargestellt hatte, als sei er selbst Zeuge dieses Lebens gewesen. In vielen Fällen soll das Palmblatt auch das Datum enthalten, an dem der Klient in der Palmblattbibliothek erscheinen soll sowie den Namen desjenigen, der ihn dort einführt. Nach von Buttlar wird der Ratsuchende in der Regel mit zwei Palmblättern konfrontiert. Auf dem ersten sind sein Name und Beruf verzeichnet sowie Einzelheiten aus seinem bisherigen Leben und vorangegangenen Inkarnationen. Hier stutzten wir – vorangegangene Leben? Eigentlich hatten wir bislang angenommen, daß dieses Leben unser einziges sei und wir es deshalb nicht verschwenden sollten – carpe diem! Die Sichtweise der Reinkarnation erschien uns außerordentlich faszinierend. Vielleicht stand sie in unmittelbarem Zusammenhang mit dem Phänomen der Schicksalsbibliotheken.

Wenn die auf dem ersten Palmblatt des jeweiligen Besuchers verzeichneten Details mit den Tatsachen der erlebten Wirklichkeit übereinstimmen, liest der Nadi-Reader aus einem zweiten Palmblatt die Zukunft des Klienten. Die künftigen Ereignisse bis hin zur Todesstunde des Ratsuchenden werden in zeitlichen Abschnitten von zweieinhalb bis fünf Jahren geschildert.

Diese Art der Zukunftsschau soll in Indien als »Brig-hu Santa« seit Jahrhunderten bekannt sein. Der Begriff gehe auf einen indischen Weisen namens Brighu zurück. Es heißt, er habe nach jahrelanger Meditation aus Sorge um das Schicksal seiner Schüler diese Methode der Vorausschau entwickelt.

Die Hüter der Palmblattbibliotheken kopieren auch heute noch die Texte auf neue Palmblätter, wenn die Vorlagen brüchig geworden sind. Ein solches Palmblattmanuskript soll etwa 800 Jahre überdauern können.

Jener Bartholomäus Schmidt, über dessen Indienreise Johannes von Buttlar schrieb, fand eine Palmblattbibliothek in »einer herrschaftlichen Villa« an der 5th Main Road im Stadtteil Chamarajpet in Bangalore, der Hauptstadt des indischen Bundesstaates Karnataka. Die Palmblattsammlung dort soll sich seit etwa 800 Jahren im Besitz der Familie Shastri befinden.

Der Inhaber der Palmblattbibliothek Sri Jyotishacanya Ramakrishna Shastri, war etwa 40 Jahre alt, als Bartholomäus Schmidt ihn besuchte. Bereits seit früher Kindheit soll er von seinem 1984 verstorbenen Vater in den verschiedenen Aspekten der östlichen Spiritualität, positiver Gedankenkraft und dem »Shuka Nadi« unterrichtet worden sein.

Das Wort Shuka (zu deutsch Papagei) steht demnach für göttliche Weisheit und der Begriff »Nadi« für einen bestimmten Moment der Zeit. Es handelte sich hierbei wohl um eine Art der geistigen, praktischen und psychologischen Lebensberatung, die in ihrer Urform mehr als 5 300 Jahre alt sein soll. Die auf den Palmblättern eingeritzten Texte wären danach Analysen der Schicksalswege bestimmter Individuen, vorgegeben durch den Moment ihrer Geburt.

Diese Lehre war offensichtlich auf die Fähigkeiten ihres Begründers, des Weisen Brighu abgestimmt und sollte dazu dienen, in einen Bereich jenseits von Raum und Zeit vorzudringen, um von da aus die Zukunft zu beobachten. Von Buttlar vertrat die Meinung, daß ein solcher Vorstoß durch die Zeit bereits den Propheten der Bibel und in späteren Jahren auch dem berühmten Michel de Notre Dame, genannt Nostradamus, gelungen sei.

Die Lehre vom Shuka Nadi befaßt sich vor allem mit den Zielen, nach denen jeder Mensch in seinem Leben strebt. Shuka Nadi spricht dabei sowohl die geistigen als auch materiellen Möglichkeiten der Entwicklung an, um den Menschen bei der Erfüllung alltäglicher Pflichten und Entscheidungen behilflich zu sein, damit sie sich intensiver der geistigen Evolution widmen können.

Gemäß der Lehre vom Shuka Nadi bestimmt also ein dynamisches Gleichgewichtsprinzip alle menschlichen Bemühungen, das eigene Schicksal zu verändern. Dies bedeutet aber auch, daß unser Schicksal – zumindest in gewissen Grenzen – durchaus verändert werden kann. Wäre das Gleichgewichtsprinzip hingegen statisch, so könnte man in der Tat von einem vorgezeichneten Schicksal sprechen.

Durch das Nadi-Reading erfährt der Besucher also den »Plan« seines Lebens und wird außerdem auf seine Möglichkeiten und Fähigkeiten hingewiesen, die er zur Realisierung seines Lebensplanes einsetzen soll. Die Palmblattlesung soll mit anderem Worten dem Ratsuchenden helfen, aus seinem Leben das Beste zu machen. Dies schließt die Persönlichkeit des Klienten ein, sein Familienleben, finanzielle Dinge ebenso wie geistige Anlagen. Ferner wird auf Heilmaßnahmen zur Korrektur von Gedankenprozesses hingewiesen – beispielsweise in Form von Mantras. Ursprünglich handelte es sich dabei um Hymnen und Opfersprüche aus den Sammlungen der Veden. Der Begriff »Veda« kommt ursprünglich aus dem Sanskrit und bedeutet wörtlich »Wissen«.

So erschien uns bei der weiteren Lektüre das Artikels auch nicht verwunderlich, daß Shuka Nadi die Förderung des Friedens und Glück im Leben der Individuen zum Ziel hat sowie die den Wert der Wahrheit und die Unterstützung eines untrennbaren Ganzen. Es soll die Welt vor Kriegen, Seuchen und Revolutionen bewahren und die Völker dazu anhalten, ihre Traditionen und ihr kulturelles Erbe zu bewahren.

Die Menschen sollen durch diese Lehre Mut zur Redlichkeit erlangen und durch auch kollektive Anstrengungen zur Entwicklung ihrer Spiritualität beitragen. Das vedische Wissen sollte mit Hilfe dieser Lehre über die gesamte Erde verbreitet werden.

Das waren hohe Ansprüche und wir konnten nur hoffen, daß die Hüter der Palmblattbibliotheken diesen Maßstäben auch gerecht werden würden.

Jener Bartholomäus Schmidt, von dem Johannes von Buttlar offenbar seine Informationen bezogen hatte, wußte nur Gutes über das erlebte Nadi-Reading zu berichten. Er hatte gegenüber dem Palmblattleser keine Angaben außer seinem Geburtsdatum gemacht und dennoch las ihm Shastri von den Palmblättern Einzelheiten seines Privatlebens und des beruflichen Werdeganges vor, die absolut richtig waren.

Wir studierten den Artikel wieder und wieder, kopierten ihn schließlich. Da war die Rede von 3 665 »Palmblattbänden« mit jeweils 365 Palmblättern, die in der Bibliothek von Bangalore lagern sollten und deren Tradition mehr als 5 000 Jahre zurückreichte. Das Palmblattlesen stellte bei den Shastris offenbar auch so etwas wie eine Familientradition dar, die jeweils vom Vater auf den ältesten Sohn weitergegeben wurde.

Diese Geschichte war einfach phänomenal! Wir konnten nur hoffen, daß die verwendeten Daten stimmten. Die Geschichte von der Entstehung der Palmblattbibliotheken hatte uns Holger Kersten zwar etwas anders geschildert, doch es konnte ja gut möglich sein, daß es nicht nur einen Schöpfer dieser Orakelstätten gab und jede Bibliothek auf ihre ganz eigene Tradition zurückblickte. Doch das war im Augenblick nur Spekulation.

Viel bedeutsamer erschien uns zunächst der Vergleich der Anschrift jener Palmblattbibliothek in Bangalore, die sowohl im Brief Holger Kerstens als auch im von Buttlars »esotera«-Artikel eine Rolle spielte.

Nun ja, zumindest die Anschrift stimmte überein, bei den Namen gab es jedoch einen beträchtlichen Unterschied. Während Johannes von Buttlar über den Nadi-Reader Sri Jyotishacanya Ramakrishna Shastri schrieb, hatte uns der Schriftsteller aus Freiburg an einen Palmblattleser namens Gunjur Sachidananda Murthy verwiesen. Mit Sicherheit handelte es sich hier nicht um ein und dieselbe Person.

Doch nach erneutem Studium des »esotera«-Artikels klärte sich der Sachverhalt. Sri Ramakrishna Shastri, der Palmblattleser, war aus einem Trancezustand nicht mehr in sein irdisches Dasein zurückgekehrt. Dann mußte Gunjur Sachidananda der Nachfolger des verstorbenen Sri Ramakrishna Shastri sein. Zumindest wurde seine Palmblattbibliothek weitergeführt – dieser Umstand beruhigte uns außerordentlich.

Es war Zeit für eine kleine Bestandsaufnahme. Wir verfügten über die Adressen von vier Palmblattbibliotheken und wußten zumindest in großen Zügen über die Geschichte der Orakelstätten Bescheid. Sich mit anderen Möglichkeiten der Zukunftsschau, etwa dem Tarot oder dem chinesischen I Ging zu beschäftigen, erschien uns zu jener Zeit müßig, denn die Palmblattbibliotheken sind wohl einzig in ihrer Art und nicht vergleichbar mit den anderen bekannten Systemen der Zukunftsschau.

Annett genügte das Wissen um die Existenz der Palmblattorakel – sie hätte sich am liebsten sofort auf den Weg nach Indien gemacht. Doch ich wollte die Reise noch ein wenig umfangreicher vorbereiten. Wir wußten so gut wie nichts über das Land, in das wir reisen wollten und das mit Sicherheit außer den Palmblattbibliotheken noch weitere interessante Orte aufzuweisen hatte. Außerdem ließ mir die Geschichte der Orakel keine Ruhe. Die sieben weisen Rishis und Brighu – irgendwo hatte ich schon einmal davon gelesen. War es Mahabharata oder Srimad Baghavatam gewesen? In der Baghavad Gita oder gar im Ramajana?

Wir zogen die schwergewichtigen Bände zu Rate. Das Mahabharata umfaßt nicht weniger als 100 000 Doppelverse – mehr als achtmal soviel wie Homers Ilias und Odyssee zusammengenommen. Damit ist es zweifellos die umfangreichste Dichtung der Weltliteratur überhaupt. In der heute vorliegenden Form – darüber sind sich die Wissenschaftler einig – ist das Werk etwa 1 500 Jahre alt. Und doch sollten wir später in Indien erleben, daß noch heute auf den Dörfern die Verse von Erzählern vorgetragen werden, denen die Zuhörer stundenlang, ja sogar oft tagelang gebannt lauschen. Dabei verstehen die meisten nur einzelne Wortbrocken und die Namen der Helden, denn das Mahabharata ist in der alten und heute fast toten Sprache des Sanskrit abgefaßt, die auch in Indien nur noch wenige Menschen sprechen.

Mahabharata heißt zu deutsch »Großes Epos vom Kampf der Nachkommen des Bharata«. Demnach gilt das Werk als Heldenepos. Doch dies allein erklärt noch nicht die überragende Rolle, die es auch im modernen Indien spielt. Mit dem Bericht über die kriegerischen Auseinandersetzungen sind zahllose Texte verwoben, in denen jeder Hindu sein Denken und Fühlen ausgesprochen findet und auf die er sich so zur Begründung seiner Meinungen und Ansichten berufen kann – ganz genau so wie sein Nachbar, obwohl der in vielen Dingen vielleicht eine ganz andere Meinung hat.

Der auch international renommierte Indologe R. N. Dandekar,

der selbst Hindu ist, äußerte sich dazu so: »Männer und Frauen Indiens, von einem Ende des Landes bis zum anderen, ob jung oder alt, ob reich oder arm, ob hochgestellt oder niedrig, ob einfach oder gebildet – sie alle beziehen noch heute ihre Belehrung, Unterhaltung, Anregung und Anleitung aus dem Mahabharata ... Es gibt in der Tat kein Gebiet des indischen Lebens, weder des öffentlichen noch des privaten, das von dem großen Epos nicht beeinflußt ist. Es dürfte keine Übertreibung sein, zu behaupten, daß das indische Volk zu denken und zu handeln gelernt hat in den Begriffen des Mahabharata.«

Eine umfassende Darstellung dieses großartigen Epos muß uns an dieser Stelle begreiflicherweise versagt bleiben. Doch soll uns ein kurzer Überblick mit den Grundzügen des Werkes vertraut machen, so wie es auf uns gekommen ist.

Einst veranstaltete der König Schaunaka im Naimischa-Wald ein großes Opferfest, das zwölf Jahre lang dauerte. Bei dieser Gelegenheit baten die anwesenden Rishis den Wagenlenker Urgraschrawas, ihnen die Geschichte des Mahabharata zu erzählen. Ugraschrawas berichtet zunächst von dem Schlangenopfer des Dschanamedschaja, bei dem er zum ersten Mal die Erzählung des Mahabharata aus dem Munde des Waischampajana gehört hat, dem es von seinem Lehrer Krischna Dwaipajana mitgeteilt worden war. Danach berichtet Ugraschrawawas, was er von Waischampajana hörte.

Krischna Dwaipajana, unehelicher Sohn des Fischermädchens Satjawati und eines Rishis, lebte als Asket. Seine Mutter heiratete in späteren Tagen König Schantanu, der aus dem Geschlecht des Weltenherrschers Bharata und seines Nachkommen Kuru stammte. Schantanu hatte bereits einen Sohn namens Bischma mit der Flußgöttin Ganga gezeugt. Da aber Satjawatis Vater darauf bestand, verzichtete Bischma auf sein Recht, als Erstgeborener Thronfolger zu werden. Satjawatis Söhne aber starben jung und kinderlos. Daher bat sie ihren vorehelichen Sohn Krischna Dwaipajana, mit den beiden Witwen ihres zweiten Sohnes in Leviratsehe Söhne zu zeugen, damit dieser in der Väterwelt glücklich auf seine Wiedergeburt warten könne.

Krischna Dwaipajana war zwar ein großer Heiliger, doch überaus häßlich anzusehen. Als er sich der ersten Frau nahte, schloß diese die Augen. Ihr Sohn namens Dhritarschtra kam deshalb blind zur Welt. Die zweite Frau erbleichte, als sie den Heiligen sah. Ihren Sohn hieß man deshalb Pandu, den Bleichen.

Der blinde Dhritaeaschtra ehelichte die Prinzessin Gandhari, die ihm hundert Söhne gebar, welche Kaurawas – die Nachkommen des Kuru – genannt wurden.

Pandu nahm sich zwei Frauen, Kunti und Madri, mit denen er fünf Söhne zeugte. Diese wurden nach ihm die Pandawas – die Nachkommen des Pandu – genannt, obgleich sie ja eigentlich auch dem Geschlecht Kurus angehörten. Pandus Söhne Judhischthira, Arjuna, Bhima, Nakula und Sahadewa waren in Wirklichkeit aber Söhne verschiedener Götter.

Da Dhritaraschtra blind war, herrschte zunächst Pandu. Nach seinem zeitigen Tod ging die Herrschaft jedoch an Dhritaraschtra über, der nun auch die Vormundschaft über die Pandawas ausübte. Kaurawas und Pandawas wurden in Hastinapura – einer Stadt nördlich von Delhi, gemeinsam von den waffenkundigen Brahmanen Kripa und Drona erzogen. Doch von Anfang an gab es Rivalität zwischen den Vettern. Von Seiten der Kaurawas wurde sie zum unversöhnlichen Haß, als Judhischthira zum Jungkönig bestimmt wurde, weil er tapfer und tugendhaft unter von allen Söhnen der älteste war. Dujodhana – Anführer der Kaurawas – schmiedete den hinterlistigen Plan, die Pandawas allesamt in ein leicht brennbares Lackhaus zu locken und sie durch Feuer umkommen zu lassen. Dieser Anschlag wurde jedoch verraten. Die Pandawas selbst täuschten den Brand des Hauses vor und flohen durch einen unterirdischen Gang in den Dschungel, wo sie unerkannt umherzogen und mancherlei Abenteuer zu bestehen hatten.

Bei ihren Wanderungen kamen die Pandawas auch in das Land der Pantschalas. Dort fand zu jener Zeit gerade die Selbstwahl der Prinzessin Draupadi statt. Arjuna erfüllte von allen Freiern allein die gestellte Aufgabe: Er spannte den gewaltigen Bogen und traf das schwierige Ziel. Nach alter Familientradition wurde Draupadi daraufhin mit allen fünf Pandawa-Brüdern gleichzeitig vermählt.

Die Pandawas kehrten nun als Verbündete der mächtigen

Pantschalas des Jadawa-Königs Krischna, der ein Verwandter von ihnen war und den sie bei den Pantschalas getroffen hatten, nach Hastinapura zurück. Dort erhielten sie von Dhritaraschtra das halbe Reich zugewiesen. Sie gründeten daraufhin im Gebiet des heutigen Delhi eine neue Hauptstadt, der sie den Namen Indraprastha gaben. Von dort aus eroberten sie in gewagten Feldzügen so viel Land ringsum, daß Judhischthira zum Weltenherrscher geweiht werden konnte. Da dies Durjodhana vorher verwehrt gewesen war, erregte die Zeremonie den Neid der Kaurawas. So verleiteten sie Judhischthira zu einem großen Würfelspiel, bei dem dieser all seinen Besitz, seine Brüder, sich selbst und sogar Draupadi verspielte.

Zwar wurde das Spielergebnis durch Dhritaraschtra annulliert, doch ordnete er später auf Wunsch seiner Söhne ein zweites Spiel an. Auch dieses Spiel verloren die Pandawas.

Nun mußten sie sich verpflichten, zwölf Jahre im Dschungel zu verbringen und ein weiteres Jahr lang unerkannt unter den Menschen zu leben. Während ihres Aufenthaltes im Dschungel bestanden die Pandawas wiederum viele Abenteuer. Krishna, ihr Vetter und Freund, suchte sie auf und bemühte sich vergeblich, Judhischthira zu überzeugen, sich sein Reich gewaltsam zurückzuholen. Im letzten Jahr des Wanderdaseins raubte der König der Sindhus die liebliche Draupadi. Doch die Prinzessin wurde von den Pandawas befreit. Nachdem diese das dreizehnte Jahr unerkannt am Hofe des Matsja-Königs verbracht hatten, kehrten sie nach Hastinapura zurück und verlangten von Dhritaraschtra wenigstens die Rückgabe einiger Dörfer ihres einstigen Herrschaftsgebietes. Doch alle Versuche einer gütlichen Einigung schlugen fehl, da Durjodhana nicht bereit war, auch nur das kleinste Stück seines Landes abzutreten. Der alte Dhritaraschtra war zu schwach, um sich gegen den Willen seines herrschsüchtigen Sohnes durchzusetzen.

Beide Parteien sammelten nun Verbündete um sich. Alle Stämme und Völkerschaften Indiens wurden in diesen Konflikt hineingezogen. Krishna baten beide Seiten um Hilfe. Durjodhana wünschte sich von ihm ein Heer von Hirten. Judhischthira hingegen wünschte nur seinen Rat. Schalja, König von Madras, erlag den Versprechungen Durjodhanas und wandte sich von den

Pandawas ab. Ganz hatte er seinen Treueschwur jedoch nicht vergessen, denn er versprach Judhischthira, den Wagen Karnas so zu lenken, daß Arjuna diesen erschlagen könnte.

Krishna unternahm noch einen letzten Vermittlungsversuch. Doch dieser Versuch scheiterte am Widerstand Durjodhanas. Nun bereiteten sich beide Seiten auf die unvermeidlich gewordene Schlacht vor.

Diese große Schlacht dauerte 18 Tage. Als die Heere aufmarschierten, ließ Arjuna seinen Streitwagen halten, denn da er in den feindlichen Reihen seine Verwandten und Freunde erblickte, da wollte er lieber auf alles verzichten, als sich des Mordes an den eigenen Familienmitgliedern schuldig zu machen. Krishna, der sein Wagenlenker war – in Wirklichkeit hielt eine Inkarnation des Gottes Vishnu die Zügel von Arjunas Rossen in der Hand – bedeutete ihm aber, daß es seine Pflicht sei zu kämpfen. In diesem, als Baghavad Gita bekannten Abschnitt des Mahabharata verkündete er, daß es notwendig ist, ohne Rücksicht auf die Folgen seines Tuns zu handeln. Die dadurch gewonnene Gleichgültigkeit gegenüber allen irdischen Dingen ist die Voraussetzung für den Erfolg der Meditation, die zu der Erkenntnis führt, daß Vishnu der alleinige Gott ist, dem man sich gläubig anvertrauen muß.

Diese Argumente überzeugten den zögernden Arjuna. Er nahm den Kampf auf. Doch die Pandawas benötigten zehn Tage, um Bishma, den ersten Anführer der Kaurawas, tödlich zu verwunden. Sein Nachfolger Drona wurde nach fünf Tagen besiegt. Nun war die Überlegenheit der Kaurawas im Schwinden. Ihr dritter Anführer Karna wurde nach drei Tagen erschlagen und nur einen Tag später starb Schalja, der letzte Fürst der Kaurawas im Kampf.

Am anderen Tag fuhr Dhritaraschtra mit seinen Frauen zum Schlachtfeld. Krishna tröstete ihn und seine Gattin Gandhari mit dem Hinweis, daß der Sieg immer da sei, wo auch das Recht sei. Die Pandawas hatten demnach also das Recht auf ihrer Seite gehabt. Gandhari beschrieb ihrem Gatten das trostlose Schlachtfeld, auf dem Frauen und Kinder zwischen den Toten auf der Suche nach ihren Angehörigen umherirrten.

Sie verfluchte Krishna, der dies alles angestiftet habe.

Kunti gestand Judhischthira, daß der Kaurawafürst Karna, der von Arjuna erschlagen wurde, sein älterer Bruder gewesen sei. Judhischthira zeigte sich über dies Nachricht sehr bestürzt. Auf Krishnas Rat reinigte er sich von dem Brudermord durch ein großes Pferdeopfer.

Dhritaraschtra herrschte noch fünfzehn Jahre über das Land, danach begab er sich wie Kunti, die Mutter der Pandawas, in den Dschungel, um dort als Asket zu leben.

Die Zeit verfloß und 36 Jahre nach dem Krieg erfuhren die Pandawas, daß Kuntis Fluch sich erfüllt hatte. Krishna war im Dschungel versehentlich von einem Jäger erschossen worden.

Nunmehr krönten die Pandawas Arjunas Enkelkind Parikschit zum König von Hastinapura. Danach begaben sie sich auf Wjasas Rat hin in den Dschungel. Von dort aus stiegen sie zu den Himmeln empor, wo sie wieder mit den Gottheiten vereinigt wurden, deren Inkarnationen sie auf Erden gewesen waren.

Das Mahabharata endet mit einem Lob auf Krischna Dwaipajana, der das Epos in nur drei Jahren vollendet haben soll.

Das Mahabharata ist für jemanden, der sich nicht im indischen Götterhimmel auskennt, recht schwierig zu lesen. Doch jeder, der sich in diese nicht immer kurzweilige Lektüre versenkt, wird irgendwann überwältigt sein von der Sprachgewalt der alten Erzähler, deren Worte die Helden längst vergangener Geschehnisse wieder lebendig werden lassen, so daß sich der Leser schließlich als Zeuge der im Mahabharata geschilderten Ereignisse fühlt.

Eine wichtige Rolle in dem monumentalen Werk spielen jene Wesen, die Rishis genannt werden. Im Mahabharata traten sie uns als Weise und Seher der Vorzeit entgegen.

Den Sprachwissenschaftlern hat die Übersetzung dieses Begriffes offenbar von jeher Kopfzerbrechen bereitet, denn es ist in der Tat sehr schwierig zu definieren, was »Rishi« nun eigentlich wirklich bedeutet. Es mag sein, daß dieses Wort sprachlich zu der indoeuropäischen Wurzel zu zählen ist, die auch in unserem deutschen Verb »rasen« steckt. Diese Bedeutung des »in geistiger Erregung« sein findet sich auch in dem vor allem im Rheinland so beliebten »Rosenmontag« wieder, der ja eigentlich der »rasende Montag« heißen müßte.

Mit großer Sicherheit sind die rigwedischen Hymnen von diesen Sehern in einer Art meditativen Trancezustand wahr genommen worden.

In ganz ähnlicher Tradition finden wir auch den altgermanischen Gott, der altisländisch »Odinn«, althochdeutsch »Wuotan« heißt und auch der Gott der Runen und der Dichtkunst ist – der »Wütende«, was auch bedeutet, der »geistig Erregte«.

In der berühmten Geschichte von der »Wunschkuh« des Rishis Wasishta – einer der Ältesten seines Geschlechts – wird die Frage nach der Vormachtstellung zwischen dem Stand der Kshatrijas und der Brahmanen recht eindeutig zugunsten der letzteren entschieden.

König Wischwamitra von Kanjakubdscha muß erkennen, daß er selbst mit einem großen Heer und militärischer Gewalt gegen einen brahmanischen Rishi nichts auszurichten vermag. Wasishtas Wunschkuh bringt gewaltige Heerscharen hervor, so daß, ohne dabei einem Krieger Wischwamitras ein Haar zu krümmen – denn dies wäre eines Rishis unwürdig gewesen – das ganze Heer des anmaßenden Königs in die Flucht geschlagen wird.

Wischwamitra erkennt denn auch die Nichtswürdigkeit des irdischen Königtums. In tausendjährigem Bemühen gelingt es ihm, selbst ein königlicher Rishi zu werden, der nun mit soviel Macht ausgestattet ist, daß es selbst Gott Indra davor graust und der Gott ihm aus Angst, Wischwamitra könne ihm seinen Platz streitig machen, die Apsaras (die Meerentstiegene, eine Nereide) Menaka schenkte, die Wischwamitra verführt und ihn zum Vater der Schakuntala macht, deren Geschichte einen bedeutenden Platz im Mahabharata einnimmt.

In der Geschichte »Die Erschaffung des Rausches« zeigt sich, daß die Rishis selbst Götter nicht zu fürchten brauchen.

Die Aschwins, die sogenannten »Pferdehalter«, sind die Helden dieser Legende. Bei den Aschwins handelt es sich um Zwillingsbrüder, Söhne des Sonnengottes und einer Nymphe in Stutengestalt – vergleichbar dem Brüderpaar Castor und Pollux der griechischen Mythologie. Die Aschwins fahren in einem goldenen Wagen, der von edlen Pferden, in manchen Geschichten aber auch von Vögeln gezogen wird, noch vor der Göttin der

Morgenröte einher. Sie sind ewig jung, von unglaublicher Schönheit und fähig, jedwede Gestalt anzunehmen.

Ihre hauptsächliche Aufgabe aber besteht darin, als Ärzte der Götter zu wirken. Sie stehen als Dienende daher außerhalb der großen Göttergruppen. Deshalb ist ihnen auch die Teilhabe am rituellen Soma-Trank verwehrt.

Mit diesem Trank nun hat es eine besondere Bewandtnis. Noch heute wird er aus dem Saft der Soma-Pflanze (lat. Sarcostema viminalis oder Asclepia acida) gewonnen. Die Soma-Pflanzen müssen auf bestimmten Bergen bei Mondlicht gepflückt werden. Ihre fleischigen Stengel werden zwischen Steinen gepreßt, nachdem sie mit Wasser besprengt worden sind. Der so gewonnene Saft läuft durch ein Seihtuch in ein meist tönernes Gefäß. Dort wird er mit zerlassener Butter – Ghrita genannt – und feinem Mehl vermischt und anschließend zur Gärung gebracht. Der so gewonnene Extrakt wird als Opfergabe ins Feuer gegossen oder aber von Brahmanen getrunken. Das durchaus wohlschmeckende Gebräu hat eine stark berauschende Wirkung.

So ist es nicht verwunderlich, daß Soma als Gott personifiziert wurde, dem viele Hymnen der Rigweda gewidmet sind. In späteren Zeiten symbolisierte Soma den Mond. Es hieß, daß die Einflüsse dieses Gestirns bei dem Getränk unter gewissen Umständen Wirkungen verursachten, die Unsterblichkeit verliehen. Deshalb waren längst nicht alle berechtigt, vom Soma zu trinken. Auch den Aschwins war dies verboten.

Als es ihnen jedoch durch ihre Heilkünste gelang, dem alternden Rishi Tschjawana seine Jugend zurückzugeben, da versprach ihnen dieser die Teilhabe am Soma-Trank.

Davon aber wollte der mächtige Gott Indra nichts wissen. Er drohte, den Rishi mit seinem Donnerkeil zu vernichten. Doch Tschjawana erschuf ein furchterregendes Wesen – den Rausch – der sich nun seinerseits anschickte, Indra zu fressen. Da blieb dem Götterkönig nichts anderes übrig, als vor der Macht des Rishis zu kapitulieren. Die Aschwins erhielten ihren Soma-Trank.

IV. GO EAST – REISE NACH INDIEN

Irgendwann hat man genügend Bücher gelesen und alle verfügbaren Dokumente zu einem Thema ausgewertet. Wer dann von den reinen Studien zur wirklichen Feldforschung übergehen will, muß sich früher oder später an den Ort des Geschehens begeben. Bei uns war dieser Punkt im Frühling des Jahres 1993 erreicht. Sämtliche zugängliche Literatur über die Palmblattbibliotheken hatten wir durchgearbeitet, Indienreisende befragt und versucht, aus weiteren Quellen Informationen über die Bibliotheken zu erhalten. Nun schien es an der Zeit, die eigentlichen Reisevorbereitungen in ihre »heiße Phase« treten zu lassen.

Die Reise nach Indien sollte eine unserer ersten Fernreisen nach Asien sein. So waren wir bestrebt, durch eine möglichst umfassende Vorbereitung den Erfolg des Unternehmens zu garantieren.

Karten von Indien, Reisehandbücher und Gesundheitsratgeber stapelten sich auf dem Schreibtisch, entliehen aus Bibliotheken und zur Verfügung gestellt von guten Freunden, die sich um uns Sorgen machten. Das würden wir nie im Leben alles lesen können. Trotzdem wälzten wir die Reisetagebücher und Erlebnisberichte anderer Traveller, versuchten, im Vorfeld ein Gefühl zu bekommen für die fremde Kultur und die Probleme des Alltags, der uns dort erwarten würde.

Die Bücher und Berichte zeichneten insbesondere von der hygienischen und gesundheitlichen Situation in den Gebieten, die wir zu bereisen gedachten, ein ziemlich düsteres Bild. Allenthalben war da die Rede von gravierenden gesundheitlichen Problemen auf den Reisen durch Indien, von mehrwöchigen Krankenhausaufenthalten und ähnlich ermutigenden Vorkommnissen. Das durfte uns nicht passieren – zum einen aus zeitlichen Gründen, zum anderen hätte das unsere Reisekasse, die wir uns durch diverse Studentenjobs aufbesserten, nicht ausgehalten. Es mußte Mittel und Wege geben, um solche unangenehmen Zwischenfälle auf unserer Reise zu verhindern. Zunächst sollte uns eine intensive medizinische Beratung weiterhelfen.

Im Dresdner Tropeninstitut gab es besorgte Gesichter, als wir unser Anliegen vortrugen. »Nach Indien wollen Sie? Wirklich?« Die Ärztin wiegte bedenklich den Kopf. »Na, Sie haben aber Mut. Keine Angst vor der Pest?«

Ja, die sogenannte »Pest«, die in den Jahren 1992/93 in weiten Teilen Indiens grassierte – wir hatten davon gehört.

»Sie wissen, wir können hier keine Prophylaxe gegen die Krankheit durchführen.«

Nun gut, damit mußten wir leben. Ein gewisses Risiko ist wohl immer bei solchen Unternehmungen dabei.

Ansonsten aber sollte uns der Griff zur chemischen Keule vor unangenehmen Überraschungen bewahren. Die allopathische Medizin hielt das ganze Arsenal moderner und kostspieliger Arzneimittel für uns bereit. Impfungen gegen Hepatitis, Cholera, Typhus, die gefürchtete und bei fehlendem Impfschutz fast immer tödlich verlaufende Japan-Enzephalitis ließen wir im Wochenrhythmus geduldig über uns ergehen. Während mit schöner Regelmäßigkeit die geimpften Stellen anschwollen, schien unser Portemonnaie nach jedem Besuch im Tropeninstitut an chronischer Schwindsucht zu leiden. Was tut man nicht alles seiner Gesundheit zuliebe ...

Bei einem einschlägigen Expeditionsausrüster stellten wir den Inhalt unserer Reiseapotheke zusammen, besorgten uns Moskitonetze, Insektenvertilgungsmittel und eine anständige Menge Certisil – eine Flüssigkeit, mit der Wasser auch schlechter Qualität desinfiziert und trinkbar gemacht werden kann. Auch eine Anzahl von Müsli-Riegeln und ähnlichem Kraftfutter wanderte als »Eiserne Reserve« in unser Reisegepäck.

Auf die Zusammenstellung der technischen Ausrüstung verwandten wir nicht weniger Sorgfalt. Vor allem leicht und kompakt sollten die verwendeten Geräte sein, um unser Gepäck nicht unnötig zu belasten. Schließlich würden wir in Indien jedes Gramm selber schleppen müssen – dachten wir jedenfalls. Klar war von Anfang an, daß auch hier nur Qualität in Frage kam. Schließlich wußten wir nicht, was uns in Indien erwartete. Keinesfalls aber sollte unser Unternehmen im entscheidenden Moment an einem defekten Teil oder einer fehlenden Batterie scheitern.

Wir haben zwar auf dieser ersten Reise auch eine Menge

überflüssiger Dinge mit uns herumgeschleppt. Die umfangreiche Vorbereitung aber bewirkte, daß wir manche Schwierigkeit auf der Reise mit Leichtigkeit beheben konnten, die sich unter anderen Umständen vielleicht zu einem unüberwindlichen Problem ausgewachsen hätte.

Am 28. Juli 1993 ging es dann aber endlich los. Ein bißchen flau im Magen war uns schon, immerhin war es unsere erste gemeinsame Fernreise – 10 000 km von der Heimat entfernt, in einem völlig unbekannten Kulturkreis. Wir wußten zwar nicht, was uns erwarten würde, aber uns beide hatte die Abenteuerlust gepackt und wir waren gut vorbereitet.

Um 17.17 Uhr starteten wir vom Flughafen Berlin-Tegel bei strömenden Regen, mit 23 kg Gepäck und vielen guten Wünschen unserer Freunde und Eltern, die eigentlich nicht das richtige Verständnis für unsere »verrückte Idee« hatten. Mit einer TU 154 der russischen Fluggesellschaft Aeroflot flogen wir zuerst nach Moskau. Dann ging es mit einer IL 62 M, der größten und besten Maschine, welche Aeroflot zum damaligen Zeitpunkt zu bieten hatte, weiter in Richtung Süden. Das riesige Flugzeug war trotz seines enormen Fassungsvermögens völlig ausgebucht. Ganze Großfamilien reisten hier mit Kind und Kegel und jeder Menge »Handgepäck«, das jedoch eher an Schrankkoffer erinnerte.

Der Stop-over in Dubai kam uns da gerade recht, um der bedrängenden Enge der überfüllten Passagierkabine zu entfliehen und uns die Füße zu vertreten. Dubai hat einen der schönsten Flughäfen, die wir je auf unseren langen Reisen zu Gesicht bekamen. Allein schon der nächtliche Landeanflug auf die Stadt erweckte in uns das Gefühl, auf einer Reise in das Reich von »Tausendundeiner Nacht« zu sein. Die Hauptstadt des kleinen, wohlhabenden Golfstaates hüllte sich in verschwenderische Lichterpracht – glänzte unwirklich wie eine Fata Morgana in der großen, schweigenden Wüste des Hinterlandes. Eine Oase perfekt funktionierender Zivilisation, mit gewaltigem Energie-, Material- und Arbeitsaufwand der Ödnis abgetrotzt. Es war weit nach Mitternacht, als wir über die Gangway ins Freie traten. Und doch empfing uns ein glutheißer Hauch wie aus einem Backofen, welcher einem fast augenblicklich den Schweiß aus allen Poren treibt. Der trockene Wind trug staubfeinen Sand mit sich, der uns wie eine zweite Haut bedeckte. Ein Gruß der Todeswüste. Im Airport-Terminal dann erwarteten uns eine belebende Dusche, gutgekühlte Erfrischungen und die Gaumenkitzel internationaler Küche. Nach diesem angenehmen Zwischenaufenthalt hob unser russischer Silbervogel mit neu gefüllten Tanks im ersten Rot des frühen Morgens behäbig ab und nahm Kurs auf unser vorläufiges Reiseziel Colombo, die Hauptstadt des Inselstaates Sri Lanka. Wir hatten im Vorfeld unserer Reise beschlossen, den Aufenthalt in Südindien mit einem Abstecher nach Sri Lanka zu verbinden, da die Insel in den vedischen Schriften des öfteren erwähnt wurde. Wir hofften, auch dort in lokalen Überlieferungen und Legenden Spuren der geheimnisvollen Rishis zu finden. Doch noch ein anderer Grund hatte uns zu dieser Entscheidung bewogen. Das touristisch recht gut erschlossenen Sri Lanka sollte zur Akklimatisierung und Gewöhnung an den uns damals fast unbekannten asiatischen Kulturkreis dienen. Wie wir noch feststellen sollten, funktionierte das jedenfalls im Hinblick auf das Klima recht gut – der Kulturschock sollte uns jedoch um so härter treffen. Denn das westlich orientierte Touristenzentrum Beruwela an der Südwestküste Sri Lankas war nun einmal nicht mit dem Südindien zu vergleichen, das wir bereisen wollten.

Doch vorerst bemühte sich unsere Crew, die IL 86 sicher auf dem Rollfeld des Flughafens von Katunayake bei Colombo zu landen, was sich als gar nicht so einfach erwies. Statt des strahlend klaren Sonnenscheins über Dubai beherrschten über Colombo bleigraue, vom Monsun gezauste Wolken den Himmel, die sich mit atemberaubender Schnelligkeit zu wundersamen Gebilden zusammenballten, um ebenso rasch wieder zu zerflattern. Wolkendrachen, gefiederte Schlangen und zahllose andere Schemenbilder galoppierten über den Himmel Sri Lankas – ganz so, als habe Rawana – mythischer Herrscher der Insel seit alter Zeit – zu unserer Begrüßung seine ganze Dämonenschar aufgeboten.

Im Bordfunk erzählte der Pilot etwas in der Art von »particularly cloudy« und »leichten Turbulenzen«, doch die IL 62 wurde durch die Monsunböen wie von der Gigantenfaust eines unsichtbaren Riesen geschüttelt. Regenschleier raubten von Zeit zu Zeit die Sicht, während die windgeschüttelten Kronen der Kokospalmenhaine näher kamen, als uns eigentlich lieb war. Endlich rastete das Fahrwerk mit hörbarem Knall ein, sackte der Flieger ein letztes Mal durch, um nach kurzem Gleitflug nicht gerade sanft auf der Rollbahn aufzusetzen. Die Turbinen heulten unter der Last der Schubumkehr, bis der gigantische Vogel nach erstaunlich kurzem Rollweg zum Stehen kam. Die Spannung in der Kabine löste sich in befreiendem Applaus der Passagiere. Wir klatschten mit. Als wir dann die Gangway betraten, sprang uns ein feuchtheißer Wind an, als wolle er uns endgültig klarmachen, daß heute nicht gerade ideales Flugwetter sei. Wir flüchteten uns in das Flughafengebäude.

Nach erfreulich geringer Wartezeit stempelte uns der zuständige Beamte mit breitem Lächeln den Einreisevermerk in unsere Pässe. »From Tschermänie, hä? Hippikadua, wa? Right? Happy Holiday!«

»Hast Du begriffen, was der wollte und warum er so grinst?« staunte Annett.

»Er denkt bestimmt, wir wollen nach Hikkadua, in die Swinger-Clubs. Das machen viele.«

Annett kriegte rote Ohren. »Sehen wir etwa so aus?«

»Also, wenn ich er wäre ...« antwortete Thomas mit vieldeutiger Geste.

»Na warte!« – Thomas flüchtete erst einmal zum Bankschalter – Rupien wechseln.

Am Taxistand erfuhren wir dann, daß es zu unserem Hotel in Beruwela noch zwei Autostunden waren. Träger, Chauffeure und Schlepper aller Couleur stürzten sich hier auf die ankommenden Fluggäste. Auch uns umwieselten inzwischen zahlreiche hilfsbereite Singhalesen, ein jeder darauf bedacht, uns zu seinem Taxi abzuschleppen. Wir hatten alle Hände voll zu tun, um den grapschenden Gepäckträgern klarzumachen, daß wir auf unsere Rucksäcke doch lieber selbst aufpassen wollten. Schließlich folgten wir einem Mann in den mittleren Jahren, der uns recht vertrauenswürdig erschien, da er nicht gar so aufdringlich um die Gunst der Fremden buhlte.

»Sie haben schon ein Hotel?« Wir bejahten und nannten den Namen.

»Ach, das Wornels Reef? Ein schönes Hotel. Da haben Sie eine gute Wahl getroffen«, lobte er uns. Das Glänzen in seinen Augen aber paßte gar nicht zu dem liebenswürdigen Ton. Es war eine Spur zu gierig.

»Das macht dann achtzehnhundert«, meinte unser netter Schlepper und deutete auf einen unauffälligen »Mitsubishi«. »Fünfhundert für mich, der Rest ist für den Fahrer.«

Wir glaubten, uns verhört zu haben.

»Achtzehnhundert Rupien? Dafür können wir auch gleich zum Abendessen mit den Tamilenrebellen nach Jaffna fahren!« knurrte Thomas.

»Nein, nein, das Wornels Reef ist im Süden! Da sind keine Rebellen, Sir. No Problem, no Problem!« beeilte sich unser Führer zu versichern.

Thomas winkte ab. »Vergiß es! Tausend und keine müde Rupie mehr!«

»Tausend! Sir, Sie ruinieren mich! Sie bringen mich an den Bettelstab! Ich habe Frau und Kinder. Die Benzinpreise sind hoch und überhaupt ... siebzehnhundert«, lamentierte unser Gegenüber in einem Atemzug.

Eigentlich hat Thomas ein weiches Herz, ein sehr weiches sogar. Eigentlich viel zu weich für den ausgeprägten Geschäftssinn eines mit allen Wassern des indischen Ozeans gewaschenen alten Taxischleppers, der es gewohnt ist, daß westliche Touristen gewöhnlich jeden noch so unverschämten Preis akzeptieren, wenn er nur überzeugend genug gefordert wird.

Schon wollten sich die beiden bei sechzehnhundert treffen, da griff Annett ein. Sie hockte sich auf ihren Rucksack und lieferte ein schönes Beispiel fast schon perfekt erlernten asiatischen Langmuts. »Für sechzehnhundert fahr ich nicht mit. Ist mir zu teuer. Über zwölfhundert können wir reden. Aber nicht mehr«, erklärte sie freundlich und bestimmt.

Unser Schlepper barmte zum Steinerweichen. Annett aber war härter als ein Stein. Sie erweichte er nicht. Für zwölfhundert Rupien bekamen wir unser Taxi nach Beruwela.

»Sir, Sie haben eine kluge Frau«, sagte unser Führer zum Abschied, gar nicht gekränkt. »Sie weiß mit Geld umzugehen und wird Ihren Haushalt bestimmt vortrefflich führen. Ich kann

Sie nur zu Ihrer Wahl beglückwünschen.« Ein größeres Kompliment hätte uns zu unserem ersten Geschäft in Asien wohl niemand machen können.

Der Wagen rollte vom Flughafengelände durch die Vorstädte Colombos in Richtung Süden. Belebte Straßen, bunte Märkte und verwinkelte Gassen flogen vorbei. Unser schweigsamer Fahrer schien es sich in den Kopf gesetzt zu haben, alle Geschwindigkeitsrekorde zu brechen. Das war bei dem dichten Verkehr gar nicht so einfach. Es galt nicht nur, anderen Fahrzeugen, insbesondere Lastwagen und Bussen, auszuweichen, sondern auch, die zahlreichen Motorrad- und Fahrradfahrer elegant zu umkurven, ohne dabei mit einem der noch zahlreicheren Fußgänger zu kollidieren. Nicht zuletzt tummelten sich Rinder, Hammel, Hunde und allerlei Geflügel auf der Fahrbahn – alles doch ernst zunehmende Hindernisse für den aufkommenden Geschwindigkeitsrausch unseres verhinderten Formel-I-Piloten. Eines aber mußte man ihm neidlos lassen – er hatte sein Fahrzeug perfekt im Griff. Wir benötigten zwar in der Tat fast zwei Stunden zu unserem Hotel, doch nur, weil er die Zeit für eine großzügig bemessene Kaffeepause herausgefahren hatte.

In den nächsten Tagen erkundeten wir vom »Wornels Reef« aus die Insel. Wir waren auf der Suche nach den Spuren der legendären Rishis in Geschichte und Gegenwart dieses Eilands. Das Unternehmen erwies sich als recht schwierig, da die Hindus, aus deren Kulturkreis schließlich diese Überlieferungen stammen, heutzutage auf Sri Lanka in einer Minderheit sind. Der Buddhismus ist hier Staatsreligion und allerorten lebendig. Die überwiegende Mehrheit der singhalesischen Bevölkerung hängt dieser Religion an, während die Tamilen, welche vor allem im Norden der Insel siedeln, bekennende Hindus sind. Hier wurzeln auch die Ursachen für den tragischen ethnischen Konflikt, der in Sri Lanka von Zeit zu Zeit wieder aufbricht und schon zahllosen Menschen das Leben kostete.

Beim Stöbern in der Vergangenheit Sri Lankas stießen wir auf manche merkwürdige Geschichte. Ursprünglich wurde die Insel von Tamilen besiedelt. Der Legende zufolge landete im Jahr 483 v.u.Z. der bengalische Prinz Vijaya mit 700 Anhängern auf der Insel. Vijaya war aufgrund seines rebellischen Verhaltens vom heimatlichen Königshof verbannt worden. Nun schickte er sich an, mit seinem kleinen Heer Sri Lanka zu erobern. Nach längeren Kämpfen besiegte das Heer des Eroberers die »Dämonen« der Insel, bei denen es sich höchstwahrscheinlich um die Ureinwohner vom Stamm der Weddas gehandelt hat. Heute sollen noch etwa 1 800 der zivilisationsscheuen Weddas in den dichten Urwäldern im Innern Sri Lankas fast ohne Kontakte zur übrigen Inselbevölkerung leben.

Vijaya gründete mit Anuradhapura die Hauptstadt seines neuen Reiches. Für Jahrhunderte sollte von diesem Ort nach dem autoritären brahmanischen Muster des nordöstlichen Indien die Regierungsgewalt ausgeübt werden.

Aus der Zeit der Eroberung Sri Lankas datiert auch das altindische Ramayana-Epos. Der Dichter Walmiki schildert in diesem Werk das Leben und die Taten des indischen Königssohnes Rama, dessen Gattin Sita von dem »Dämonen« Rawana nach Sri Lanka (!) entführt wird. Rawana beherrschte die Kunst des Fliegens, denn er entführte Sita in einem »Wagen der Lüfte, welcher der Sonne glich«. Doch auch Rama verfügte über einen »Luftwagen« mit dem er unverzüglich die Verfolgung des Entführers aufnahm. Es ist schon außergewöhnlich, in solch alten Berichten von technisch interpretierbaren Luftfahrzeugen zu lesen. Diese »Flugwagen« wurden im alten Indien als »Vimanas« bezeichnet, was wörtlich etwa mit »fliegende Maschinen« übersetzt werden kann.

Als Konstrukteure der Vimanas gelten in den Überlieferungen die »Bhrigus«-Abkömmlinge des weisen Rishis gleichen Namens, der uns bereits als einer der Schöpfer der Palmblattbibliotheken begegnet war. Die Brighus galten als Eingeweihte mit besonderen Gaben und wurden in den Überlieferungen auch als »Luftgötter« bezeichnet. Nur sie waren befähigt, die Vimanas zu konstruieren. Dem Brighu und Rishi Maharshi Bharadwaja wird ein Text zugeordnet, der sich wie die Beschreibung hochmoderner Transport- und Waffensysteme liest und von Forschern der Internationalen Akademie für Sanskrit-Forschung in Mysore wie folgt übersetzt wurde:

»Da ist ein Gerät, das sich aus innerer Kraft bewegt wie ein Vogel, ob auf der Erde, im Wasser oder in der Luft. Man nennt es

Vimana, und es vermag sich im Himmel zu bewegen, von Ort zu Ort, von Land zu Land, von Welt zu Welt. Vimana nennen es die Priester der Wissenschaften. Sie kennen das Geheimnis, fliegende Apparate zu bauen, die nicht brechen, nicht geteilt werden können, kein Feuer fangen und nicht zu zerstören sind. Sie kennen das Geheimnis, fliegende Apparate unsichtbar zu machen, Geräusche und Gespräche in feindlichen fliegenden Apparaten mitzuhören, sowie Bilder vom Innern feindlicher fliegender Apparat festzustellen. Ebenso das Geheimnis, Wesen in feindlichen fliegenden Apparaten bewußtlos zu machen und diese feindlichen Apparate zu zerstören ...«

Innerhalb der altindischen vedischen Schriften existiert ein Komplex der sogenannten »Vimana-Veda« – der »Wissenschaft von den planetarischen und interplanetarischen Flugobjekten«, welche Energiefomen nutzten, die heute weitgehend unbekannt sind. Diese Vimana-Veda wird den Rishis zugeschrieben. Viele ihrer Schriften sind verschollen oder wurden bislang noch nicht übersetzt. Erst vor kurzem wiederentdeckte Texte, zu denen neben der vorstehend wiedergegebenen Übersetzung auch das Samaranganasuthradhara und das 1875 in Indien aufgefundene Vaimanika-Shastra gehören, sind bruchstückhaft und schwer verständlich. Sie lassen jedoch erahnen, wie komplex und fortgeschritten das ursprüngliche Wissen gewesen sein muß. In den Texten werden die verschiedensten Typen von Fluggeräten mit technischen Details und Montageanleitungen beschrieben. Im Samaranganasutradhara wird berichtet, daß die Rishis ursprünglich fünf Flugapparate für die Götter Brahma, Vischnu, Yama, Kuvera und Indra bauten. Später wurde diese Luftflotte noch um einige weitere Exemplare ergänzt. Bei den Vimanas unterschied man vier Haupttypen, die Rukma, Sundara, Tripura und Sakuna genannt wurden. Die Rukma soll von konischer Form und golden gefärbt gewesen sein. Die Sundara hingegen soll raketenähnlich und silberglänzend ausgesehen haben, während die Tripura dreistöckig war und die Sakuna ein vogelähnliches Aussehen hatte. Von diesen vier Haupttypen gab es 113 verschiedene Versionen, die sich in der Ausstattung teilweise nur geringfügig voneinander unterschieden. Fast erinnern diese alten Texte an die Beschreibung der Produktionsprogramme moderner Flugzeughersteller. Doch heute, da sogar Regierungen und höchste militärische Stellen die Existenz von »Unidentifizierten Flugobjekten« einzuräumen bereit sind, wird auch dieser Teil des vedischen Wissens wieder rehabilitiert.

Die Verwendung derartiger Vimanas wird sehr anschaulich im erwähnten Ramayana-Epos beschrieben. Bei seiner Verfolgung zwingt Rama den Entführer seiner Frau über der Meerenge zwischen Indien und Sri Lanka zu einem regelrechten Luftkampf. Entweder war Rama der erfahrenere Pilot oder er verfügte einfach über die bessere Vimana. Es gelang ihm jedenfalls, den Flugapparat seines Widersachers mit einem »Himmelspfeil« abzuschießen. Der Wirkung nach handelte es sich bei diesem Himmelspfeil um ein raketenartiges Geschoß, denn Rawanas Flugapparat stürzt nach dem Treffer in die Tiefe. Es gelingt jedoch Ramas Gattin Sita sich zu retten, indem sie aus der abgeschossenen Vimana in das unversehrte Luftfahrzeug ihres Mannes »umstieg«. Eine Rettung am Fallschirm? Darüber schweigen die historischen Quellen ...

Nicht nur Rama, sondern auch seine Verbündeten – allen voran Hanuman, der Sohn des vedischen »Windgottes« Vayu, verfügten über sehr modern anmutende Flugmaschinen.

Wenn diese Apparate starteten, so »bebten die Grundfesten der Berge, Felsspitzen brachen weg, Riesenbäume wurden entästet gebrochen, ein Regenschauer von Holz und Blättern ging zu Boden«. Beginnt eine solche Maschine ihren Flug in bewohnten Gegenden, so »werden die schönen Lotusteiche von (Sri) Lanka ausgeschwemmt, Hochbauten und Türme stürzen ein und die Lustgärten werden verwüstet«.

War dieser Bericht bloße dichterische Phantasie Walmikis oder begegnete uns hier die reale Erinnerung an den rücksichtslosen Einsatz strahlgetriebener Flugmaschinen durch menschenähnliche Wesen in prähistorischen Zeiten?

Während unserer Zeit in Sri Lanka versuchten wir, Antworten auf diese Fragen zu finden. Bei diesen Recherchen lernten wir in Beruwela einen jungen Mann namens Siri kennen.

»Sie interessieren sich sehr für die Tempel hier?« fragte er, als wir gerade wieder einmal eines der sakralen Gebäude fotografierten.

»Nicht nur für die Tempel. Für die ganze Geschichte des Landes.«

»Waren Sie schon in Anuradhapura, in Kandy und in Nuwara Eliya?« Solche Fragen waren wir gewohnt. Sie wurden Reisenden hier wohl immer wieder gestellt. Ja, wir waren dort gewesen, in den uralten Königsstädten und in dem wunderbaren Bergland der Insel, wo die zahlreichen Teesorten gediehen, die dann unter solch phantasievollen Namen wie Earl Grey oder Orange Pekoe auf den Tafeln der Hotels und in unseren Supermarktregalen landen. In den Plantagen unter dem Gipfel des Pidurutalagala auf 1 800 m über dem Meer war es angenehm kühl, es duftete nach Zypressen, Eukalyptus und wilder Minze. Grüne Teebüsche bedecken dort die Hänge wie ein samtener Teppich.

»Dann kennen Sie wohl auch die Geschichte, wie der Buddhismus zu uns nach Sri Lanka kam?« Nein, diese Geschichte kannten wir noch nicht. Siri spürte unser Interesse und begann zu erzählen.

Im dritten Jahrhundert vor Christus entsandte der indische Herrscher Ashoka – ein überzeugter Anhänger Buddhas – seinen Sohn, den Prinzen Mahinda, nach Sri Lanka, um auch dort die buddhistische Religion zu verbreiten. In Sri Lanka herrschte zu jener Zeit der singhalesische König Tissa in seiner prachtvollen Hauptstadt Anuradhpura, deren imposante Ruinen auch heute noch von vergangenem Glanz künden.

Prinz Mahinda benutzte für seine Reise nach Sri Lanka kein Schiff, sondern überflog die Meerenge zwischen dem indischen Festland und der Insel mit seiner Vimana. Der Flugapparat landete auf Mihintale, einem Hügel nahe der Hauptstadt Anuradhapura – an diesem Ort befindet sich heute eine gleichnamige Stadt. Der Überlieferung zufolge weilte König Tissa zu jenem Zeitpunkt dort während eines Jagdaufenthaltes. Beeindruckt von Mahindas Flugkünsten und der mysteriösen Maschine war er bereit, auch der geistlichen Botschaft des Prinzen sein Ohr zu leihen und bekehrte sich schließlich zum Buddhismus. Mahinda erhielt die Erlaubnis, das Kloster Mahavihara zu gründen, dessen Mönchsgemeinschaft – sangha genannt – die Bekehrung des Volkes übernahm. Schließlich erhob König Tissa den

Buddhismus zur Staatsreligion – dabei ist es bis heute geblieben. Eine schöne Geschichte hatte uns Siri da erzählt. Für ihre Glaubhaftigkeit sprach zumindest, daß der Sri Lanka praktizierte Buddhismus von der frühesten und reinsten Form der Lehre Buddhas, der Theravada (»Lehre der Älteren«) herstammt. Der Buddhismus war jedoch mit Sicherheit auch schon vor der Mission Mahindas in Sri Lanka bekannt. Schließlich soll Buddha – dieser Sanskritname bedeutet der »Erleuchtete« – selbst die Insel besucht haben.

Buddha wurde als Siddharta Gautama im Jahr 563 v.Chr. geboren und entstammte einer indischen Herrscherfamilie. Seine Lehre besagt, daß alles Leid aus dem Menschen selbst kommt und er sich davon nur durch Verzicht auf Begierde, Machtstreben und Selbstsucht befreien könne. Die erlösende Lehre Buddhas wird der achtfache heilige Pfad genannt, der rechte Erkenntnis, rechte Gesinnung, rechtes Reden, rechtes Handeln, rechtes Leben, rechtes Denken und rechtes Meditieren vorschreibt. Ziel dieses Pfades ist das Eingehen des Menschen ins Nirwana. Darunter wird die Befreiung von allen irdischen Fesseln verstanden, ein Zustand, der nur durch zahlreiche Wiedergeburten erlangt werden kann.

Ein Zweig des Heiligen Bodhi-Baumes – das ist ein Feigenbaum – unter dem Buddha nach siebenwöchiger Meditation Erleuchtung erlangte, war schon zu Lebzeiten des Erleuchteten nach Sri Lanka gebracht und in Anuradhapura eingepflanzt worden. Dort genießt der inzwischen zu einem Baumriesen herangewachsene Sproß bis auf den heutigen Tag höchste Verehrung.

Mahinda und seine Vimana – waren sie am Ende doch nur eine Legende?

Siri widersprach energisch dieser Vermutung. »Mahinda ist tatsächlich mit einer Vimana geflogen. Kommen Sie mit, ich zeig es Ihnen.« Neugierig geworden, folgten wir dem jungen Singhalesen. Er führte uns zu einer der zahlreichen Juwelierwerkstätten in Beruwela, die von seinem Großonkel betrieben wurde. Nach kurzer Verhandlung präsentierte uns der Meister selbst die »Vimanas« – filigrane Modelle der Flugmaschine Mahindas – geschaffen aus Gold- und Silberblech. »Wir fertigen sie nach den

Buddhistische Dagoba in Anuradhapura, dem spirituellen Zentrum der Insel.

Ruinen einer Tausend-Säulen-Halle in der alten Hauptstadt Polonaruwa.

alten Vorlagen«, erklärte er. »Es ist keinem Meister gestattet, die Vorlagen eigenmächtig abzuändern.« Wir fragten nach der Art der Vorlagen und ihrem Alter.

»Es sind Bilder der Vimana. Bilder, auf Palmblättern eingeritzt.«

»Und wie alt sind die Bilder?«

»Alt, sehr alt. Genau kann ich Ihnen das nicht sagen, aber glauben Sie mir, der Urgroßvater meines Urgroßvaters hat schon mit denselben Vorlagen gearbeitet.«

Wir sahen uns das in aufwendiger Handarbeit gefertigte, etwa dreißig Zentimeter lange Modell genauer an. Die Grundform der Vimana war ein Vogelkörper – deutlich erkannte man den stilisierten Kopf und den langen, schwanengleichen Hals. Auch die Tragflächen waren als Flügel ausgebildet. Doch hier ergaben sich bereits gravierende Unterschiede zu einem Tierkörper, denn die Flügel hatte der Konstrukteur beweglich in Scharnieren aufgehängt. Sie waren offensichtlich über eine Art Kettensteuerung zu betätigen. Auf dem »Rücken« des »Vogels« setzten sich die Merkwürdigkeiten fort. Dort befand sich eine Art offenes Cockpit, mit diversen Schalthebeln und Armaturen instrumentiert. In diesem Cockpit saßen zwei Figuren.

»Der Größere von beiden ist Mahinda«, erklärte uns Siri.

Wir fühlten uns spontan an das Bildnis des Mayafürsten Pakal auf jener Grabplatte von Palenque in Mexiko erinnert, die wir schon auf zahlreichen Fotografien betrachtet hatten. Ähnlichkeiten der Bekleidung und der helmartigen Kopfbedeckung bei den Skulpturen Mahindas und seines Gefährten mit dem Abbild Pakals waren unübersehbar. Den Maya-Herrscher Pakal sehen manche Forscher als außerirdischen Raumfahrer an. Mahinda aber wurde in den Legenden eindeutig als Mensch charakterisiert. Wie paßte das zusammen?

»Er hatte das Wissen um die Vimanas von den Rishis und ihren Nachkommen, den Brighus. Er studierte die alten Überlieferungen der Luftgötter unter der Anleitung seines Vaters, des großen und gelehrten Königs Ashoka. Sie ließen von den geschicktesten Handwerkern ihres Reiches eine solche Vimana nach den alten Beschreibungen bauen. Die Vimana war bestimmt nicht so gut wie die Maschinen der Rishis. Aber sie flog und sie hat so ausgesehen, wie das Modell hier, bloß viel größer«, lachte Siris Großonkel.

Hinter dem Cockpit der Vimana war ein im Verhältnis zur gesamten Größe der Maschine recht kleiner horizontaler Rotor angebracht, der an den Antrieb eines Hubschraubers erinnerte. Spätestens bei diesem Detail wurde der Vergleich mit einem Vorbild aus der Tierwelt vollends hinfällig, denn in der Natur gibt es keine reine Rotation. Die Drehbewegung aber ist Grundlage der von Menschen entwickelten Technik, so wie wir sie heute kennen. Aus diesem Grund erschien uns gerade dieses kleine Detail sehr wichtig für die Glaubwürdigkeit von Siris Bericht. Es war in unseren Augen ein entscheidendes Indiz dafür, daß es sich bei Mahindas Vimana nicht um ein irgendwie geartetes mythischen Vogelwesen, sondern tatsächlich um ein technisches Produkt handelte. Am Heck des Flugapparates befanden sich ein doppeltes – vertikal gestelltes – Seitenleitwerk und ein einfaches horizontales Höhenleitwerk. Diese Konstruktion wird ganz ähnlich auch bei modernen Flugzeugen verwendet, so etwa bei der überaus schnellen und wendigen Suchoi SU 27 russischer Bauart. Doch ebenso drängten sich geradezu Parallelen zu den aus Sammlungen von Museen in Peru und Bolivien bekannten goldenen »Modell-Flugzeugen« auf.

Vor dem Höhenleitwerk befand sich an der rechten und linken Seite je eine kleine Stabilisierungsflosse. Landekufen unter dem Rumpf rundeten den Eindruck einer technischen Konstruktion ab.

»Womit sind diese Maschinen damals geflogen?« versuchten wir zu erfahren.

»Es war eine geheimnisvolle Kraft ... wie sie genau wirkte, weiß heute keiner mehr«, antwortete Siri zögernd. »Manchmal denke ich, sie haben die Kraft der Sonne genutzt. Im Vaimanika-Shastra heißt es nämlich über den Antrieb der Vimanas, daß dazu acht Rohre aus einem bestimmten Glas hergestellt werden müssen. Einem Glas, das die Sonnenstrahlen absorbiert. Quecksilber haben die Rishis auch für den Antrieb der Maschinen verwendet und andere Metalle, deren Zusammensetzung wir heute nicht mehr kennen. Eines davon nannten sie ›Rasa‹. Aber heute weiß niemand mehr, was ›Rasa‹ eigentlich ist.«

Siri und sein Großonkel mußten unseren Mienen wohl angesehen haben, daß wir diese Erklärung für ziemlich dürftig erachteten. Der Meister aber bot uns erst einmal zur Erfrischung – und Ablenkung, wie wir dachten – Mangosteen an, jene köstlichen, kleinen Früchte, die am besten in Kalutara, einem Landstrich südlich von Colombo gedeihen und deren bittersüßen, weißen Schnitze geschmacklich an Erdbeeren und Trauben erinnern. Dann hieß er uns den Kern einer Frucht betrachten. »Was seht ihr?« fragte er, scheinbar nebenbei.

»Den Kern einer Mangostee.«

»Mehr nicht? Schneidet doch den Kern einmal auf und schaut noch einmal genau hin. Was seht ihr nun?«

»Den halbierten Kern einer Mangostee«, antworteten wir lachend.

»Ihr seht den Kern der Frucht mit Euren Augen«, beschied uns der Meister. »Ich aber sehe noch viel mehr. Ich sehe eine neue Mangosteenpflanze, die wieder hunderte dieser köstlichen Früchte tragen wird, aus denen ebenso viele neue Pflanzen entstehen werden. Seht, die Lebenskraft einer ganzen neuen Pflanze ist in einem solchen kleinen Kern gespeichert. Es ist ein winziger Bruchteil jener Lebenskraft, die das ganze Universum durchdringt. Die Rishis wußten, wie man diese Kraft nutzen, kontrollieren und freisetzen kann. So trieben sie die Vimanas an und damit konstruierten sie tödliche Waffen gegen ihre Feinde – gegen jene, die Dunkelheit bringen wollten über die Erde und die das Geschlecht der Rishis auszurotten trachteten. Es waren Waffen, um vieles stärker als heute die Nuklearbomben. Weit weg von hier, ich glaube, in Pakistan, haben Archäologen eine Stadt ausgegraben, die vor langer Zeit mit den Waffen der Rishis zerstört wurde. Sie nennen das Ruinenfeld die ›Todesstätte‹.«

Wir kannten den Namen dieser Stadt. Jeder Archäologe, jeder Historiker, jeder Forscher sollte ihn kennen. Der Name dieser Stadt ist Mohenjo Daro.

Das mehr als 4 000 Jahre alte Mohenjo Daro gilt als eine der sieben Städte, die einst von den Rishis gegründet wurden. Es lag ursprünglich auf zwei Inseln im Indus. Im Radius von einein- halb Kilometern vom Zentrum der Stadt ausgehend, lassen sich dort drei verschiedene Zonen der Verwüstung nachweisen, die vom Zentrum nach außen schwächer werden. Im Zentrum setzte eine überaus zerstörerische Waffe extreme Hitze frei. Tausende Klumpen verschiedener Größe, welche die Archäologen zunächst »Schwarze Steine« tauften, erwiesen sich bei näherer Betrachtung als Überreste von Tongefäßen, die durch starke Hitze buchstäblich zusammengeschmolzen waren.

Die von der klassischen Archäologie kurzzeitig ins Auge gefaßte Möglichkeit eines Vulkanausbruchs mußte alsbald fallen gelassen werden, da es in Mohenjo Daro weder erstarrte Lava noch vulkanische Asche gibt. Dennoch mußten die auf das keramische Material einwirkenden Temperaturen zumindest für eine kurze Zeit mindestens 2 000 Grad Celsius erreichen, um das Material zum Schmelzen zu bringen.

In den Außenbezirken der zerstörten Stadt wurden zahlreiche Skelette von Menschen ausgegraben, die noch so in den Straßen und unter den Trümmern ihrer Häuser lagen, wie sie einst der Tod bei dieser plötzlichen Katastrophe ereilt hatte.

»Wollen Sie so eine Vimana kaufen?« kam Siri nun zum geschäftlichen Teil der Verabredung. »Schauen Sie sich doch einmal die Verarbeitung und die Qualität an. Ein wunderschönes Stück. Mein Onkel macht Ihnen auch einen guten Preis.«

In Anbetracht des kostbaren Materials war der Preis wirklich gut, doch zweitausendachthundert Deutsche Mark konnte unsere Reisekasse zu dieser Zeit einfach nicht entbehren. Nach zweistündigen Verhandlungen mußten das auch Siri und sein Großonkel einsehen.

»Es ist wirklich nicht zu teuer,« sagte der Meister zum Abschied, »aber ich kann sie einfach nicht billiger hergeben. Sie müssen wissen, an so einem Modell arbeiten drei oder vier Handwerker wie ich zusammen mindestens zehn Tage lang – dazu kommt dann noch das Material ...« Wir hatten verstanden und begnügten uns mit einigen Fotos des kleinen Wunderwerkes, das an die erstaunlichen Leistungen unserer Vorfahren erinnerte.

Siri erwies sich auch weiterhin als ein kundiger Begleiter. In den nächsten Tagen zeigte er uns Orte der Insel, fernab von vielbefahrenen Touristenstraßen und er wußte Dinge zu erzählen, von denen die offiziellen »Guides« bestimmt noch nie etwas gehört hatten.

So begleitete er uns auch nach Sigiriya, der »Löwenfestung«, die in ferner Zeit von dem Vatermörder Kasyapa erbaut worden war. Und Siri begann, von den alten Tagen zu erzählen.

Einst herrschte König Dhatusena über Sri Lanka, ein frommer und gerechter Mann, der als bedeutender Stifter von Tempeln und Erbauer von zahlreichen Stauseen in die Geschichte der Insel einging. Diesem König nun wurde ein riesiger verborgener Schatz nachgesagt, der seinen sagenhaften Reichtum begründen sollte. Als er schließlich seinen jüngeren Sohn als Thronfolger einsetzte, war dessen älterer Bruder Kasyapa, der ein stolzer und hochfahrender Mensch gewesen sein muß, maßlos in seiner Ehre gekränkt. Er vertrieb seinen Bruder aus dem Land und ließ den eigenen Vater einkerkern und foltern, um ihm das Geheimnis des Schatzes zu entreißen.

Im Angesicht des Todes versprach Dhatusena, den Hort preiszugeben, wenn er noch einmal in den Fluten seines geliebten Kaledawa-Stausees baden dürfte. Kasyapa gewährte dem alten Mann seinen letzten Wunsch. Am Kaledawa schöpfte Dhatusena mit beiden Händen von den Wassern des Stausees und sagte, dies sei sein einziger Reichtum. Maßlos enttäuscht befahl Kasyapa voller Wut, seinen Vater nackt in Ketten zu legen und lebendigen Leibes in seinem eigenen Palast einzumauern. Und es geschah, wie er gesagt hatte. Doch das Volk erhob sich wider den Tyrannen und Kasyapa mußte in seine Festung Sigiriya fliehen.

Der Schatz Dhatusenas aber funkelt noch heute für alle unter der Sonne von Aukana und bringt mit seinem lebenspendenden Naß dem Lande Wohlstand.

Die Löwenfestung wurde von Kasyapa um 475 n.Chr. als Regierungssitz ausgebaut. Sie thront – unerreichbar für jeden Feind – auf einem gewaltigen, 200 Meter hohen granitenen Felsblock, der aus dem Dschungel aufragt. Am Fuß des Berges findet man die Ruinen der von Kasyapa erschaffenen neuen Königsstadt – Reste von Palästen, Wehrbauten und Häusern, öffentliche Bäder und Spuren riesiger Parkanlagen. Der Vatermörder war wohl nicht nur das grausame Monster, als das ihn manche Historiker gern sehen wollen, sondern auch ein sehr kunstsinniger Mensch.

Wenn man sich dann die Mühe macht und über mehr als 1 200 Treppenstufen zum Gipfel aufsteigt, so gelangt man ungefähr auf der Hälfte des Weges zu einem Gebäudekomplex, der einst die Vorburg der Löwenfestung gewesen zu sein scheint. Dort kann man über eine sehr schmale, eiserne Wendeltreppe hinaufklettern zur Galerie der in vielen Reiseführern gerühmten »Wolkenmädchen«. Diese anstrengende und mit Sicherheit nicht ungefährliche Kletterpartie nehmen tagtäglich Tausende Touristen auf sich, um einen Blick auf die wunderschönen Fresken und Malereien werfen zu können. Uns erschien die unter dem Touristenansturm ächzende Treppenkonstruktion nicht sonderlich vertrauenerweckend.

»Machen Sie sich keine Sorgen«, beruhigte uns Siri. »Das ist deutsche Wertarbeit. Echter Kruppstahl.« Nun ja, das mochte schon stimmen – aber es war eben Stahl von 1938 und die Spuren, welche der Zahn der Zeit auch an solch dauerhaftem Material hinterlassen hatte, waren unübersehbar.

Doch auch wir wagten den Aufstieg zu jener kleinen Galerie und wurden mit phantastischen Motiven der »Lichtprinzessinnen« belohnt. Heute lächeln sie noch ebenso geheimnisvoll von den Felswänden der Galerie wie vor tausend Jahren. Niemand weiß, wer die Künstler waren, die dieses Meisterwerk schufen. In zarten, pastellfarbenen Tönen bildeten sie mehr als ein Dutzend faszinierender Frauengestalten vom Kopf bis zu den Hüften ab, so daß die Lichtprinzessinnen gleichsam in und über den Wolken zu schweben scheinen. Einig sind sich die Kunsthistoriker nur, daß diese Galerie zu den ältesten und schönsten Wandmalereien gehört, die auf Sri Lanka gefunden worden sind. Zu welchem Zweck sie jedoch geschaffen wurden und wer die abgebildeten Wesen sind, darüber streiten sich die Wissenschaftler seit der Entdeckung jener Galerie.

»Es heißt, diese Frauen seien die Gefährten der Himmlischen«, berichtet uns Siri seine Version der Geschichte. »Sie leben in Gefilden, in die ein normaler Sterblicher nicht vorzudringen vermag. Nur Auserwählte wie die Rishis waren imstande, dorthin zu gelangen und da in Gesellschaft der Himmlischen zu verweilen. Es gehört eine große geistige Macht dazu, die verborgenen Tore zum Land der Lichtgeborenen zu öffnen. Nur dadurch ist der Eintritt in diese anderen Welten möglich. Jene, die einst diese Bilder geschaffen haben, ahnten vielleicht etwas von den Lichtwelten. Doch diese Welten existieren wirklich – auch heute noch, glauben Sie mir. Sie waren schon immer da, bevor die Erde entstand – und sie werden noch existieren, wenn diese Welt längst vergangen ist. So steht es in den Schriften der Alten. Es sind die Welten, in die sich die Rishis zurückgezogen haben, als für sie auf der Erde des Bleibens nicht mehr länger war«, erzählte Siri, während wir ihm von der Galerie der Lichtprinzessinnen aus durch einen schmalen Gang aufwärts zur Hauptburg folgten.

»Es heißt, zu Zeiten Kasyapas seien die Rishis noch hier gewesen. Manche glauben, die ›Spiegelwand‹ sei ihr Werk.« Siri deutete auf die zweifellos künstliche, teilweise mehr als zwei Meter hohe Mauer, die unseren Weg talseitig säumte. Auch hier hatten Wind und Wetter tiefe, unübersehbare Spuren hinterlassen. Außerdem verunzierten zahlreiche Graffiti den Stein. Nur sehr wenige davon stammten aus dem 20. Jahrhundert. Bereits seit dem Jahr 600 n.Chr. hatten Besucher hier ihre Kommentare über die in der Galerie dargestellten Schönen hinterlassen. Kein Wunder, daß diese Inschriften von Wissenschaftlern als außerordentlich wertvoll für die Erforschung der singhalesischen Sprachentwicklung gehalten werden. Wir fanden die Graffiti einfach nur häßlich.

Doch an manchen Stellen hatte die hohe Wand ihren ursprünglichen Glanz bewahrt. Dort konnte man sich in der Tat wie in einem steinernen Spiegel betrachten – so klar reflektierte die polierte Oberfläche das Licht.

»Ist das Marmor?« wollten wir wissen. »Es sieht ganz danach aus.«

»Nein, die spiegelnde Schicht ist eine Art polierter Putz«, antwortete Siri. »Seit einigen Jahren bereits versuchen Wissenschaftler der UNESCO, die Zusammensetzung des Putzes herauszufinden. Sie wollen die Spiegelwand und auch die Galerie der Wolkenmädchen restaurieren. Aber weit sind sie bei ihren Bemühungen noch nicht gekommen«, lachte er. »Sie können die

Mischung der Glasur nicht richtig identifizieren. Honig soll drin sein, Ätzkalk und Eiweiß – und noch eine ganze Menge anderer Sachen, die sie aber nicht analysieren können. Deshalb heißt es ja auch, die Rishis hätten beim Bau der Anlage mitgeholfen.«

Unter solchen Gesprächen gelangten wir zum Gipfel der Löwenburg. Hier hatten einst die eigentliche Zitadelle und der Palast Kasyapas gestanden. Die Ruinen dieser gewaltigen Anlagen gemahnten eindrucksvoll an die vergangene Pracht. Es gab Audienzräume, einen Ballsaal und die Halle mit dem Thron des Tyrannen aus rotem Granit zu besichtigen.

»Als Kasayapa hier herrschte,« setzte Siri seinen Bericht fort, »da wurde das Wasser für die königlichen Bäder von der Ebene über einen Höhenunterschied vom mehr als 200 Metern hier herauf gepumpt.« Das war eine unglaubliche technische Leistung für die damalige Zeit. Bei der Wasserzufuhr für die Löwenfestung handelte es sich um ein ausgeklügeltes Leitungsnetz, das an den künstlichen Stauseen in der Ebene seinen Anfang nahm und bis zu den Zisternen und königlichen Bädern auf dem Gipfel des Felsplateaus reichte. Reste dieser Wasserkunst waren nach Jahrtausenden des Verfalls immer noch sichtbar.

Durch die verfallenen Räume der Löwenfestung fauchte ein trockener, heißer Wind, der an unserer Kleidung zerrte und jeden zu wagemutigen Besucher des Plateaus in die schwindelnde Tiefe zu reißen drohte. Doch wir wurden mit einem phantastischen Rundblick über die Insel belohnt. Zu Füßen des Felsens erstreckten sich weite, fruchtbare Ebenen, an deren Ende das Meer glitzerte.

In der entgegengesetzten Richtung erhoben sich die sanften Berghänge Nuwara Elias, grüßten die trutzigen Mauern und Türme der wehrhaften Königsstadt Kandy, die den europäischen Eroberern bis ins 19. Jahrhundert hinein widerstand, als die übrige Insel sich längst den Fremden ergeben hatte. Tragende Kraft dieses langen Widerstandes war der buddhistische Glaube. Sri Lankas Heiligste Reliquie, der Zahn Buddhas, welcher einstmals bei der Verbrennung der körperlichen Hülle des Erleuchteten im indischen Kusinagara aus den Flammen gerettet wurde, befindet sich immer noch im »Tempel des Heiligen Zahns« in Kandy. Der Zahn ruht dort im Innern einer ein Meter hohen goldenen Dagoba, verschlossen im innersten von sechs ineinandergestellten Behältern. Zu Ehren des Zahns findet auch heute alljährlich im Juli und August die Eshala Perahera statt. Höhepunkt dieses Festes, zu dem jedesmal Zehntausende Pilger, Schaulustige und natürlich auch Touristen anreisen, ist ein prunkvoller Festumzug, der elf Tage und Nächte dauert. Phantasievoll geschmückte Elefanten, Fackelträger, Tänzer, Trommler und Peitschenknaller feiern mit den Pilgern die heilige Zahnreliquie.

»Sehen Sie da unten diese Felder?« riß Siri uns aus unseren Überlegungen. »Dort ist der Vatermörder Kasyapa durch eigene Hand gestorben. Nach achtzehn Jahren, in denen das Volk immer wieder gegen die Gewaltherrschaft rebelliert hatte, kehrte sein vertriebener Bruder aus dem Exil zurück. Er kam nicht allein, sondern mit einem großen Heerbann. Und er kam, um mit Kasyapa abzurechnen. Doch der König fürchtete seinen Verwandten nicht. Er bot sein gesamtes Heer auf. Da unten, am Fuße der Löwenfestung, kam es dann zur Entscheidungsschlacht. Auf beiden Seiten wurde verbissen gekämpft und viele tapfere Männer ließen ihr Leben auf diesen Feldern. Als dann die Schlacht auf des Messer Schneide stand und es schon so schien, als ob das Heer Kasyapas siegen würde, da erhielten die Angreifer plötzlich Unterstützung. Ein Flugwagen – eine Vimana tauchte am Firmament auf und griff das Heer Kasyapas aus der Luft an, mit der Sonne im Rücken. Es hieß, die Rishis selbst seien der gerechten Sache zu Hilfe geeilt. Als Kasyapas Krieger dergestalt von zwei Seiten attackiert wurden, ergriffen sie die Flucht. Ihr Herr sah, daß nun alles verloren war. Doch er wollte die Schmach der Gefangenschaft nicht erdulden. So richtete er sein Schwert gegen sich selbst. Der Vatermörder starb durch eigene Hand. So berichten die Alten, wenn sie davon erzählen, wie Kasyapas Schicksal sich erfüllte.«

Nachdenklich stiegen wir von der Löwenfestung hinab ins Tal. Die alten Legenden und Berichte von den Taten der Rishis wiesen darauf hin, daß in prähistorischen und teilweise auch noch in antiken Zeiten fremde Wesen Einfluß auf das Schicksal der Menschen nahmen. Zum einen geschah dies wohl durch die Übermittlung einer Art von zeitlosem Wissen, wie es in den indischen Veden überliefert ist. Anderseits scheuen sich die Fremden aber offensichtlich auch nicht, direkt in kriegerische Auseinandersetzungen der Menschen einzugreifen. Im 8. Buch des Mahabharata wird beschrieben, wie Gurkha, der ebenfalls zu den »Luftgöttern« zählte, im Verlaufe eines kriegerischen Konflikts von Bord seiner Vimana aus einen »Himmelspfeil« auf Parhaspur, die »dreifache Stadt« abfeuerte. Er landete offensichtlich einen Volltreffer, denn weißglühender Rauch soll sich erhoben haben – zehntausendmal heller als die Sonne – und legte die Stadt in Schutt und Asche. Diese Wirkung der als »Himmelspfeile« bezeichneten raketenartigen Geschosse gleicht in vielerlei Hinsicht heutigen Massenvernichtungswaffen.

Diese Phänomene waren allerdings nicht auf Sri Lanka und Indien beschränkt – überlieferte Berichte und Indizien für die Anwesenheit der »Götter der Vorzeit« finden sich weltweit. Im Norden Amerikas wissen die Hopi-Indianer noch heute von der Wanderung ihres Volkes durch drei Welten unter der Führung der Kachinas zu berichten, die sie in die heutige, die vierte Welt führten. Den Kachinas werden ganz ähnliche Eigenschaften wie den altindischen Rishis zugeschrieben. Auch sie vermochten in die Zukunft zu schauen und kannten die Geheimnisse der Erde und des Universums. Daher verwundert es auch nicht, daß sich das Wort Kachina am ehesten mit dem Begriff »hohe, geachtete Wissende« übersetzen läßt. Nach den Aussagen der Hopi weilen sie seit undenklichen Zeiten auf der Erde, seit jener Epoche, die die Hopi als »erste Welt« bezeichneten und die soweit zurückliegt, daß nur vage Legenden von ihrer einstigen Existenz künden. Die Kachinas sollen von fernen, fremden Planeten auf die Erde gekommen sein und die Hopi-Indianer bis in unsere heutige Zeit, die »vierte Welt« begleitet haben. Dabei ließ sich jedoch ein deutlicher Wandel ihrer Beziehungen zu den Hopi erkennen. In den alten Zeiten, jenen Epochen der »ersten« und »zweiten Welt« erscheinen die Kachinas als weise und gerechte Herrscher über die Menschen. Später wandelte sich ihre Rolle. Sie zogen sich allmählich aus dem Leben der Menschen zurück und ließen diesen einen größeren Freiraum für eigene Entscheidungen. Ebenso wie die Rishis des präantiken Indien wurden die Kachinas der Hopi zu einer Art Berater in geistigen und gesellschaftlichen Fragen. Da sie sich immer mehr von den Menschen lösten, begann die Existenz dieser Wesen bald der Schleier des Geheimnisvollen zu umgeben. In der modernen, sich aufgeklärt gebenden Welt wurden sie schließlich vollends ins Reich der Fabel verbannt. Doch nun schien es uns, als sollten sie zurückkehren, die Kachinas, die Rishis und all die anderen Gewaltigen der Vorzeit.

In Südamerika finden sich Spuren der Fremden in den geheimnisvollen Wüstenzeichnungen von Nazca und in den Bauten von Tiwanaku, jener uralten Stadt auf der Hochebene des Altiplano am Titicacasee, über deren Erbauer nur spekuliert werden kann. Jedoch weist die Architektur Tiwanakus mit den Bauwerken der alten indischen Kulturen von Mohenjo Daro und Harrappa verblüffende Übereinstimmungen auf. Dies äußerte sich insbesondere in der anscheinend spielerischen Leichtigkeit, mit der die Baumeister jener Zeit selbst härteste Gesteinsarten zu bearbeiten wußten – und dies in einer Art, als seien einzelne Blöcke wie mit einem riesigen Messer aus dem gewachsenen Fels geschnitten.

Budda-Statue im Museum von Anuradhapura.

Wer waren jene, denen es einstmals gegeben war, solche großartigen Leistungen zu vollbringen? Die uns Wissen von zeitloser Wahrheit in ihren Schriften hinterlassen haben und Bauwerke, die von einer architektonischen Meisterschaft künden, die selbst im ach so modernen 20. Jahrhundert unerreicht blieb. Wer waren SIE? Menschen wie Götter – Gottmenschen?

Wir versuchten, von Siri mehr über die Herkunft der Rishis zu erfahren. Der junge Singhalese lächelte verlegen, als er unsere Fragen hörte: »Wissen Sie, ich bin kein Gelehrter der alten Schriften. Ich kann Ihnen nicht wie ein Wissenschaftler beweisen, daß die Rishis eine Art Götter gewesen sind. Ich erzähle den Reisenden, die meine Heimat besuchen, einfach Geschichten. Solche Geschichten, die mein Urgroßvater schon erzählte und die mir mein Vater erzählt hat. Ich erzähle sie den Menschen, bei denen ich spüre, daß sie sich für mein Land interessieren. Was nun die Rishis betrifft, so könnte man sie als eine eigene Rasse bezeichnen. Sie waren schon immer da, von Anbeginn der Welt. Es waren keine eigentlichen Götter, wie groß ihre geistige Macht auch immer gewesen sein mag. Es waren trotz dieser Macht Wesen, die göttliche und menschliche Eigenschaften in sich vereinten. Ich glaube, bei den Christen würde man solche Wesen am ehesten als Engel bezeichnen. Wie das mit den Engeln heute bei Euch ist, weiß ich nicht. Ich weiß aber, daß die Rishis nicht einfach tot sind. Sie haben wohl die Erde verlassen, sind dahingegangen in Welten, die vielen Sterblichen in den meisten Leben verschlossen bleiben werden. Doch die Rishis sind noch da.«

Wir hatten uns bereits gelegentlich mit Siri über unsere Absicht, nach Indien weiterzureisen, unterhalten. Nun schien der Augenblick gekommen zu sein, ihm unsere ganzen Pläne zu enthüllen. Siri schüttelte ungläubig den Kopf.

»Ich habe schon von diesen Orakeln gehört«, antwortete er. »In den alten Zeiten hat es auch auf Sri Lanka Palmblattbibliotheken gegeben. Egal, was man Ihnen auf dem Festland erzählt.« Siri sprach immer nur vom »Festland«, wenn die Sprache auf Indien kam – hier flammte immer wieder jener unbändige Nationalstolz auf, den nur wahre Patrioten spüren können und der im lauen Europa längst dem Vergessen anheimgegeben ist,

»... was sie Ihnen auch immer sagen mögen, die Palmblattorakel sind älter als Indien. Die Rishis haben sie über die Zeit des Chaos gerettet, als die alten Welten untergingen und neues Land geboren wurde. Sie wagen eine ganze Menge, wenn Sie diesen Dingen nachspüren. Mit den Gewaltigen der Vorzeit ist nicht zu spaßen, glauben Sie mir. Diese Wesen mögen Ihnen fern und fremd erscheinen, doch sie sind uns näher, als Sie denken. Und sie wissen, ihre Geheimnisse zu bewahren.«

Nun war es an uns zu staunen.

»Doch es mag Ihnen beiden bestimmt sein, das Wissen und das Wesen der Rishis zu ergründen. Vielleicht sind Sie bereits auf einem Weg, den Sie gehen müssen, aber den Sie noch nicht einmal bis zur nächsten Biegung überschauen. Ich wünsche Ihnen viel Glück bei Ihrer Suche. Mögen die Großen Alten Ihnen gewogen sein.« Mit diesen Worten verabschiedete er sich von uns am Hotel.

Die tropische Luft war mit einem Mal gar nicht mehr so warm. Ein kühler Schauer rieselte uns den Rücken herunter.

Am nächsten Tag, dem 7. August 1993 brachte uns ein Taxi wieder zurück zum Flughafen von Katunayake. Diesmal würde es im wahrsten Sinne des Wortes ein Flug ins Ungewisse werden. Doch es schien, als ob uns die singhalesischen Behörden den Abschied leicht machen wollten. Im Norden Sri Lankas waren – wieder einmal – schwere Unruhen unter der zumeist tamilischen Bevölkerung ausgebrochen. Singhalesen wurden von ihren tamilischen Nachbarn meuchlings abgeschlachtet, Polizisten gelyncht, Militärstützpunkte angegriffen. Die gut geölte singhalesische Kriegsmaschinerie begann daraufhin ohne Verzögerung anzulaufen. Von S.A.S.- und CIA-Beratern gedrillte Eliteeinheiten der Regierungsarmee schlugen mit der geballten Macht modernster Militärtechnik zurück und »befriedeten« den rebellischen Norden der Insel – wieder einmal – binnen 24 Stunden. Mehr als 240 Menschen starben – Tamilen und Singhalesen, Rebellen, Soldaten, Zivilisten. All dies geschah in der Gegend um Jaffna, einer Stadt, in der man uns samt unserem für einen unverschämten Wucherpreis gemieteten Jeep noch knapp eine Woche vorher mit offenen Armen empfangen hatte. Damals hatten wir nicht an den stets latenten Bürgerkrieg glauben wollen. Zu ehrlich schien uns die Gastfreundschaft der Menschen, die wir trafen, zu echt die Freude über die ersten europäischen Gäste seit Jahren im ewigen Krisengebiet der Insel. In Colombo hatte sich niemand bereit erklären wollen, uns mit dem Wagen in diese Stadt zu bringen. Zu tief saßen Haß und Furcht auf die unberechenbaren Nachbarn im Norden, die der Staatsreligion trotzten, unbeirrt ihre alten Götter anbeteten und immer wieder gegen das singhalesisch und buddhistisch dominierte Staatswesen zu rebellieren wagten. Noch tiefer aber saß der Groll auf den mächtigen indischen Nachbarn, der die Rebellen immer wieder über die schmale Meerenge zwischen dem Festland und der Insel mit Nachschub an Ausrüstung, Waffen, und immer neuen Kämpfern versorgte. So munkelte man jedenfalls in Colombo. Wir sind im Norden der Insel jedenfalls nicht auf blutrünstige, jeden-Touristen-kidnappende-und-alle-Frauen-vergewaltigende-Rebellen gestoßen, sondern haben ebenso gastfreundliche und zuvorkommende Menschen wie im übrigen Sri Lanka getroffen. Es mag sein, daß es die strengen Gebote der Gastfreundschaft waren, die sie bewogen, die Fremden nicht mit ihren persönlichen Problemen zu belasten und uns nicht in ihre Auseinandersetzungen hineinzuziehen. In unserem Fall siegte zweifellos diese östliche Gastfreundschaft über Fremdenhaß und religiösen Fanatismus. Wie rasch sich jedoch die Situation ins Gegenteil verkehren konnte, bewies uns neben den Meldungen der halboffiziellen singhalesischen Nachrichtenagenturen die Situation am Flughafen. Die Sicherheitskontrollen hier entwickelten sich langsam aber sicher zur Schikane. Wir wurden insgesamt viermal durchsucht und nach verborgenen Waffen abgetastet, bevor unser Airbus A 320 der Fluggesellschaft Air India endlich starten durfte. Nach einem ruhigen Flug landete die Maschine gegen 21.40 Uhr auf dem International Airport von Madras. Da sich fast sämtliche der uns bekannten Palmblattbibliotheken in Südindien befinden, sollte die Hauptstadt des Bundesstaates Tamil Nadu der Ausgangspunkt unserer Reise durch Indien sein. Wir kamen auf einem Flughafen an, der selbst in den Nachtstunden stets von Menschenmassen überquillt. In der großen Empfangshalle versuchten ein paar müde Ventilatoren, die stickig-schwüle Luft wenigstes etwas in Bewegung zu halten. In langen Schlangen stauten sich die Fluggäste vor den Schaltern der Paßkontrolle. Wir waren mittendrin in dieser lärmenden, schiebenden, drängelnden Masse. Der Schweiß brach uns aus allen Poren. Nach zehn Minuten klebten die Sachen feucht am Körper.

Ein kleiner, älterer Herr, der vor uns in der Schlange stand und ständig bemüht schien, mit einem riesigen Taschentuch seine Stirnglatze zu polieren, wandte sich freundlich in stark akzentuiertem Deutsch an uns:

»Sie sind bestimmt zum ersten Mal in Indien. Wundern Sie sich nicht. Das ist hier immer so an den Flughäfen. Da lernt man die orientalische Gelassenheit zu schätzen.«

»Sie sprechen unsere Sprache?«

»Ja, ich habe 4 Jahre lang in Köln Betriebswirtschaft studiert. Aber dat Kölsch habsch immer noch nicht so richtig drauf«, fügte er lächelnd hinzu.

Wir kamen ins Gespräch. Es stellte sich heraus, daß Herr Perera Angestellter des Außenministeriums von Sri Lanka war und sich in einer recht heiklen Mission auf indischem Boden befand.

»Da war dieser Sturm letzte Woche«, erklärte er. »Das ist zwar nichts besonderes jetzt, während der Monsunzeit. Doch während des Sturms hat es ein paar unserer Fischer mit ihren Booten an die indische Küste verschlagen. Die indischen Behörden haben sie einfach interniert.«

»Ist das denn rechtens?« wollten wir wissen.

»Das kommt immer auf die Betrachtungsweise an«, klärte uns Herr Perera auf. »Aus Sicht der Regierung von Tamil Nadu ist das natürlich rechtens. Wir Singhalesen sehen es als schreiendes Unrecht an. Nun bin ich hier, um in Verhandlungen mit den Indern die Rückkehr meiner Landsleute zu erreichen.«

Uns interessierte, ob solche Zwischenfälle – von denen man in Europa keine Notiz nahm – hier häufiger vorkamen.

»Nun ja, ein paar Mal im Jahr schon. Immer dann, wenn der Sturm in die falsche Richtung weht, muß ich nach Indien. Sonst kommt mein Kollege aus dem Regierungspräsidium von Tamil Nadu zu mir nach Colombo. Wir internieren nämlich auf Sri Lanka umgekehrt indische Schiffbrüchige genauso ...«

Unter solchen Gesprächen erreichten wir die Paßkontrolle. Dank des Diplomatenpasses und der Intervention von Herrn Perera gingen die Formalitäten auch bei uns rasch und reibungslos vonstatten.

Nachdem wir unser Gepäck erhalten hatten, verabschiedete sich Herr Perera, allerdings nicht, ohne uns vor den Fallstricken des indischen Alltags gewarnt und uns nochmals nach Sri Lanka eingeladen zu haben. Wir bedankten uns für das freundliche Angebot und stürzten uns wieder in das Getümmel der Flughafenhalle, um uns mit indischer Währung zu versorgen, die wir für die Fahrt in die Stadt brauchen würden. Indische Rupien dürfen aber weder in das Land ein- noch wieder ausgeführt werden. Somit war erneutes Schlangestehen angesagt. Nach einer halben Stunde hatten wir uns zu dem Schalter mit der leuchtenden Aufschrift »Foreign Currency Change« durchgekämpft. Fast eine weitere halbe Stunde dauerte es, bis wir unsere ersten Rupien eingewechselt hatten. Die verschlafenen Bankangestellten bemühten sich mit stoischer Gelassenheit, alle auf sie einstürmenden Kunden zugleich zu bedienen. So zurückhaltend Inder auch sonst sein mögen, beim Anblick des Bankschalters war von dieser Höflichkeit nichts mehr zu spüren. Schiebend, grapschend, drängelnd und schimpfend versuchte jeder, der kleinen Öffnung des ansonsten vergitterten Schalters so nahe wie nur möglich zu kommen, um dann in einem günstigen Augenblick seine einzuwechselnden Geldscheine dem jeweiligen Angestellten möglichst dicht unter die Nase zu halten. Es dauerte eine Weile, bis wir die Regeln dieses Spieles durchschaut hatten. Schließlich waren wir an der Reihe und zückten unsere Travellerschecks. Der Wechselkurs war etwas günstiger als beim Bargeld, der Papierkrieg dafür um so größer.

Es sollte nicht unsere einzige Erfahrung mit dem indischen Alltag an diesem späten Abend sein. Die nächste lauerte bereits draußen vor den Toren des Airports. Man sollte eben niemals zu nachtschlafener Zeit in einer wildfremden Stadt ankommen, jedenfalls nicht, ohne bereits die feste Buchung eines Hotels in der Tasche zu haben und damit die Gewißheit eines Ortes, an dem man sein übermüdetes Haupt zur Ruhe betten kann. Da

Herr Perera uns vor den Taxifahrern am Flughafen und ihren völlig überhöhten Preisen gewarnt hatte, entschlossenen wir uns, den bei weitem preiswerteren, auf den ersten Blick jedenfalls auch recht modernen Flughafenbus zu benutzen. Der Wagen wartete bereits vor dem Ausgang, und sollte auch sofort in Richtung Madras City starten, beteuerte der Fahrer dieses Gefährts. Das »sofort« hieß allerdings »sofort, wenn der Bus voll besetzt ist«. Bis dahin vergingen aber noch fast zwei Stunden. Als der Bus dann doch endlich losfuhr, teilte uns der Schaffner mit einer für indische Busschaffner typischen Bestimmtheit mit, daß das Hotel »Broadlands« – welches wir als unser Quartier ausersehen hatten – in Anbetracht der späten Stunde nun bereits geschlossen hatte. Er sei aber gern bereit, uns in einem anderen – und natürlich viel besseren – Hotel ein komfortables Zimmer zu beschaffen. Wir kannten die Landessitten noch nicht, sonst hätten wir dieses Angebot mit Sicherheit dankend abgelehnt. Selbstverständlich hatte das Hotel »Broadlands« so wie jedes anständige indische Hotel durchgängig 24 Stunden geöffnet. Unser »hilfsbereiter« Schaffner verdiente sich mit seinen »Tips« lediglich ein ordentliches Zubrot, das ihm von den Hotels, denen er auf diese Weise zu Kundschaft verhalf, natürlich gern bezahlt wurde. Eine solche Art des Kundenfanges ist in Indien durchaus üblich und nicht nur im Hotelgewerbe, wie wir auf unseren Reisen noch oft erfahren sollten. Wir waren in jener Nacht aber so müde und abgespannt, daß uns seine »Hilfe« durchaus willkommen war. Alles was wir wollten, waren ein Zimmer und ein Bett, um endlich schlafen zu können.

Auf der Fahrt durch das nächtliche Madras ereilte uns zunächst jedoch jener Kulturschock, den wir durch unseren »Akklimatisierungs-Aufenthalt« in Sri Lanka eigentlich hatten vermeiden wollen. Asien ist eben nicht gleich Asien und das vorwiegend europäisch geprägte Sri Lanka war mit dem chaotischen Asphaltdschungel der Hauptstadt Tamil Nadus in keiner Weise vergleichbar. Das wurde uns auf dieser Fahrt mit schmerzhafter Deutlichkeit bewußt. Der Bus rollte durch stockdunkle, immer enger werdende Straßen, die vom Monsunregen aufgeweicht waren und sich in seifenglatte Rutschbahnen verwandelt hatten. Dieser Umstand schien jedoch unseren Fahrer ebensowenig zu beeindrucken, wie die Tatsache, daß außer ihm auch noch andere Busse, Trucks jeder Größe, Pkws, Motorräder, Fahrradfahrer, Ochsenkarren, Fußgänger, Hunde und Kühe unterwegs waren. Er schien ständig mit dem Gaspedal auf Kriegsfuß zu stehen und war nur zufrieden, wenn er bis zum Fahrzeugboden durchtreten konnte. Solche unwichtigen Accessoires wie Blinker oder Stopplichter funktionierten an unserem Vehikel gar nicht erst. Die Hupe, der Motor und die Bremsen taten es zum Glück. Wir sprachen den Schaffner darauf an. Er hockte mit verschlungenen Gliedmaßen wie ein Gorilla auf seinem Sitz und schien die Fahrt sichtlich zu genießen, während uns die (Blatt-)Federung des Busses im Verbund mit den durchgewetzten Schleudersitzen bei jedem Schlagloch regelmäßig in Richtung Dach beförderte – und es gab viele Schlaglöcher in diesen Straßen.

Auf unsere Fragen antwortete der Schaffner mit einer wahren Schimpfkanonade, die sich im allgemeinen gegen die Korruption, die unfähige Politik und Wissenschaft und im besonderen gegen die indische Autoindustrie richtete:

»Ja sehen Sie, das ist Indien. Durch und durch korrupt. Die oben verdienen und wir müssen mit solchen Schlitten fahren und unseren Hals riskieren! An dieser Scheißkarre hier funktioniert nichts außer dem Aschenbecher! Die Fenster lassen sich weder öffnen noch schließen!« Zum Beweis zerrte er an einem der Schiebefenster. Es bewegte sich keinen Zoll. Das Fenster stand halboffen, wie alle anderen im Bus auch und es regnete herein, da gerade wieder einmal ein Monsunregenguß vom tintenschwarzen Nachthimmel strähnte.

»Sehen Sie, so ist das mit den indischen Autos. Angeblich das Modernste, was derzeit gebaut wird! Nichts geht an der Karre – der linke Scheibenwischer ist gestern abgefallen. Die Straßen werden auch immer schlechter – dafür erhöhen sie ständig die Benzinpreise. Scheiß Indien!«

Und er schüttelte seine linke Hand mit einer Geste, die wir noch oft sehen sollten auf unserer Reise und die alles bedeuten kann: geht grad' so, langt für heute, wird sowieso nichts, alles im Eimer usw. ...

Dabei saßen wir in dieser Ausgeburt indischer Auto-mobilbaukunst wenigstens noch einigermaßen im Trockenen. Als die Enge der Straßen unserer Fahrer dann doch noch zu einer moderateren Geschwindigkeit nötigte, erkannten wir im grellen Scheinwerferlicht draußen Menschen, die am Straßenrand Körper an Körper schliefen, bedeckt mit Folienfetzen, zerrissenen Decken oder alten, feuchten Zeitungen. Es waren hunderte. Jeder von ihnen hatte versucht, irgendein trockenes Plätzchen für die Nacht zu ergattern. Nicht allen war das gelungen. Eigentlich den wenigsten. Funzelnde Lichter schäbiger Tea-Shops und die offenen Feuer der Garküchen erhellten dürftig die gespenstisch anmutende Szenerie. An den Straßenecken lungerten finstere Gestalten herum, die aussahen, als seien sie soeben einem der gewalttätigen, kitschigen »Masala«-Streifen der indischen Filmindustrie entsprungen. Stinkende Dieselabgase quollen durch die Fenster herein, der Duft frisch zubereiteter würziger Speisen mischte sich mit dem Geruch von Holzfeuern, dem Fäkaliengestank und den fiebrig schwülen Ausdünstungen der kleinen Flüsse, die Madras durchziehen. Ratten, groß wie Katzen, flohen vor dem gleißenden Licht der Scheinwerfer erschreckt pfeifend in die Finsternis, die sie ausgespien hatte.

Nach mehreren Stops an ein paar völlig heruntergekommenen Lodges kamen wir schließlich weit nach Mitternacht müde und völlig zerschlagen im Hotel »Vee Yes« an, das der geschäftstüchtiger Schaffner für uns ausersehen hatte. Natürlich war hier noch ein Doppelzimmer für uns frei.

Wir akzeptierten den geforderten Preis (der nicht einmal zu unverschämt hoch war) ohne Murren, sahen zu, wie unser Schaffner mit zufriedenem Grinsen seine Provision einstrich und trollten uns auf das zugewiesene Zimmer.

Nun lernten wir erstmals ein »Indian-Style«-Hotel kennen. Es gab hier also keinen überflüssigen europäischen Luxus wie etwa eine Toilette – diese wurde durch ein einfaches Loch im Boden ersetzt –, von solchen Nebensächlichkeiten wie Toilettenpapier war natürlich auch nicht die Rede. Dafür stand neben dem Toilettenloch eine wenig einladend ausschauende Kruke mit Wasser. Diese benutzte man im Verein mit der linken, »unreinen« Hand zur Reinigung der rückwärtigen Körperteile anstelle des Toilettenpapiers. Die »Dusche« hingegen war in Gestalt eines armdicken Wasserrohres vorhanden, aus dem ein ebenso starker Strahl eiskalten Wassers den reinlichen Gast begrüßte. Die Bettwäsche dagegen erweckte den Eindruck, als hätten sich vor uns mindestens schon drei, nicht eben auf Sauberkeit geeichte Zeitgenossen in den Laken gesuhlt. Ein rasches Wegziehen der Bettdecken zeigte uns aber, daß wir zumindest keine sofort sichtbaren Untermieter im Bett hatten, und das genügte uns in dieser Nacht völlig.

Einer erquickenden Nachtruhe schien also nichts mehr im Wege zu stehen. Doch wir sollten uns zu früh gefreut haben. Wir hatten uns in einer Gegend einquartiert, die jeder Reiseführer wohl als »aufstrebenden Stadtteil« bezeichnen würde – was nichts anderes bedeutete, als daß direkt neben unserem Hotel noch eines entstehen sollte, welches sich im derzeitigen Stadium aber noch als Großbaustelle präsentierte. Die Jungs vom Bau schafften natürlich nicht bei Tageshitze, sondern jetzt, in der Kühle der Nacht. Dieselmotoren grollten, Preßlufthämmer donnerten, Kräne quietschten, dazwischen gellten die Rufe der Vorarbeiter. Flutlicht erleuchtete den Platz – und auch unser Zimmer – fast taghell. Doch auch das konnte uns nun nicht mehr schrecken. Irgendwann forderte der Körper sein Recht und so schliefen wir nach einiger Zeit schließlich ein.

Nicht lange sollten wir uns traumlos in Morpheus Armen wiegen. Um 6.00 Uhr in der Früh war die Nacht vorbei. Als Gast in diesem Hotel wurde man zu dieser Zeit mit lautstarken Gebetsmantras aus einem zimmereigenen Lautsprecher geweckt. Das Gerät hatte einen entscheidenden Nachteil – es ließ sich nicht abstellen.

Doch es sollte noch besser kommen. Die Klingel an der Tür schrillte. Mit bleischweren Gliedern quälten wir uns aus dem Bett. Annett tapste verschlafen ins Badezimmer, Thomas ging zur Tür und riß sie unwirsch auf. Ein Hotelboy, schmal wie Fladenbrot, stand davor, beladen mit einem Tablett, auf dem sich Kannen und Tassen türmten.

»Tea, Coffee Sir?« krähte er.

»Tee, und den bitte ohne Milch.« Ein paar Rupien, zwei Kannen und zwei Tassen wechselten den Besitzer.

Annett lugte aus dem Badezimmer. »Frühstück ist fertig«,

erklärte Thomas, ohne mit der Wimper zu zucken. »Es gibt Tee, Tee und Tee. Einverstanden?«

Annett wurde der Antwort enthoben. Die Klingel schrillte erneut.

Die Tür wurde krachend aufgerissen.

»Ja, was gibt's denn?«

Der Boy, der jetzt draußen stand, war ein anderer als vorher. Er wedelte mit einem Packen Zeitungen.

»Newspaper, Sir?«

Im Namen aller Götter Indiens kauften wir »The Indian Times«, die mit ihrem britischen Vorbild ungefähr soviel zu tun hat wie »BILD« mit der »FAZ«.

Wir kamen nicht einmal dazu, den Tee einzuschenken. Es schellte zum dritten Mal – der Schuhputzer war da.

»Boots, Sir, chappal (Sandalen), very, very polish!« Was er damit sagen wollte, war wohl, daß er ein Schuhputzer der Spitzenklasse war und nicht etwa, daß er »sehr-sehr-polierte Sandalen« mit sich herumschleppte. Nun war unsere morgendliche Ruhe an ihrer Toleranzschwelle angelangt. Der Schuhputzer mußte unverrichteter Dinge von dannen ziehen.

Er war nicht der letzte, der versuchte, an uns ein paar Rupien zu verdienen. Als uns aber eine halbe Stunde später ein paar gar nicht vertrauenerweckend wirkende Geldwechsler aufs Zimmer rücken wollten, wurde es uns doch zu bunt.

Es war noch nicht 7.00 Uhr, als wir das »Vee Yes« fast fluchtartig verließen, um nun doch noch ins Hotel »Broadlands« umzuziehen, das uns als ruhig und sauber beschrieben worden war.

In der Triplicane High Road angekommen, konnten wir feststellen, daß diese Beschreibung vollkommen zutraf. Das um die Jahrhundertwende im Kolonialstil erbaute Hotel ist noch heute der Treff für Tramps und Traveller in Madras. Dem verwöhnten Geschmack eines Pauschaltouristen der späten neunziger Jahre dürfte es jedoch mit Sicherheit nicht entsprechen. Die Zimmer hatten keine Scheiben, sondern nur in einem freundlichen hellen Blau gestrichene Jalousien vor den Fenstern. Natürlich fehlten da auch die sonst obligatorischen Klimaanlagen, die stets mit lautem Getöse arktische Temperaturen zu verbreiten pflegten und schon so manchem Reisenden eine häßliche, weil schwere und sehr anhängliche Erkältung bescherten. Aus unerfindlichen Gründen scheinen nämlich die Hoteliers in den tropischen Breiten der Meinung zu sein, Europäer fühlten sich erst dann richtig wohl, wenn die Zimmertemperatur sich dem Gefrierpunkt nähert. Statt dessen kreisten unter den hohen Decken der Zimmer im Hotel Broadlands Ventilatoren und sorgten für ein angenehm laues Lüftchen. In den schattigen Innenhöfen wuchsen Palmen und blühten Orchideen. Hier saßen die Reisenden aus aller Herren Länder beisammen, plauderten, tauschten Erfahrungen aus, vertrauten ihre Erlebnisse dem Tagebuch an oder tüftelten am Verlauf der weiteren Reiseroute.

Der Hotelmanager, der Tag und Nacht an der Rezeption zu verbringen schien, war auch an diesem Morgen schon auf den Beinen und begrüßte uns mit ausgesuchter Höflichkeit.

»Ein Zimmer für zwei? Aber natürlich!« Er winkte den Boys, die sich sofort auf unser Gepäck stürzten und die Rucksäcke in Richtung Zimmer zu schleifen begannen.

»Kommen Sie bitte, ich zeige Ihnen die Räume.«

»Keine Formalitäten?« Nach dem Papierkrieg, den wir in der letzten Nacht auf dem Flughafen und im »Vee Yes« erlebt hatten, schien uns das Verhalten des Managers ein kleines Wunder zu sein.

»Sie können sich später eintragen. Ruhen Sie sich erst ein wenig aus. Sie sehen müde aus. Woher kommen Sie so früh?«

»Um die Wahrheit zu sagen, aus dem ›Vee Yes‹.«

Unser Manager schüttelte seine rechte Hand, als wolle er einen riesigen Schleimklumpen loswerden und brach in lautes Gelächter aus. »So, so, das ›Vee Yes‹ – da hat man Sie also auch abgeschleppt. Sie sind bestimmt zum ersten Mal in Indien.« Das hatte er nicht raten müssen – die Greenhörner konnte man uns bestimmt ansehen.

Der Manager führte uns durch die verwinkelten Höfe und Arkaden des alten Hotels. Dann ging es steil treppauf.

»Passen Sie auf Ihren Kopf auf, es ist recht niedrig hier.« Die Warnung kam ein wenig zu spät. Doch ein guter Geist hatte das niedrige Gewölbe an eben dieser Stelle dick mit Stoff und Leder abgepolstert, so daß der Zusammenprall zwischen Kopf und Gemäuer etwas milder ausfiel. Wer weiß, wieviele Generationen von Travellern sich eben hier schon ihr Schädeldach demoliert hatten.

»Das ist Ihr Zimmer«, sagte der Manager wenig später. Ein großer, heller, freundlicher Raum, ausgestattet mit altmodischen, aber gemütlichen Möbeln, empfing uns. Die durchgelegenen Matratzen des riesigen Bettes quietschten, als wir uns darauf niederließen, doch sie waren mit sauberen Laken bedeckt. Ledersessel, ein niedriger Tisch mit einer Platte aus dunklem Stein und ein großer hölzerner Schrank, aus dem es durchdringend nach Mottenkugeln roch, vervollständigten die Einrichtung des Raumes, der von Wandleuchten erhellt wurde, die bestimmt schon in den zwanziger Jahren ihren Dienst versehen hatten. Sonnenstrahlen fielen schräg durch die Jalousien. Staubteilchen tanzten im Licht. Eine tiefe Stille und ein großer Friede umfing uns hier. Weit, weit weg war das Getöse der lärmenden Straßen. Wir hatten unsere Oase im Großstadtdschungel gefunden. Nach den Aufregungen der Nacht waren wir so zerschlagen, daß wir uns nur noch duschen und dann schlafen wollten. Auf dem Weg zu unserem »Bad« mußten wir eine winzige, von hohen Mauern umgebene Dachterrasse überqueren, über der sich ein strahlend blaues Himmelsviereck wölbte. Das »Bad« selbst war beinahe so groß wie unser Zimmer. Die Dusche spendete kaltes oder warmes Wasser – je nach Tageszeit. Morgens, wenn noch die Kühle der Nacht zu spüren war, wurden wir mit einem quietsch-kalten Wasserstrahl begrüßt. Mittags dann, wenn die Sonnenglut den Vorratsbehälter oben auf dem Dach so richtig aufgeheizt hatte, war auch das Wasser entsprechend warm. Trinken sollten wir dieses Wasser in keinem Fall, es nicht einmal zum Zähneputzen verwenden, riet uns der Manager – es sei denn, wir wären bereit, gesundheitliche Probleme in größerem Umfang einzukalkulieren. »Das Wasser kommt ungefiltert aus dem Grund. Wir Inder vertragen es recht gut. Aber Ihr Europäer habt einen sehr komischen Magen – für Euch taugt das bestimmt nicht.« Wir haben uns während all unserer Indienreisen an diesen Rat gehalten und es nicht bereut. Mineralwasser löscht den Durst genauso gut und man läuft beim Trinken nicht Gefahr, sich die Amöbenruhr oder ähnlich unangenehme Dinge an den Hals zu holen.

An diesem Morgen fielen wir nach der erfrischenden Dusche auf das Bett und schliefen fast augenblicklich ein. Erst am späten Nachmittag erwachten wir angenehm erholt. Es wurde in unseren Augen nun höchste Zeit, sich telefonisch in der Palmblattbibliothek des Nadi-Readers Sri Rami Gurup anzumelden. Nach dem Ankleiden stiegen wir über ein halbes Dutzend Treppen hinab zur Rezeption. Der Manager empfing uns wieder persönlich.

»A local call? Ein Ortsgespräch möchten Sie? Das macht dann 6 Rupien.« Wir legten ein paar Münzen auf seinen Schreibtisch.

»Bitte geben sie mir die Nummer. Ich erledige das schon für Sie«, bot er uns mit asiatischer Höflichkeit an. In Anbetracht des Umstandes, daß wir nicht einmal wußten, ob der Nadi-Reader überhaupt des Englischen mächtig war, ließen wir uns gern helfen und kramten das kleine Notizbuch hervor, in dem die Adressen aller Palmblattbibliotheken notiert waren, die uns Holger Kersten benannt hatte.

»Hier – diese Nummer ist es: Nummer 235595, in East Tambaram, der Herr nennt sich Sri Rami Gurup.«

Unser Manager kratzte sich nachdenklich hinterm Ohr und murmelte etwas Unverständliches in seinen sauber abgesägten Bart. Dann wählte er die angegebene Telefonnummer. Am anderen Ende meldete sich auch jemand. Nun entspann sich ein etwa zehnminütiger, meist lautstark schreiend ausgetragener Dialog, der im wesentlichen wohl folgenden Inhalt hatte:

»Namaskaar, hier ist das Hotel Broadlands, der Manager ist am Apparat.«

Am anderen Ende: »Wer ist da? Ich verstehe nicht!«

»Hier ist das Hotel Broadlands, der Hotelmanager!«

»Wer ist da?«

»He Mann, bist Du taub? Hotel Broadlands hier!«

»Ach, das Hotel Broadlands. Womit kann ich ihnen helfen?«

»Was ist los? Ich verstehe nicht!«

»Mensch, dieses Telefon ist ja das absolut Letzte!«

»Das stimmt, stimmt genau!«

»Was? Was haben Sie gerade gesagt? Ich verstehe nicht!!«

Und so weiter ... Ab und an krachte, zirpte und knirschte es zwischendurch fürchterlich in der Leitung, ganz so als habe der

Manager Kontakt zu einem abgetauchten Unterseeboot aufgenommen.

Indessen traten wir ungeduldig in der lähmenden, schwülheißen Atmosphäre der Rezeption von einem Fuß auf den anderen. Wenn der Mann nur wüßte, wie wichtig dieses Telefonat für uns war!

Schließlich schien unser Manager zumindest eine Auskunft erhalten zu haben. Er angelte sich einen Stift, malte einige Zahlen auf einen winzigen Zettel und knallte schwitzend den Hörer auf die Gabel.

Inder sind teilnahmsvolle Menschen. Wenn sie einem Hilfe nicht zuteil werden lassen können oder sich eine betrübliche Nachricht nicht mit ein paar wohlgesetzten Worten kaschieren läßt, dann umwölkt sich ihr Antlitz wie der Himmel über Indien vor dem Ausbruch eines schweren Monsunregens. Uns schwante Schlimmes. Was der Manager mitzuteilen hatte, entsprach durchaus seinem traurigen Gesichtsausdruck.

»Sri Rami Gurup hat seine irdische Hülle verlassen. Er weilt nicht mehr auf dieser Welt.«

Es traf uns wie ein Schlag. Annett wurde kreideweiß und hielt sich krampfhaft am mächtigen polierten Tresen der Rezeption fest, so als könne nur dieses Monster von Möbel im Kolonialstil ihr Sicherheit und Halt bieten. »Dann war das alles umsonst? Die ganze Reise? All die Hitze, der Dreck, die Anstrengungen und jetzt ...« Sie war den Tränen nahe.

Thomas mühte sich um Beherrschung. Es nutzte jetzt gar nichts, auszurasten und zu weinen oder zu schreien, auch wenn ihm genauso danach zumute war. Wir hätten nur Unverständnis und im schlimmsten Fall Spott geerntet und gar nichts weiter erfahren.

»Wann ist das passiert? Ich meine, wann ist Sri Rami Gurup gestorben?«

»Oh, das war schon vor ein paar Jahren«, antwortete der Manager, schon nicht mehr ganz so geknickt.

Vor ein paar Jahren ...Warum zum Teufel hatte uns Holger Kersten dann diese Adresse gegeben? Wußte er es nicht besser?

»Der Mann, mit dem ich eben gesprochen habe, hat mir gesagt, daß nun the younger enlighted Master – der jüngere erleuchtete Meister – aus den Palmblättern liest. Man nennt ihn Sri Ramani. Er ist aber zur Zeit nicht in der Stadt, sondern kehrt erst am 13. August von einer Reise zurück. Sie möchten bitte am Abend des 13. nochmals anrufen. Für den nächsten Tag bekommen Sie dann sicher einen Termin.«

Uns fiel ein riesiger Stein – nein, ein ganzer Fels – vom Herzen. Der Knall muß meilenweit zu hören gewesen sein.

»Nun schauen Sie schon viel glücklicher aus«, beschied uns der Manager. »Sie werden Sri Ramani sehen, ganz bestimmt. Nutzen Sie die Zeit bis dahin. Sehen Sie sich Madras an. Ist eine interessante Stadt! Fahren sie nach Pondy. Ein Auto kann ich Ihnen besorgen, no problem! Khaao, piio, majaa karo! Lassen Sie sich den Spaß am Leben nicht verderben, machen Sie das Beste draus!« riet er uns noch und wandte sich dann mit einer entschuldigenden Geste soeben neu angekommenen Travellern zu.

Der indische Alltag hatte unseren europäischen Forscherdrang also ziemlich rasch gebremst. Jetzt ging uns auch auf, daß die Skepsis, mit der wir das Thema Palmblattbibliotheken von Anfang an behandelt hatten, nunmehr drohte, unseren ganzen, fein abgestimmten Zeitplan über den Haufen zu werfen. Wir hatten nämlich auf die durchaus bestehende Möglichkeit verzichtet, bereits telefonisch von Europa aus einen Termin mit dem Nadi-Reader zu vereinbaren und ließen auch nirgends etwas über den wirklichen Zweck unserer Reise verlauten. Mancher mag diese Vorsicht für übertrieben halten, doch wir wollten wirklich sicher sein, daß keinerlei Informationen über uns eingezogen und eventuell auf verschlungenen Wegen an die Palmblattbibliotheken weitergegeben wurden.

Daß es in Madras eine Menge zu entdecken gab, daran zweifelten wir nicht. Der Tip unseres Hotelmanagers war der beste, den wir in unserer Situation bekommen konnten. Es war an der Zeit, sich ein bißchen mit der fremden Welt vertraut zu machen.

Wir begannen mit unserer Entdeckungsreise in der Umgebung des Hotels. Gleich hinter den riesigen alten Gebäuden und weitläufigen Dachterrassen des Broadlands stand auf einem weitem Platz eine recht modern anmutende Moschee. Wir hatten schon mitbekommen, daß sich das Hotel wohl an der Trenn-

linie zu einem moslemischen Viertel befand, denn die Gebete des Muezzin hallten zu den vorgeschriebenen Zeiten durch die Gassen. Natürlich verließ sich der Geistliche nicht mehr nur auf die Kraft seiner Stimmbänder. Tausendfach verstärkt durch moderne Lautsprecheranlagen verkündete er die Botschaft Mohammeds und pries seinen Gott:
»Allah il Allah! Es gibt keinen Gott außer Allah und Mohammed ist sein Prophet!«

Zu jedem Gebet versammelten sich Tausende Gläubige, die von ihren hinduistischen Nachbarn mißtrauisch beäugt wurden. Die Stimmung erschien uns aufgeheizt, als wir uns einen Weg durch die unvorstellbaren Menschenmassen bahnten, die Gassen und Straßen bevölkerten. Wer hier eine Straße zwischen donnernden, stinkende Dieselabgase ausspeienden Lkws, hupenden Bussen, knatternden Scootern, Rikshas, Tausenden Fahrrädern und Ochsengespannen überqueren will, hat das Gefühl, sich in einen reißenden Gebirgsbach gestürzt zu haben. Doch ziemlich rasch lernten wir, den heranbrausenden Gefährten mit fast derselben unbekümmerten Eleganz auszuweichen, wie es die Inder taten. So chaotisch der Verkehr auch wirken mochte, es gab bestimmte Regeln – so hat beispielsweise immer das größere Fahrzeug Vorfahrt, wenn es doch einmal knallen sollte, ist jedoch auch automatisch fast immer der Größere schuld.

Pausenlos wurden wir angesprochen. »Scooter Sir? Sightseeing, threehundred Rupies, very very cheap!« – was wohl bedeuten sollte, das die Stadtrundfahrt heute ein Sonderangebot war – für Greenhörner aus dem Westen diesmal extra teuer. Wir lehnten dankend ab.

Tea-Shops, Buchläden, winzige Lebensmittelgeschäfte, ayurvedische Apotheken und Drogerien – jeder schien ausgerechnet an uns verkaufen zu wollen. Nach einer halben Stunde schwirrte uns der Kopf von so vielen Angeboten. Allmählich veränderte sich das Straßenbild. Wir kamen in die einfachen Viertel. Hier lebten kleine Handwerker, Rikshafahrer, Saisonarbeiter und Dienstboten. Die Behausungen bestanden zumeist nur aus geflochtenen Palmmatten auf einem Holzgestell und machten einen erbärmlichen Eindruck. Es sah hier aus, als hätte ein jahrelanger Guerillakrieg getobt. Schutt, Müllberge, verfallene und verrottende Häuser, wohin das Auge blickte. Dazwischen fraßen unzählige große und kleine ausgemergelte Kühe mit stoischer Ruhe von den Abfällen, ohne sich im geringsten um die wild hupenden Fahrzeuge und die drängenden Menschenmassen zu kümmern.

Einige Straßenzüge weiter trafen wir dann auf jene, die nicht einmal eine einfache Palmhütte ihr Eigen nennen konnten, sondern hier auf dem Bürgersteig lebten, unter den alles beherrschenden, kitschbunten, unübersehbaren Werbeplakatwänden, die versprachen, daß nur Nokia die besten Handys liefert in einer Welt, die VISA spricht und in den Zahlenkolonnen des Investmenttrusts XY denkt. Der Gegensatz war so kraß, daß er fast schon wieder lächerlich wirkte. In Indien stört sich niemand an derlei Dingen. Die Welt ist halt so in dieser Zeit, sagten uns Händler, Bauarbeiter und Rikshafahrer, wenn wir sie auf diese Zustände ansprachen.

Herr Korand Singh war so in den Vierzigern und trug den Turban und das stählerne Armband der Sikhs. Für ihn galten keine Kastenschranken. Er war so eine Art von Arzt in diesem Viertel.

»Es ist schon traurig, nicht wahr, aber was sollen wir dagegen tun?« antwortete er auf unsere Fragen.

»Schließlich ist das hier das Eiserne Zeitalter, das Kali-Yuga, da zappeln die Menschen nun einmal in hilflos in den Klauen der materiellen Welt und der Zugang zu den höheren Sphären ist den meisten verschlossen ... Suchen Sie den Zugang zu jenen anderen Welten, wenn Sie hier nicht glücklich sind, aber versuchen Sie nicht, gegen Dinge anzurennen, die Sie unmöglich ändern können.«

Wer einmal wie wir bei Anbruch der Dämmerung durch die schadhaften, hoffnungslos verstopften, stinkenden Straßen von Egmore oder Triplicane gegangen ist, wird verstehen, was Korand Singh meinte. Pro Tag, so erzählte er uns, ziehen etwa einhundert Großfamilien vom Land nach Madras.

»Das klingt nicht so dramatisch, stimmt's? Aber Sie müssen sich vorstellen, daß zu einer Großfamilie zwischen 25 und 30 Personen gehören. Das sind 2 500 bis 3 000 Menschen, die pro

Tag nach Madras kommen. Alle wollen Essen, Trinken, ein Dach über dem Kopf. Die Sie hier sehen, haben letzteres noch nicht.«

Wir saßen inzwischen in einem schäbigen Tea-Shop. Der mit Ingwer und Kardamon gewürzte Tee schmeckte auch aus den ungespülten Gläsern ganz köstlich. Korand Singh wies mit weitausholender Bewegung hinüber zu den Obdachlosen.

»Das sind ›pavement dwellers‹ – die Pflastersteinpenner. Wohnraum ist knapp hier. Alles ist in Madras leichter zu bekommen als eine Wohnung. Glauben Sie nur nicht, daß seien alles Bettler. Die meisten von ihnen gehen einer geregelten und meist gar nicht so schlecht bezahlten Arbeit nach. Doch für eine Wohnung muß man in Madras lange sparen.«

Als wir uns später von ihm verabschiedeten, gab uns Korand Singh neben vielen guten Wünschen noch die Warnung mit auf den Weg, uns in diesen Vierteln möglichst nicht nach Einbruch der Dunkelheit auf den Straßen sehen zu lassen.

»Wenigstens jetzt nicht, vor dem Independence Day«, fügte er entschuldigend hinzu. »Da kochen die Emotionen immer ein wenig hoch. Wissen Sie, eigentlich sind die Inder ein friedliches Volk. Wir haben hier im allgemeinen auch eine große religiöse Toleranz. Sehen Sie,« und wieder wies er mit großer Geste in die Runde, »hier leben Moslems und Hindus friedlich nebeneinander. Der eine geht in den Tempel, der andere in die Moschee. Das stört normalerweise niemanden. Aber wenn sich politische Parteien der Religion annehmen, dann gibt es Ärger.« Er blinzelte uns verschwörerisch zu. »Diese Jahr haben die radikalen Hindu-Parteien Aufwind im Parlament. Das paßt der moslemischen Seite nun gar nicht. Und der Independence-Day ist immer ein beliebter Termin für Riots. Also passen Sie auf sich auf.« Dann verschwand er im Gewühl des späten Nachmittags.

Ganz mochten wir diesen Warnungen nun doch nicht glauben, aber es konnte nicht schaden, sich trotzdem auf dem Heimweg ins Broadlands zu machen. Wir benutzten ein paar andere Gassen als auf dem Hinweg und wurden Zeugen eines seltsamen Schauspiels. Ein paar Frauen in abgerissenen Saris, barfuß, mit zerzausten Haaren und Gesichtern, die mindestens eine ungewaschene Woche lang nicht mit Wasser in Berührung gekommen waren, wühlten sich lauthals schwatzend durch die städti-

Auf den Straßen in Triplicane / Madras.

Eine Wasserstelle für 2000 Menschen.

Straßenkind in Madras.

Unterwegs mit der Motorrad-Riksha: Annett und unser Fahrer Ram.

Links: Wahrsager am Wegesrand in Madras.

Unten: Straßenkinder in einer Einkaufsmeile in Madras.

schen Müllhaufen. Einige der heiligen Kühe betrachteten die menschliche Konkurrenz mit philosophischer Ruhe. Die war offensichtlich gerade fündig geworden. Mindestens ein halbes Dutzend Chapatis kamen zum Vorschein, angeknabbert zwar und von den Gästen des Restaurants mit dem hochtrabenden Namen »Maharadscha«, zu dem der Müllhaufen gehörte, für nicht verzehrenswert befunden, etliche kleine grünliche Bananen und eine Sammlung von Plastikflaschen, Draht, Zeitungspapier und Blechteilen unbekannter Herkunft. Alle Funde wurden sorgsam begutachtet und entweder verworfen – das geschah aber nur mit recht wenigen – oder sorgsam in die mitgeführten Bastkörbe gelegt. Diese Bastkörbe wurden von den Frauen auf dem Kopf balanciert und Lakshmis genannt – nach Lakshmi, der Göttin für Glück und Wohlstand. Diese Körbe schluckten so ziemlich fast alles, was andere Mitmenschen bereits als unbrauchbar weggeworfen hatten.

Nur ein paar kleine grüne Zitronen blieben auf dem Müllhaufen liegen, obwohl sie äußerlich jedenfalls keinen Makel aufwiesen. Auch auf die Gefahr hin, als aufdringliche Westmenschen zu wirken, fragten wir die müllsammelnden Frauen, warum sie ausgerechnet die Zitronen verschmähten. Mit überraschend großer Freundlichkeit und viel Geduld machte sich der ganze Trupp daran, uns die Gründe für den Verzicht zu erklären. Früchte, vor allem aber Zitronen – in Indien ist meist die kleinere Variante, die Limone üblich – werden von lokalen Exorzisten und Magiern benutzt, um böse Geister darin zu bannen. Wird eine Person von solch einem Dämonen – und davon gibt es ganze Menge – befallen, so treibt ein herbeigerufener Exorzist den Plagegeist aus und verwünscht ihn in eine Limone. Die wird dann nachts an einen Kreuzweg gelegt, in der Hoffnung, ein nichts ahnender Wandersmann möge sie mit dem Fuß berühren. In diesem Fall fährt der verwunschene Geist aus der Zitrone in den Pechvogel, der das Unglück hatte, auf die verwünschte Frucht zu treten. Es gibt nämlich kein Mittel, einen solchen Geist für immer zu vernichten. Man kann ihn lediglich auf die eben beschriebene Methode loswerden, wobei der Dämon dann lediglich an ein anderes Opfer weitergeben wird. Aus diesem Grund ist der Stand des Exorzisten vor allem in den ländlichen Gebieten Indiens auch heute noch ein recht einträglicher Beruf. Mancher Magier hat es sogar zu einem drallen Kugelbauch gebracht, der ja in allen – materiell – ärmeren Ländern einen gewissen Stellenwert besitzt.

So ist es kein Wunder, daß sich die Menschen in den Dörfern gelegentlich mehr davor fürchten, einen verwünschten Gegenstand zu berühren, als von einer Schlange gebissen zu werden.

In allen ländlichen Gebieten Indiens – fernab der knochentrockenen Nüchternheit Neu Delhis und den Bürohochhäusern von Bangalore oder Bombay – wird auch heute noch immer Zauberei betrieben. Gelegentlich erreichen sogar Nachrichten von Menschenopfern, die zumeist der blutrünstigen Göttin Kali dargebracht werden sollen, die Öffentlichkeit. Zumeist wird in solchen Fällen ein kleines Mädchen zu Ehren der Göttin geopfert, um der Familie endlich den lang ersehnten männlichen Nachwuchs zu bescheren.

Zwar können viele Fälle von »Besessenheit« auf Geistesstörungen zurückgeführt werden, einige aber bleiben rätselhaft. Im späteren Verlauf unserer Reise sollten wir in Bangalore am National Institute of Mental Health and Neurosciences (NIMHANS) Ärzte kennenlernen, die uns erklärten, daß bei den meisten Patienten, die von sich behaupten, ein »Dämon« veranlasse sie, dieses oder jenes zu tun, das wirkliche Problem im psychischen Bereich zu suchen sei.

Doch die Mediziner versicherten uns auch, daß es Fälle gäbe, in denen tatsächlich eine fremde Energie vom Körper des Opfers Besitz ergriffen habe oder der Betreffende von jemandem verflucht worden sei. Dann würden nur aufwendige Exorzismen und Reinigungszeremonien helfen. Ein junger Arzt berichtete uns unter dem Siegel der Vertraulichkeit, daß er Ende der achtziger Jahre selbst schon einmal mit magischen Praktiken recht unangenehme Bekanntschaft schloß. Er stand damals erst ganz am Anfang seiner Karriere und hatte sich entschieden, in einem abgelegenen Landkrankenhaus im Distrikt Belgaum Dienst zu tun. Erzogen im Sinn wissenschaftlichen Denkens hielt er nicht all zu viel von übersinnlichen Mächten.

Doch das sollte sich bald ändern. Eines Tages wurde er nämlich zu einer Gebärenden in einem der Dörfer der Umgebung

Belgaums gerufen, die sich in einer lebensgefährlichen Situation befand. Da der Krankenwagen anderweitig im Einsatz war, mußte der Arzt sich mit dem Fahrrad auf den Weg machen und die holprigen Wege, die sengende Sonne und den Staub in Kauf nehmen. Er mochte etwa ein Drittel der Strecke bis zu seinem Ziel zurückgelegt haben, als er eine Gruppe von Sannyasins in eng geschnürten Dhotis sah, die ihm mit langsamen, tanzenden Schritten entgegenkamen. Bis auf den Anführer der Gruppe verbargen die Männer ihre Gesichter hinter Masken. An Hand- und Fußgelenken trugen sie kleine Messingglöckchen, die rhythmisch zu den Tanzbewegungen klingelten.

Mitglieder eines uralten Geheimbundes waren hier auf dem Weg zu einem Totenfest. Die Sitte will es, daß man die Begegnung mit solch einem Zug meidet. Läßt sie sich doch einmal nicht umgehen, so bleibt man am Wegesrand solange stehen, bis der Zug denn vorüberdefiliert ist oder den Weg freigibt.

Das alles war unserem jungen Arzt wohl nicht unbekannt, doch in diesem Moment hatte er anderes zu tun, als auch nur einen Gedanken auf die Tradition und die Macht alter Geheimbünde zu verwenden. Er dachte an jene Frau, die seiner Hilfe dringend bedurfte. Deshalb beeilte er sich, an den finster anmutenden Gesellen vorbei zukommen. Doch der Anführer hielt ihn an – er war ein Heiler und Magier, dessen Kräfte von den Bewohnern des Distriktes Belgaum landauf, landab gerühmt wurden.

Verärgert über den unliebsamen Aufenthalt, beachtete der Arzt nicht die Mahnung des Fremden, die Sitte zu achten und eine kleine Weile zu verharren. Schließlich ergriff der Anführer das Handgelenk des Ungeduldigen und sagte: »Fahr los; aber Du wirst es bereuen!«

Der Arzt zuckte nur die Schultern und radelte davon. Das Murren der Tänzer des Geheimbundes begleitete ihn. Rechtzeitig brachte er der Gebärenden Hilfe und ohne Zweifel hatte er ihr das Leben gerettet.

Doch seine Tat sollte wirklich noch ein unangenehmes Nachspiel für ihn haben. Zwei Tage waren vergangen und der Arzt hatte den Vorfall schon vergessen, als er eine zunehmende Erschlaffung seines rechten Armes verspürte. Bald vermochte er ihn überhaupt nicht mehr zu bewegen. Dazu entwickelte sich an dem gelähmten Arm ein stark nässender, bläschenförmiger Ausschlag. Eine Krankheit mit solch eigenartigen Symptomen war unserem jungen Arzt noch nicht begegnet. Er konnte keinerlei Diagnose stellen und suchte deshalb einen befreundeten Kollegen in Bangalore auf.

Auch diesem war die seltsame Krankheit noch nie begegnet. Als er aber von der Verwünschung der den Magier erfuhr, riet er dem jungen Arzt, unverzüglich den Zauberer aufzusuchen und ihn um Hilfe zu bitten. »Nehmen Sie das nicht auf die leichte Schulter«, meinte er beim Abschied. »Die Sache kann recht schlimme Folgen haben. Mit solchen Leuten ist nicht zu spaßen.«

Dem jungen Arzt blieb keine andere Wahl. Ziemlich widerwillig suchte er den Magier auf. Er erklärte ihm, daß er die Tabus des Geheimbundes nicht verletzen wollte, aber nicht anders handeln konnte, weil er seinem ärztlichen Gewissen folgen mußte.

Seine Worte überzeugten offenbar den Anführer des Geheimbundes. Der Zauberer fuhr mit langsamen streichelnden Bewegungen über den gelähmten Arm und gab ihm zum Schluß noch eine kleine Flasche, die mit einer klaren Flüssigkeit gefüllt war. »Nimm jeden Morgen ein paar Tropfen von dieser Medizin«, riet er. »In einer Woche wird dein Arm gesund sein.«

Der Arzt gehorchte ohne Widerspruch. Er freute sich ungemein, als langsam die Kraft wieder in seinen Arm zurückkehrte. Nach einer Woche konnte er seinen Arm wieder wie gewohnt gebrauchen und der Ausschlag war verschwunden. Die Bläschen trockneten ein und heilten unter Narbenbildung ab.

Der junge Mediziner war natürlich an der Zusammensetzung der Arznei interessiert, die ihm so rasch seine Gesundheit zurückgegeben hatte. Die klare Flüssigkeit hatte zwar keinen besonderen Geschmack – doch mußte sie ja einen Wirkstoff enthalten, der eine so schnelle Heilung ermöglicht hatte. Er schickte den verbliebene Rest an ein Institut in Delhi. Das Ergebnis der Analyse war ein völlig anderes als erwartet – die »Medizin« bestand aus purem Wasser, sonst nichts, und hatte nach dem Urteil der Analytiker noch nicht einmal Trinkwasserqualität.

Für die Dombari-Frauen aus der Triplicane High Road sind solche Vorfälle Alltäglichkeiten. Auch sie könnten eines Tages einen verfluchten Gegenstand im Müll finden. Jeder Beruf hat halt sein Risiko. Die kastenlosen Dombaris sammeln und ernähren sich von Müll – als außerhalb der 4 Hauptkasten Geborene müssen sie seit Jahrhunderten »niedrige« Arbeiten verrichten.

Offiziell ist das Kastensystem in Indien zwar abgeschafft, doch geht auch heute noch von ihm eine nicht zu unterschätzende Macht aus. Dies trifft vor allem auf die ländlichen Gegenden des Subkontinentes zu. Mahatma Gandhi war es zu seiner Zeit ein großes Anliegen, die »Unberührbaren« aus ihrer gesellschaftlichen Isolation herauszuführen. Er setzte sich daher für die Wiedereinführung der Bezeichnung »Harjians« ein – für ihn waren die Unberührbaren wieder die »Kinder Gottes«. Seit der Unabhängigkeit Indiens bemühte sich die Regierung, die Kastenlosen bevorzugt zu fördern und handelte sich damit sehr viel Mißmut von Angehörigen der hohen Kasten ein. So kam es, daß auch der Begriff »Harjian«, seine ursprünglich wohlwollende Bedeutung allmählich verlor. Seit ein paar Jahren ist die Verwendung dieses Synonyms sogar im offiziellen Schriftverkehr des Bundesstaates Madhiyar Pradesh verboten.

Kein Wunder, denn inoffiziell existieren die Kastenschranken weiter und funktionieren offensichtlich besser denn je.

Die ersten Tage in Madras machten uns auch die inneren Spannungen zwischen den verschiedenen ethnischen und religiösen Gruppen bewußt. Die neben unserem Hotel gelegene Moschee wurde von Polizeieinheiten wegen der anläßlich des Unabhängigkeitstages befürchteten Unruhen rund um die Uhr bewacht. Constable Rainesh und seine Männer waren sich der von ihnen ausgehenden Autorität der Staatsmacht durchaus bewußt. Großspurig auf ihre »Lathis« genannten Schlagstöcke und die vorsintflutlich anmutenden Karabiner gestützt, betrachteten sie mit überlegener Ruhe das allabendliche Gewühl der Gläubigen, die dem Ruf des Muezzins folgten.

»Sie können sich hier vollkommen sicher fühlen«, versicherte uns der Constable mit wichtiger Miene. »Wir haben hier alles im Griff.« Und wie zur Bestätigung versetzte er einem der uns aufdringlichen anbettelnden Gassenjungen eine Kopfnuß, so daß der und seine Gefährten schleunigst das Weite suchten. Es schien ganz so, als wollte Mr. Rainesh seine amtliche Autorität extra für die seltenen weißen Besucher ins rechte Licht rücken. Mit großartiger Geste riß er seinen Revolver – Marke »Nagant« und wohl noch während der russischen Revolution nach Indien exportiert, jedenfalls nach dem Aussehen zu schließen – aus dem Halfter, während er ganz nebenher einige Geschichten von seinen letzten Verbrecherjagden zum Besten gab, so daß wir allmählich den Eindruck gewannen, dem indischen Partner von James Bond gegenüberzustehen. Constable Rainesh genoß ganz offensichtlich unsere Verwunderung und redete sich immer mehr in Rage, wobei er mit dem Revolver gefährlich nahe vor unseren Nasen herumfuchtelte.

Sein ungestümer Redefluß stockte erst, als Thomas sacht die Waffe aus unserer Richtung schob und dem Constable bedeutete, daß es sich auch nicht schickt, mit ungeladenen Waffen auf die Gäste seines Landes zu zielen und sei es nur, um die Dramatik der erzählten Geschichte zu steigern.

Der Constable grinste verlegen. »Stimmt, hab das ganz vergessen ...« Er fingerte zu unserem Entsetzen in seiner Hosentasche nach Munition und tatsächlich kamen einige lange Patronen zum Vorschein, die er emsig in der nun ausgeschwenkten Trommel seiner Waffe zu verstauen begann. Noch bevor Thomas ihn vor den Eigenarten des »Nagant« warnen konnte, hatte Mr. Rainesh das Laden beendet und schnappte die Trommel in Cowboymanier mit einem eleganten Schwenken des Handgelenks ein. Das hätte er nicht tun sollen. Mit lautem Knall löste sich ein Schuß. Die Kugel verfehlte nur um Haaresbreite den Sergeanten, der einige Meter neben uns entspannt im Schatten an einer Mauer lümmelte und riß ein paar Ziegelbrocken aus dem Gemäuer. Der Polizist fuhr blitzartig aus seinem nachmittäglichen Dösen auf und blinkerte seinen Vorgesetzten verwirrt aus schwarzen Kulleraugen an. Constable Rainesh bedachte die noch rauchende Waffe mit einem stolzen Blick – seht ihr, die funktioniert doch –, dann beeilte er sich, uns und seinen Untergebenen zu versichern: »Alles in Ordnung. Kein Grund zur Sorge. Das war nur eine Demonstration. Wir haben hier alles im Griff.« Das wollten wir ihm gerne glauben. Doch schien es nun an der Zeit, uns ins schützende »Broadlands« zurückzuziehen. Die Luft hier draußen war doch ein wenig zu bleihaltig.

Im Hotel nahmen wir auf den ausgestandenen Schrecken erst einmal einen Tee. Der Manager leistete uns dabei Gesellschaft und amüsierte sich königlich über unser Erlebnis.

»Dazu fällt mir ein passender Witz ein«, schmunzelte er. »Wissen Sie, warum so viele indische Polizisten nur die Lathis, diese Schlagstöcke und keine Schußwaffen tragen dürfen?« Wir wußten es natürlich nicht. »Das kommt davon«, klärte uns der Manager auf, »daß sich schon zu viele von ihnen beim Waffenexerzieren selbst ins Bein oder sonstwohin geschossen haben ...«

Bezüglich möglicher Unruhen sollten wir uns nicht zu sehr den Kopf zerbrechen, denn Ausländer würden auch bei diesen Krawallen grundsätzlich nicht angegriffen. Allerdings gebe es einige Schlepper, die mit der Angst der Fremden ein gutes Geschäft machen würden. Die Masche läuft vor allem in der Nacht folgendermaßen ab. Am Flughafen steigt der übermüdete und ohnehin kulturgeschockte Ausländer in ein Taxi, für das er ohnehin einen eigentlich viel zu hohen Preis akzeptiert hat, um zu dem von ihm vorreservierten Hotel zu gelangen. Auf dem Weg dahin biegt der Fahrer dann plötzlich in eine Seitenstraße ein, in die ihn ein (falscher) Polizist mit Lathi und nachgemachter Uniform einweist. Dieser Polizist erklärt dann dem überraschten und noch mehr verunsicherten Ausländer höflich etwas von »hinduistisch-moslemischen Problemen«, woraufhin der Fahrer bedauert, zu der angegebenen Adresse nicht vordringen zu können, da das mit Gefahr für Leib und Leben verbunden sei. Selbstverständlich erklärt dann der hilfsbereite Polizist sofort, daß es »zufälligerweise« hier ganz in der Nähe ein gutes Hotel gibt, in dem der verängstigte Ausländer zu einem guten Preis übernachten könne. Dieser Zimmerpreis ist dann natürlich entsprechend hoch, da die Provision für die beiden Schlepper – die bis zu 30 Prozent des Preises betragen kann – von dem ahnungslosen Gast natürlich mitbezahlt werden muß. Verschiedentlich gab es dann sogar Versuche, den Fremden zu überreden, an Bord eines – natürlich übertrauert – angemieteten Wagens am nächsten Morgen die Stadt auf dem schnellsten Wege zu verlassen. Solche Dinge kämen jedoch vor allem im Norden, in Delhi und Agra, den Touristenhochburgen vor, bestimmt aber nicht in Madras, so beteuerte unser Hotelmanager.

Im weiteren Verlauf der Unterhaltung kamen wir wieder auf unser eigentliches Reiseziel zu sprechen.

»Ein paar Dutzend Kilometer südlich von Madras gibt es eine Stadt aus alter Zeit, von der man erzählt, daß sie einst von den Rishis erbaut wurde«, erzählte der Manager. »Tatsächlich finden sich dort noch heute Gebäude von einer solch einzigartigen Bauweise, daß sie in der Tat nur von besonders begnadeten Baumeistern geschaffen worden sein können. Felsen sind wie von Urgewalten mittendurch geschnitten und ganze Tempel aus dem harten Gestein in einem Stück geformt. Man nennt diese Stadt Mahabalipuram. Die sollten Sie sich unbedingt ansehen. Nehmen Sie sich einen Tag Zeit dafür. Ich organisiere Ihnen gern ein Auto und einen Fahrer, der sich mit der Tour auskennt.« Ein solches Angebot konnten wir nicht ablehnen.

Am nächsten Morgen schon brachen wir zeitig auf, um selbst die Stadt der Rishis in Augenschein zu nehmen.

V. DAS ERBE DER VORZEIT

Zwei Stunden brauchte das bordeauxrote, chromblitzende Blechmonster vom Typ »Hindustan Ambassador«, dem seit 40 Jahren immer noch absolut letzten Schrei der indischen Autoindustrie, um uns aus der City von Madras auf einer gut ausgebauten Straße entlang des Meeres nach Mahabalipuram zu schaukeln. So einfach und robust die Technik eines solchen Vehikels ist, so verschwenderisch plüschig zeigt sich das Interieur, das einem amerikanischen Straßenkreuzer alle Ehre machen würde. Da hätte die Fahrt ruhig noch ein wenig länger dauern können.

Doch das bei Travellern vor allem als Badeort bekannte Mahabalipuram liegt nur 60 km südlich von Madras an der herrlich leeren, weißsandigen Coromandelküste des Bundesstaates Tamil Nadu.

Neben ungestörten Badefreuden hat der 13 000 Einwohner zählende Ort jedoch auch eine ganze Menge archäologische Kostbarkeiten zu bieten, die den Wissenschaftlern bis heute zahlreiche ungelöste Rätsel aufgeben. Bereits vor 2 000 Jahren war Mahabalipuram bei phönizischen, griechischen und arabischen Händlern bekannt. Im 7. Jahrhundert u.Z. dann wurde der Hafen in großem Stil ausgebaut und Mahabalipuram avancierte zur Hauptstadt des Pallavareiches. Vom 7. bis 10. Jahrhundert u.Z. blühte und gedieh die Stadt unter der Herrschaft der Pallava-Könige, deren Ursprung sich im Nebel der Geschichte verliert. Berühmtheit erlangte dieses Herrschergeschlecht vor allem durch die Förderung der Künste und der sakralen Architektur. Daher gilt Mahabalipuram den Wissenschaftlern heute als die Wiege der drawidischen Tempelbaukunst Südindiens.

Diese fruchtbare Entwicklungsperiode der Pallavakultur endete jedoch nach etwa dreihundert Jahren übergangslos und auf äußerst mysteriöse Weise. Im 10. Jahrhundert u.Z. wurde die Stadt Mahabalipuram von ihren Einwohnern innerhalb kürzester Zeit verlassen.

Die uralten architektonischen Schätze fielen bis ins 17. Jahrhundert dem Vergessen anheim. Ein – allerdings nicht ganz einleuchtender – Grund für diesen Rückzug der Bewohner aus dem reichen Küstenlandstrich soll nach Meinung der etablierten Archäologen das Ansteigen des Meeresspiegels und die damit verbundene teilweise Überflutung der Stadt gewesen sein.

Die Einheimischen hingegen sind überzeugt, daß Mahabalipuram einstmals auf Weisung der Götter – insbesondere der Gottheit Shiva – und ihrer weisen Ratgeber, der Rishis, aufgegeben worden ist.

Verbindungen zur indischen Mythologie und Götterwelt finden sich allerdings in unübersehbarer und vielfältiger Weise in und um Mahabalipuram.

Am bekanntesten sind die unter der Herrschaft des Pallavakönigs Narasimhavarman I. (630 bis 668 u.Z.) entstandenen Tempelbauten und Reliefs. Der Beiname »Mamalla« (»großer Ringkämpfer«) dieses Herrschers führte zum ursprünglichen Namen der Stadt – »Mamallapuram«, die »Stadt des Großen Ringkämpfers«.

Ganz in der Nähe des Ortszentrums befindet sich das wohl berühmteste Basrelief aus jener Zeit. Es zeigt eine Darstellung von mythologischen Figuren, Pflanzen, Vögeln und Tieren, einschließlich lebensgroßer Elefanten. Archäologen, Historiker und Indologen streiten noch heute darüber, ob es sich bei sich dem 27 m langen und 9 m hohen Fries nun um die figürliche Darstel-

Unterwegs durch Südindien mit dem Ambassador.

lung von Arjunas Buße – einer Geschichte des mythischen Kriegers aus dem Mahabharata, in welcher der sterbliche Arjuna bei Shiva für seine Schuld, in der Zehnkönigs-Schlacht Verwandte und ehemalige Freunde getötet zu haben, Buße tut – oder aber um die mythologische Herabkunft des heiligen Flusses Ganges auf die Erde handelt, so wie dieses Ereignis im Epos Ramajana beschrieben wird. Der Ganges jedenfalls soll sich nach dieser – heute wohl herrschenden – Theorie in einer natürlichen Felsspalte manifestieren. Rechts davon sieht man Shiva, wie er sich die Fluten durch die Haare strömen läßt und somit die Zerstörung der Welt durch den Aufprall des Wassers verhindert.

Welcher Theorie nun auch immer der Vorzug gegeben wird, der faszinierenden Ausstrahlungskraft dieser meisterhaften Steinmetzarbeiten vermag man sich nicht zu entziehen.

Über den nahen Berghang verteilen sich insgesamt acht Mandapams. Das sind flache, vollständig aus den harten Gneisgestein gearbeitete Höhlentempel. In ihnen finden sich ebenfalls auf Basreliefs fein einziselierte Szenen der Hindumythologie. Der schönste dieser Höhlentempel ist der Krishna Mandapam, in dem gezeigt wird, wie Krishna mit dem Berg Govardhama als eine Art Schutzschild seine Schafherde und die Hirten vor Varuna, einem rachsüchtigen vedischen Kriegsgott und Herrn des Regens, rettet.

Zwei Mandapams sind unvollendet geblieben – die Archäologen nehmen daher an, daß es sich hier um Modelle und Versuchsbauten für andere nach diesen Vorbildern gestaltete Tempelanlagen Südindiens handelt. Erwiesen ist, daß die heute in der Architektur und dem Bauwesen üblichen statischen Berechnungen nur unwesentlich von der damaligen Praxis abweichen – Beispiele dazu finden sich in der School of Sculpture in Mahabalipuram. Der Ort war also ein antikes Versuchsfeld – zu diesem Ergebnis sind auch die Historiker gekommen. Außer Betracht bei ihren Untersuchungen blieben allerdings sowohl die im Zusammenhang mit den Bauten stehenden lokalen Legenden als auch die bei der Errichtung der Anlage verwendete Technik und Technologie.

Betrachtet man den Gesamtkomplex von Mahabalipuram, so gelangt man unschwer zu der Erkenntnis, daß die Tempel der

Pallava-Epoche auf dem Areal einer mit Sicherheit weitaus älteren Anlage entstanden sind. Werden schon die sakralen Bauten der Pallava-Herrscher als Versuchsfeld bezeichnet, so verdient die ursprüngliche Anlage diese Bezeichnung erst recht. Da gibt es mehrere Meter hohe Felsen, die wie mit einem gigantischen Messer mittendurch geschnitten sind. Selbst unter Verwendung modernster Sprengtechnologien ließe sich ein solches Ergebnis nur schwerlich erzielen. Vielmehr scheint es, als seien die Felsen an der Schnittstelle hohen Temperaturen ausgesetzt gewesen, da die Trennflächen völlig plan und teilweise verglast sind.

Andere Felsen wurden – wohl unter Verwendung derselben Bearbeitungsmethode – planmäßig terassiert. Sauber aus dem harten Gneis geschnittene Treppen führen ins Nichts. Rechteckige und quadratische Löcher von teilweise beachtlicher Tiefe sind aus dem Fels gestanzt, auf dem Boden dazwischen finden sich Bruchstücke größerer, mit Bohrungen versehener und wie poliert wirkender Steinplatten. Diese Teile scheinen durch gewaltige äußere Krafteinwirkungen buchstäblich aus ihrer ursprünglichen Lage gerissen worden zu sein.

Teilweise Verglasungen weist auch jener mehrere Dutzend Tonnen schwere Gneisblock auf, der »Krishnas Butterkugel« genannt wird und seit Jahrtausenden in einer alle Gesetze der Schwerkraft hohnsprechenden Balance an einem stark geneigten Hang nahe der Mandapams thront. Zu diesem seltsamen Felsen gibt es eine interessante Legende. Einst weilte der Gott Krishna in dieser Gegend, die auch damals schon sehr fruchtbar und darüber hinaus auch waldreich war. Krishna gilt als einer der freundlichsten und zugänglichsten Gottheiten in der Theogonie des Hinduismus. Er steht stets auf der Seite der einfachen Menschen und hilft selbstlos seinen Freunden. Wer sich Krishna jedoch zum Feind macht, hat es mit einem zähen und listenreichen Widersacher zu tun. Der Gott kam als achte Inkarnation Vishnus auf die Erde, um gegen das Böse zu kämpfen, wann immer auch das universelle Gesetz von den Mächten der Dunkelheit bedroht wird. Im Mahabharata und vor allem der Baghavadgita – dem heiligsten Buch der Hindus – wird Krishna als idealer Kampfgefährte und Verbündeter beschrieben. Er besiegte nicht nur seine menschlichen Gegner, sondern auch die vedi-

Krishnas Butterkugel – ein tonnenschwerer Felsen in Mahabalipuram.

Der Ufer-Tempel in Mahabalipuram.

Mahabalipuram: Die Felsformation mit dem Namen »Krishnas Butterfaß«.

Mahabalipuram – das Areal der fünf Rathas.

Zwei Detailaufnahmen eines Bauwerkes der fünf Rathas – es ist aus dem gewachsenen Fels geschnitten worden.

schen Gottheiten Indra und Varuna, ja selbst der mächtige Shiva war ihm unterlegen.

Da Krishna darüber hinaus auch ein großartiger Flötenspieler war und hinreißend ausgesehen haben soll, ist es natürlich kein Wunder, daß ihm auch die Frauen zu Füßen lagen, allen voran die Gopis genannten Hirtinnen, deren Schönste, Radha mit Namen, Krishnas Gefährtin wurde.

Gemeinsam mit den Gopis und ihren großen Kuh- und Ziegenherden zog Krishna durch die Lande und gelangte so mit seinen Anhängern auch in die Gegend um Mahabalipuram. Durch Krishnas Segen gaben die Tiere große Mengen an Milch, die in der tropischen Hitze allerdings rasch verdarb, bevor sie getrunken werden konnte. Um dem abzuhelfen, wies Krishna die Gopis an, aus der Milch Butter herzustellen und diese an alle Bedürftigen zu verteilen. Aber auch von der Butter blieb noch eine gehörige Portion übrig, die niemand mehr haben wollte. So formte Krishna aus dieser Butter eine Kugel, mit der er auf den Felsen bei Mahabalipuram spielte. Doch in der Sommerhitze wurde die Butter bald ranzig und verbreitete einen gar üblen Geruch. Das wurde dann selbst dem gutmütigen Krishna zu bunt. Er verwünschte die Butterkugel und ließ sie an einem Berghang zu Stein erstarren. Dort liegt sie noch heute. In der Tat wirkt dieser Stein wie ein vergessenes Spielzeug – es lassen sich an ihm bis auf die Verglasungen jedoch keine Bearbeitungsspuren finden. Ebenfalls gibt es keinen Beleg, daß der Felsblock auf künstliche Weise in die beschriebene Lage gebracht worden wäre, obwohl diese Möglichkeit jedenfalls theoretisch besteht. Doch auch mit einem modernen Hochleistungshebezeug dürfte es schwerfallen, die »Butterkugel« von ihrem angestammten Platz zu entfernen.

Ganz ähnlich sieht es auch mit dem Gefäß aus, in dem Krishna die Butter für seine Kugel gestampft haben soll. Bei diesem »Butterfaß« der Legende handelt es sich um ein exakt kreisrundes Loch von etwa 2,5 m Durchmesser und 2 m Tiefe, das aus einem gewachsenen Felsblock buchstäblich herausgeschnitten worden ist. Es fanden sich auch bei näherer Betrachtung keine Anhaltspunkte wie Meißelspuren, welche auf eine konventionelle Bearbeitung schließen ließen. Statt dessen wirken die Wandungen des Loches ebenfalls wie poliert. In derselben Weise ist nahe des alten Leuchtturmes eine rechteckige Wanne mit Kantenlängen von etwa 2,2 m x 3,0 m und einer Tiefe von schätzungsweise 2,0 m aus dem Gneis herausgearbeitet. Dabei sollte man immer daran denken, daß Gneis sogar härter als Granit ist.

Ferner ziehen sich über die gesamten Felsen des etwa 5 qkm umfassenden Areals Rinnen und Kanäle, die wohl einstmals der Aufnahme eines flüssigen Mediums dienten. Die Länge dieses seltsamen, zweifellos künstlichen Kanalsystems kann nur geschätzt werden und dürfte mehrere Kilometer betragen.

Erwähnenswert sind ebenfalls die sogenannten fünf Rathas. Diese monolithischen, aus einem einzigen Felsblock gearbeiteten Tempel in Form von Prunkwagen befinden sich gut einen Kilometer südlich des modernen Leuchtturmes. Sie gelten als die wahrscheinlich ältesten sakralen Bauten der Region und waren Vorbild für einen Großteil der späteren drawidischen Baukunst.

Bemerkenswert erscheint, daß gerade bei der Errichtung dieser ältesten Gebäude eine sehr komplizierte und arbeitsintensive Methode – nämlich das Herausarbeiten des gesamten Bauwerkes aus einem einzigen Gneisblock – Verwendung fand, während der historisch bei weitem jüngere, Vishnu geweihte Shore-Tempel – auch als Ufer-Tempel bekannt – am Strand nahe der Ortschaft nicht mehr in monolithischer Bauweise errichtet wurde. Auch in diesem Fall scheint das Wissen um die prähistorische Technik, welche eine scheinbar mühelose Bearbeitung des Gesteins und somit erst die beeindruckende monolithische Bauweise ermöglichte, mit der Zeit verloren gegangen zu sein.

Von der ursprünglichen Anlage Mahabalipurams sind nur spärliche Reste erhalten, die neben den geschilderten Bauwerken vor allem aus sauber planierten Felsterassen bestehen, ganz so als hätten die Baumeister der Vorzeit Platz für Gebäude schaffen wollen, die dann in späteren Zeiten wieder abgetragen wurden. Über die einstige Bedeutung und Verwendung der Anlage kann nur spekuliert werden. Jedoch scheint es so, daß die Tempel der Pallava-Epoche an einem »Heiligen Platz« errichtet wurden, einem Ort also, an dem die Götter, insbesondere die Gottheiten Shiva, Vishnu und Krishna gewirkt hatten. Möglicherweise handelte es sich bei diesen Wesenheiten um nichtmenschliche, nichtirdische Entitäten aus den Tiefen des Alls oder einer anderen Dimension. Dies sind jedoch nur zwei der möglichen Hypothesen.

Als erwiesen kann hingegen gelten, daß bei der Errichtung der Anlagen in Mahabalipuram ganz augenscheinlich hochentwickelte Technik und Technologien zum Einsatz kamen, die für uns heute kaum vorstellbare Möglichkeiten der Gesteinsbearbeitung eröffneten und auf jeden Fall nicht mit den klassischen Vorstellungen von antiken Baumethoden vereinbar sind.

Bei unserem Streifzug durch die Ruinen der vorzeitlichen Bauwerke hatten wir endlich die uns mit ziemlich großer Ausdauer folgenden fliegenden Händler abgeschüttelt. Die guten Leute wollten anfangs partout nicht begreifen, daß wir an den von ihnen feilgebotenen Skulpturen aus Speckstein und Bronze kein Interesse hatten, vor allem nicht angesichts der unverschämt hohen Preise, die sie verlangten.

Nun hatten wir ausgiebig Zeit, die prähistorischen Monumente zu vermessen, zu untersuchen und zu fotografieren. Diese Arbeit nahm uns so in Anspruch, daß wir den freundlich lächelnden jungen Inder erst bemerkten, als er neben uns stand.

»Hallo, ich bin Deva«, sagte er einfach. »Seid Ihr Archäologen? Oder warum sonst vermeßt Ihr die Tempel?«

Wir stellten uns vor und versuchten, Deva den Zweck unserer Reise zu erklären, so gut es eben ging, sprachen von den Palmblattbibliotheken und den Rishis.

»Palmblätter?« fragte er, »wenn Ihr nur deshalb von Deutschland aus hierher gekommen seid, kann ich Euch gern welche zeigen. Bündelweise, wenn Ihr wollt!« Natürlich wollten wir.

Deva führte uns zurück zum Zentrum der heutigen Kleinstadt Mahabalipuram. Wir kamen vorbei an unzähligen Werkstätten, in denen geschickte Steinmetze aus hartem Gneis und weichem Speckstein wunderbare Figuren in allen nur vorstellbaren Größen erschufen – Abbilder der hinduistischen Götter und der Helden aus längst vergangenen Tagen. Hämmer und Meißel klirrten im unermüdlichen Takt, der den Lebensrhythmus in Mahabalipuram tagtäglich bestimmt, auf das Gestein. Shiva und Vishnu, Ganesha, Lakshmi, Durga und Krishna erwachten unter den Händen der kunstfertigen Steinschneidemeister zu neuem Leben.

Eine Figur stach uns besonders ins Auge. Sie stellte ein muskulöses menschliches Wesen mit dem Kopf eines Affen dar. Dieses Wesen hielt eine Keule in der erhobenen Rechten, während es mit der Linken einen gewaltigen Stein zu schleudern schien. »Das ist Hanuman«, erläuterte Deva. »Er war der Erste Minister des Affenkönigs und treuester Diener des Prinzen Rama.«

Von dem heldenhaften Affenkrieger des Ramajana hatten wir schon in Sri Lanka gehört. Hier in Mahabalipuram sahen wir zum ersten Mal sein Abbild. Als die Dämonen aus Sri Lanka Ramas Gattin Sita entführt hatten, traf Rama auf seiner Suche Hanuman und dessen König Sugriwa. Die Affenmenschen erfuhren die Geschichte des Prinzen und beschlossen, Rama bei der Befreiung Sitas zu helfen, da sie selbst noch so manche Rechnung mit den Dämonen offen hatten. Sugriwa sammelte eine Armee um sich, doch die Krieger des Affenkönigs konnten Sita und den verhaßten Dämonen Rawana nicht finden. Hanuman jedoch entdeckte von Bord seiner Vimana aus das Versteck, in dem der Dämon Sita auf Sri Lanka gefangen hielt. Mit seiner Flugmaschine griff er den Palast des Dämonenherrschers an, zerstörte mit den mächtigen Waffen der Vimana die Stadtmauern, setzte viele Gebäude in Brand und vernichtete Tausende Dämonenkrieger. Danach kehrte er zu Rama zurück und berichtete ihm von Sita und seinem erfolgreichen Angriff. Um die Dämonen endgültig zu besiegen, bedurfte es jedoch mehr als nur der Vimana Hanumans.

Unter der Leitung des weisen Rishis Agasthya bauten die Affenmenschen einen gewaltigen Damm vom Festland nach Sri Lanka. Über diese künstliche Brücke rückte das Heer des Königs Sugriwa vor und vernichtete nach hartem Kampf die Dämonen. Als Rawana mit der entführten Sita an Bord einer Vimana von der Insel fliehen wollte, wurde er von Rama über dem Meer zum Luftkampf gestellt und vernichtet, während Rama seine Sita retten konnte.

Die Reste jenes gigantischen Dammes, den die Affenmenschen auf Geheiß des Rishis Agasthya erbauten, finden sich noch heute in der Nähe von Rameswaram, tief im Süden Tamil Nadus, versicherte uns Deva. Obwohl Geologen zu der Auffassung gelangt sind, daß die Kette aus Riffen, Sandbänken und Inselchen durchaus auf natürliche Weise entstanden sein dürfte, schwören die Einheimischen noch heute, daß die Armee der Affen unter Anleitung Agasthyas diesen Damm schuf.

»Wer waren Hanuman und die Affenmenschen?« versuchten wir von unserem tamilischen Begleiter zu erfahren. Deva schüttelte mit unbestimmter Geste seine rechte Hand. »Niemand weiß das genau«, antwortete er. »Sie kamen aus einer anderen Welt, einer anderen Zeit. Man nennt sie auch ›Die Rasse, die starb‹. Sie weilten in den alten Zeiten auf der Erde, als noch die Götter unter den Sterblichen wandelten.«

Hanuman und die Seinen waren Mischwesen, Hybriden zwischen Tier und Mensch. Es heißt, daß sie von jenen erschaffen worden, die als »Götter« in die menschliche Geschichte eingingen. Diese Götter mögen Wesenheiten einer vormenschlichen irdischen Hochkultur gewesen sein, so wie sie in den Überlieferungen der Hopi-Indianer und den Legenden um den versunkenen Kontinent Atlantis beschrieben wird. Vielleicht waren es auch Besucher aus einem anderen Teil unseres Universums, wie dies von Forschern wie dem Schweizer Erich von Däniken postuliert wird. Zahlreiche Indizien für die eine oder andere Interpretationsmöglichkeit fanden sich in den letzten Jahrzehnten. Nur eines waren »Götter« der alten Inder gewiß nicht – nämlich jene mythischen Chimären, welche die etablierte Indologie gern in ihnen sehen möchte.

Auch im Alten Ägypten waren solche von »Göttern« erschaffene Mischwesen bekannt. Eines ihrer steinernen Abbilder bewacht noch heute die Pyramiden von Gizeh und das rätselhafte »Lächeln der Sphinx« ist längst sprichwörtlich geworden.

Im Angesicht der in unserer Zeit in rücksichtslosem Machbarkeitswahn vorangetriebenen Genforschung ist es mit Sicherheit nicht verfehlt, wenn manche Forscher annehmen, daß die Berichte über Mischwesen wie Hanuman oder die Sphinx in den Überlieferungen alter Kulturen mögliche »Erinnerungen an unsere Zukunft« sind. Als Beispiel für Mischwesen, die in unserem Jahrhundert bereits geschaffen worden sind, möge die »Schiege«

gelten. Schon Mitte der achtziger Jahre gelang es Genforschern in Großbritannien, weitgehend unbemerkt von der Öffentlichkeit, eine erfolgreiche Kreuzung zwischen einem Schaf und einer Ziege herbeizuführen. Das Ergebnis war die genannte »Schiege« von der sich die Züchter eine größere Resistenz gegen Krankheiten sowie einen höheren Woll- und Fleischertrag versprechen. Es scheint nur eine Frage der Zeit und der aufgewandten finanziellen Mittel zu sein, bis sich Wissenschaftler entschließen, auch den Menschen »zu verbessern«.

Daß es sich bei Hanuman und dem Volk der Affenmenschen um Wesen mit hoher Intelligenz und hervorragender körperlicher Konstitution gehandelt hat, läßt sich unschwer im Ramajana nachlesen. Doch gegen die fortschreitende »Zivilisation« des Menschen hatten sie keine Chance. Ihr Schicksal verliert sich in den Abgründen der Geschichte.

»Als die Menschen im beginnenden des Kali-Yuga immer tiefer in der Welt der Materie versanken, da vergaßen sie die Taten Hanumans und der Affenmenschen und betrachteten sie schließlich als Feinde«, erzählte Deva. »Wo immer die Menschen einen des Waldvolkes antrafen, da töteten sie ihn. So zogen sich die letzten Überlebenden aus Hamumans Volk schließlich in die unzugänglichen Gebirge im Norden zurück. Sie flohen in die reinen Länder Shambhala und Agartha, deren Zugang den gewöhnlichen Sterblichen verschlossen ist. Kennt ihr Shambhala?« wollte Deva wissen.

Wir hatten von den verborgenen Königreichen im Himalaja bereits gehört. Wagemutige Forscher wie Nicholas Roerich und Sven Hedin hatten noch in unserem Jahrhundert den Zugang zu diesen verborgenen Welten gesucht und – vielleicht – auch gefunden.

»In Shambhala,« sagte Deva, »da leben auch die Rishis – manche nennen sie auch Mahathmas. Das heißt ›Große Seelen‹.« Dieser Spur der »Großen Alten« würden wir unbedingt folgen.

Unter solchen Gesprächen erreichten wir den kleinen Laden, den Deva gemeinsam mit seinem Bruder betrieb. Neben den üblichen Waren – auserlesenen Teppichen, Seide, filigranen Schnitzereien, Bronzefiguren geheimnisvoller Götter und den Thanghkas, einer speziellen Form tibetischer Textilmalerei –

hatte Deva tatsächlich auch eine ganze Anzahl einzelner beschriebener Palmblätter und sogar ein komplettes Manuskript vorrätig. Hunderte von getrockneten Blättern der Stechpalme waren – nach Kapiteln geordnet – zwischen zwei schmale, lakkierte Holzbretter gepreßt. Sowohl in die hölzernen Einbände als auch in die Palmblätter waren an zwei Stellen Löcher gestanzt worden. Durch diese Löcher hatte man eine lange Schnur gezogen, die das ganze Manuskript zusammenhielt.

»Das ist die Bhagavadgita« – ehrfürchtig reichte uns Deva das Palmbuch. Die Bhagavadgita – der Gesang Gottes! Das heiligste Buch der Hindus, von seiner Bedeutung und seiner Popularität her am ehesten vielleicht vergleichbar mit dem Neuen Testament. Dieses Exemplar hier war mindestens 200 Jahre alt, die Urschrift der Bhagavadgita hingegen ist bereits als Hauptteil des Mahabharata im 4. Jahrhundert v.u.Z. entstanden. Im Mahabharata nimmt die Bhagavadgita mit nur 18 Kapiteln einen relativ kurzen Abschnitt ein, dennoch gilt sie als der zentrale Inhalt des Epos.

Am Anfang stehen sich zwei Armeen gegenüber – auf jeder Seite sind Zehntausende Krieger, Götter, Dämonen und Riesen mit übernatürlichen Waffen zum Kampf angetreten. Es sind die Heere der Pandawas und Kaurawas, zweier verfeindeter Familienclane. Der glorreichste Kämpfer unter allen ist Arjuna, dessen Streitwagen von Krishna, dem Herrn des Universums, gelenkt wird. Hinter Arjuna stehen Legionen seiner mächtigen Verbündeten zum Kampf bereit.

Als das Trompetensignal zur Eröffnung der Feindseligkeiten erschallt, blickt Arjuna zum feindliche Heer und wird von Verzweiflung ergriffen. »Wenn Lehrer, Väter, und Söhne vor mir stehen, warum sollte ich da den Wunsch haben, sie zu töten, selbst wenn sie mich töten? Ich bin nicht bereit, gegen sie zu kämpfen, nicht einmal, wenn ich dafür die drei Welten bekäme«, sagt der sonst so unerschrockene Krieger zu Krishna. »Wie können wir glücklich sein, wenn wir unsere eigenen Verwandten töten?« Der Gott lächelt dem Krieger zu und antwortet mit den Versen der Bhagavadgita.

Zunächst appelliert Krishna an Arjunas Ehrgefühl und erinnert ihn an seine Pflichten als Kshatrija, als Angehöriger des

Kriegerstandes. Er sagt ihm, daß »es keine bessere Beschäftigung gibt, als auf der Grundlage religiöser Prinzipien zu kämpfen« und fügt weiter hinzu, daß sich Arjuna nicht um das ohnehin Unausweichliche sorgen müsse: Du hast das Recht, deine vorgeschriebene Pflicht zu erfüllen, aber du hast keinen Anspruch auf die Früchte Deines Handelns. Halte Dich niemals für die Ursache der Ergebnisse deiner Tätigkeiten.« Arjuna aber zweifelt noch immer und versinkt erneut in Mutlosigkeit.

Krishna antwortet ihm darauf mit einem der bekanntesten Abschnitte der Bhagavadgita:

»Niemand ist imstande, die unvergängliche Seele zu zerstören. Weder derjenige, der denkt, daß er tötet, noch derjenige, der denkt, er werde getötet, kennt die Wahrheit. Das Selbst tötet nicht und wird auch nicht getötet. Die Seele kann weder durch Waffen zerstört noch vom Feuer verbrannt werden. Daher brauchst Du auch um kein Geschöpf zu trauern.«

Krishna zeigt dem Krieger hier einen neuen Weg zur Erlösung der Seele vom Kreislauf der Wiedergeburten: das Handeln, die Disziplin des Karma-Yoga. Im Gegensatz zur Weltentsagung und Askese ist das ein Yoga des aktiven Handelns, ein Weg zur Göttlichkeit, der von jedem beschritten werden kann, auch wenn man in weltliche Belange verstrickt ist. Krishna erklärt, daß nicht die Handlungen an sich, sondern nur die ihnen zugrundeliegenden eigennützigen Motive zur Wiedergeburt führen. Über das Ablegen von Verlangen aber kann man zur Erleuchtung gelangen. Für eine erleuchteten Geist spielen Freude und Schmerz, Gewinn oder Verlust – all die Wechselfälle des Lebens – keine Rolle mehr.

Krishna fordert Arjuna am Schluß der Bhagavadgita auf, sich zum Kampf zu rüsten, denn »man muß seine Arbeit Vishnu als Opfer darbringen«. So kehrt Arjuna zurück in die Welt des Kampfes und schlägt sich siegreich in der Schlacht. Es ist nicht übertrieben zu sagen, daß sein Weg inzwischen für Millionen Hindus zum Vorbild wurde.

Wir blätterten in dem umfangreichen Palmblattmanuskript, bestaunten die winzigen, wie eingeritzt erscheinenden Schriftzeichen der heiligen Hochsprache Sanskrit, in der die Texte verfaßt sind und fragten schließlich zaghaft nach dem Preis für dieses Prachtstück. Deva lächelte, gütig und freundlich. »Es ist nicht verkäuflich, versteht das bitte,« sagte er. »Diese Bhagavadgita hat unsere Familie seit Generationen begleitet und das wird sich auch in Zukunft nicht ändern.« Dann ergriff einige der losen Palmblätter. »Die hier möchte ich Euch schenken. Dieses Manuskript ist schon lange nicht mehr vollständig, aber es sind auch Verse aus der Bhagavadgita.« Wir bedankten uns herzlich bei dem jungen Inder für das unerwartete Geschenk.

»Kannst Du uns übersetzen, was auf den Palmblättern steht?«

»Nicht alles, aber ein paar Verse schon«, antwortete Deva.

»Hier heißt es: ›*Alle Zwecke, die ein kleiner Brunnen erfüllt, können sogleich von einem großen Gewässer erfüllt werden. In ähnlicher Weise können alle Ziele der Veden von jemandem erreicht werden, der das Ziel hinter ihnen kennt.*‹«

Deva ergriff ein anderes Blatt.

»*Die Lebewesen in der materiellen Welt tragen ihre verschiedenen Lebensauffassungen von einem Körper zum anderen. So wie die Luft Düfte mit sich trägt, nehmen die Lebewesen eine Art von Körper an und geben ihn wieder auf, um einen anderen anzunehmen.*«

Der junge Inder drückte uns die Palmblätter in die Hand.

»Ich wünsche euch viel Glück bei eurer Suche nach den Rishis und eurem Schicksal. Und denkt einmal über die Verse der Bhagavadgita nach. Namaskaar und möge es euch immer wohl ergehen.«

Wir hatten in der Tat genügend Stoff zum Nachdenken auf unserer Rückfahrt nach Madras.

»Es ist seltsam«, sagte Annett und betrachtete nachdenklich die Palmblattmanuskripte. »Die alten Verse haben mich wieder an mein Problem mit dem Tod erinnert. Aber irgendwie hat die Vorstellung an Schrecken verloren.«

Der Hotelmanager vom Broadlands freute sich ehrlich, als er von unseren Erlebnissen in Mahabalipuram erfuhr. Dann hatte er noch einen guten Tip für uns.

»Besuchen sie doch morgen einmal das Hauptquartier der Theosophischen Gesellschaft hier in Madras. Ein Scooter wird sie hinbringen. Es ist nicht weit. Vielleicht finden sie dort noch etwas über die Rishis.«

Am nächsten Morgen weckte uns der Ruf des Muezzins zuverlässig aus traumlosem Schlaf.

Nach dem kurzen Frühstück brachen wir zum Hauptquartier der theosophischen Gesellschaft auf, daß im Stadtteil Adhyar liegt. Unser Scooterfahrer stürzte sich mit indischer Gelassenheit und wahrer Meisterschaft in die allmorgendliche Rush-our von Madras. Nebenher fand er sogar noch Zeit, uns von seiner Familie erzählen. Es gibt nichts interessanteres als eine solche Fahrt mit der Motorrikscha quer durch eine indische Großstadt – in dem nach allen Seiten offenen und nur durch ein Spritzdach gegen die übelsten Witterungseinflüsse geschützten Scooter befindet man sich mitten im Alltag und ist nicht so steril abgeschirmt wie in einer Limousine. Diese Art der Fortbewegung erfordert neben einer gehöriger Portion an Vertrauen in die Fähigkeiten des jeweiligen Fahrers auch eine gewisse psychische Belastbarkeit. Die unglaublich rasch wechselnden Szenerien und die gewaltige Menge von Eindrücken, die in kürzester Zeit auf den solcherart Reisenden einstürzen, sind nichts für schwache Nerven oder Sicherheitsfetischisten.

Die Stille in dem riesigen Park, der das Hauptquartier der Theosophen in Madras umgibt, hatte nach dem morgendlichen Straßenlärm etwas beinahe Unwirkliches an sich. Wir streiften stundenlang durch das Gelände, in dem weit verstreut die einzelnen Gebäude liegen, während die Sonne höher stieg und die morgendliche Wärme allmählich zur mittäglichen Hitze wurde. In der Ferne rauschte die Brandung der Coromandelsee am sonnendurchglühten Strand im immer gleichen Rhythmus wie seit urewigen Tagen. Hier im Park spendeten riesige Banyanbäume angenehmen Schatten. In diesen gewaltigen Bäumen, so heißt es, wohnt die Göttin Shalabhanjika, die den Reichtum der Natur symbolisiert. Zur Verehrung dieser Göttin tragen indische Frauen Perlenketten aus den Samen des Banyanbaumes.

Hier, an diesem Ort in Madras gründete vor über einem Jahrhundert Madame Helena Petrowna Blavatsky gemeinsam mit dem amerikanischen Oberst Henry Stee Olcott die Theosophische Gesellschaft, die sich als Grundstein für eine von Madame Blavatsky angestrebte Weltreligion verstand. Die Begründerin der Theosophie wird entweder als eine der größten Mystikerinnen des 19. Jahrhunderts oder aber als schamloser Scharlatan angesehen. Niemand aber kann ihr Mangel an Imaginationskraft vorwerfen, denn auf diesem Gebiet hatte sie recht bemerkenswerte Fähigkeiten. Im Jahr 1831 angeblich als Tochter einer russischen Prinzessin geboren, gehörte Madame Blavatsky mit Sicherheit zu den außergewöhnlichsten Frauen des vergangenen Jahrhunderts. Auf den Stufen ihrer Karriereleiter – sie arbeitete als Zirkusreiterin ebenso wie als spiritistisches Medium – erwarb sie beachtliche Kenntnisse der westlichen Magie, vor allem aber auch der östlichen Philosophie. Einer der herausragendsten und sympathischsten Wesenszüge Madame Blavatskys war ihr ungehemmter, mit einem guten Schuß Abenteuerlust gepaarter Wissensdrang. Auf der Suche nach dem verlorengegangenen und geheimen Wissen reiste sie mehr als ein Vierteljahrhundert lang durch Abend- und Morgenland, besuchte in Ägypten die Pyramiden und drang schwerbewaffnet ins Herz des Schwarzen Kontinents vor. In Zeiten, da Tibet für Europäer als »Verbotenes Land« galt, ließ sie sich von tibetischen Mönchen und indischen Weisen unterrichten. Doch Madame Blavatsky hatte auch keine Furcht, für eine Sache zu kämpfen, wenn sie von deren Richtigkeit überzeugt war. So focht sie unter anderem in dem von Garibaldi aufgestellten Freikorps gegen die französische Besatzung in Italien.

Ihre Suche nach Wahrheit und Weisheit endete in einer unzugänglichen Gegend Tibets, bei Wesenheiten, die Madame Blavatsky als »Mahathmas« – Große Seelen – bezeichnete. Diese Mahathmas regierten nach ihrer Auffassung in Wirklichkeit die Welt, indem sie »okkulte Kraftströme« in alle Himmelsrichtungen aussenden.

In der Bibliothek des Hauptquartiers der Theosophischen Gesellschaft studierten wir die gewichtige Biographie Madame Blavatskys und die voluminösen Bände ihres Meisterwerkes – der »Geheimlehre«. Diese nicht immer ganz leicht verständliche Schrift soll ihr von den Mahathmas in einer Art Trancezustand offenbart worden sein. Madame Blavatsky will ihr Buch deshalb auch nicht als eigenes Werk, sondern als Transkription eines viel älteren, prähistorischen Manuskriptes, nämlich des sogenannten »Buches von Dzyan« verstanden wissen. Dieser ursprüngliche Text, so gab Madame Blavatsky an, sollte einst von den Bewohnern des legendären versunkenen Kontinentes Atlantis aufgezeichnet worden sein.

In der »Geheimlehre« und dem nachfolgenden Buch »Die entschleierte Isis« faßt sie die Ergebnisse ihrer Suche nach Wahrheit und Weisheit zusammen. Madame Blavatsky kam letztlich zu dem Schluß, daß es für die Enthüllung der unvergänglichen Wahrheit zahlreiche Wege gibt, die jedoch alle im transzendenten Bereich liegen. Die Schwellen der gewöhnlichen Wahrnehmung müssen jedoch zur Erkenntnis dieser Wahrheit überschritten werden. Aus diesen Gründen war sie auch zu der Überzeugung gelangt, daß jede ritualisierte Religion nur den Versuch darstellen kann, die universelle Wahrheit zu begreifen. Basierend auf dieser Erkenntnis unternahm sie den Versuch, die Grundlagen einer Weltreligion zu schaffen, in der alle bekannten Glaubensrichtungen – seien sie nun animistischer, polytheistischer oder monotheistischer Art – ihren Platz finden sollten. So entstand die Theosophische Gesellschaft. In der »Großen Halle« des Hauptquartiers der Theosophen in Madras sind deshalb auch Buddha, Christus, Moses, der Guru Nanak, Konfuzius, Zarathustra und viele andere Religions- und Glaubensstifter verewigt. Lediglich für Mohammed, den Propheten Allahs, existiert keine Statue. Getreu den Regeln des Islam, der jedwede Abbildung Gottes, der Menschen und Tiere untersagt, ist hier nur eine Sure aus dem Koran in eine marmorne Tafel graviert.

Bei dem Studium der Schriften Madame Blavatskys fiel uns auf, daß zwischen den von ihr beschriebenen Weisheitslehrern, den »Mahathmas« des verborgenen Reiches im Himalaja, und den Rishis der altindischen Epen verblüffende Ähnlichkeiten bestehen. Wir mußten wieder an Deva aus Mahabalipuram und seine Behauptung denken, daß die Rishis sich vor dem heranrückenden Kali-Yuga, dem »Eisernen Zeitalter« des Materialismus, in die Reinen Länder, in das geheime Reich »Shambhala« irgendwo im Innern Asiens zurückgezogen hätten. Die von Madame Blavatsky beschriebenen Mahathmas vermögen ebenso wie die Rishis in einer Art von kosmischem Gedächtnis, der Akasha-Chronik, zu lesen und dadurch vollkommene Kenntnis von Vergangenheit und Zukunft der Erde, ja des gesamten Universums zu erlangen. Ebenso wie Brighu, Agasthya Vaishishta und die anderen Rishis sind auch die Mahathmas eine Gruppe unsterblicher Wesen, die weder der menschlichen Rasse, noch transzendenten Gottheiten zugeordnet werden können. Beide Gruppen werden darüber hinaus als Hüter einer universellen Wahrheit beschrieben, die das Geheimnis der Schöpfung beinhalten soll. In den alten Texten war auch die Rede davon, daß es sich bei dem Aufenthaltsort der Mahathmas um einen unterirdischen Bereich mit der Bezeichnung »Agartha« handeln soll. Wir kannten diesen Begriff noch nicht, doch war uns aus indischen Legenden um die Rishis der Name eines Ortes geläufig, welcher ein ganz ähnliches Reich beschrieb. »Kalapa« sollte das verborgene Tal im Gebirge sein, ein Ort, an dem die Rishis in zeitloser Harmonie weilten. Die Tibeter und die Bewohner Kashmirs kennen Kalapa unter dem Namen Shambhala.

Die Herrscher von Agartha, so hieß es in den Beschreibungen, tragen den Titel »Rigden-Jyepo«. Dies läßt sich mit »König der Welt« übersetzen. Der jeweilige Dalai Lama, so wurde in den Büchern behauptet, gilt als Botschafter Agarthas und als Hüter des Wissens um den Zugang zu diesem verborgenen Reich. Selbst in den offiziellen Beschreibungen des Tourismusbüros von Lhasa werden Legenden erwähnt, denen zufolge sich unter dem Pottala von Lhasa, dem Palast des Dalai Lama, geheime unterirdische Gänge befinden sollen, die einen Zugang nach Agartha bilden. Einige Theosophen und in jüngerer Zeit der ebenso renommierte wie umstrittene Forscher Dr. Raymond Bernard behaupten, daß sich in Madame Blavatskys persönlichem Besitz auch eine Karte befunden haben soll, die Zugänge nach Agartha durch Höhlensysteme zeigte. Der Verbleib dieses Dokuments ist allerdings ungeklärt.

Der Reisende und Schriftsteller Ferdinand Ossendowsky, dessen geistige Nähe zur Theosophie nicht geleugnet werden kann, schrieb bereits 1924 in seinem Buch »Tiere, Menschen und Götter« über Agartha:

»*Das Land unter der Erde ist ein gewaltiges Königreich. Zu ihm gehören Millionen von Menschen. Sein Herrscher ist der König der Welt. Dieser kennt alle Kräfte der Welt und vermag in den Seelen der Menschen und in dem großen Buch ihres Geschickes zu lesen. Dieses Königreich ist Agartha. Alle unterirdischen Völker und unter der Erde befindlichen Räume werden von Herrschern regiert, die dem König der Welt untertan sind. In den Höhlen unter der Erde herrscht ein besonderes Licht, dem es zu verdanken ist, daß dort Getreide und Pflanzen gedeihen und die Menschen ein langes, von Krankheiten freies Leben führen können. Die Hauptstadt Agarthas ist von Städten umgeben, die von Hohepriestern und den Männern der Wissenschaft bewohnt sind. Wenn die wahnsinnige Menschheit der oberen Erde einen Krieg gegen das unterirdische Königreich beginnen sollte, so wäre dieses imstande, die ganze Oberfläche in die Luft zu sprengen und sie in eine Einöde zu verwandeln. Die Bewohner von Agartha können Meere trocken legen, Kontinente in Ozeane verwandeln und Berge zu Wüstenstaub werden lassen.«*

Auch diese Beschreibung der Bewohner des unterirdischen Reiches wies zahlreiche Parallelen zu den spirituellen Eigenschaften der Rishis auf, aber auch zu den von ihnen konstruierten Vimanas mit ihren alles vernichtenden Waffensystemen.

Sofern sich die Palmblattbibliotheken als ein existentes Phänomen herausstellen sollten, würde es dann unserer Auffassung nach sehr lohnend und aussichtsreich sein, auch den weiteren Weg der Schöpfer dieser vorzeitlichen Datenbanken zu verfolgen.

Zu unserer großen Überraschung fand sich in dem umfangreichen Katalog der Bibliothek der Theosophischen Gesellschaft auch eine ganze Anzahl von Büchern über die Kunst des Palmblattlesens. Die Titel sind unter dem Stichwort Nadi-Reading, dem in Indien heute gängigen Begriff für eine Palmblattlesung, aufgeführt. Zu unserem Bedauern waren die meisten Schriften in Tamil oder Sanskrit abgefaßt. Unsere mitgeführten »Kauderwelsch«-Sprachführer reichten zur Entschlüsselung der komplizierten Texte natürlich nicht aus.

Bei weitem ergiebiger zeigten sich die wenigen in Englisch verfaßten Bücher. Doch zu ihrem vollen Verständnis waren Kenntnisse der indischen Astrologie notwendig, die unser Wissen bei weitem überstiegen. Neben den auch in den westlichen astrologischen Systemen verwandten Planetenbezeichnungen,

Häusern und Aszendenten spielten die als »Kethu« und »Rahu« bezeichneten Mondknoten offensichtlich eine sehr bedeutende Rolle. Außerdem wurden die notwendigen Berechnungen nicht wie im Westen mit Konstanten, sondern mit Variablen, die aus ständigen genauen astronomischen Beobachtungen resultieren, vorgenommen. Neben einem dreizehnten »Haus«, dem des »Schlangenträgers«, wurden darüber hinaus noch zwei weitere Planeten berücksichtigt. Die Massen dieser beiden Planeten existieren tatsächlich in unserem Sonnensystem, wenn derzeit auch nur in Form des Asteroidengürtels zwischen Mars und Jupiter sowie des nach seinem Entdecker so genannten Kuiper-Gürtels nahe des erdenfernsten Planeten Pluto. Obwohl wir insgesamt drei Tage in der Bibliothek der Theosophen verbrachten, reichte die Zeit nur, um den Schleier, hinter dem sich für uns die indische Astrologie und die vielfältigen anderen Varianten der Zukunftsschau verbargen, ein klein wenig zu lüften.

Über den Ursprung des Nadi-Readings konnten wir in diesen Schriften einiges in Erfahrung bringen. Die Verfasser der theosophischen Bücher vertraten überwiegend die Meinung, daß es sich bei der Kunst des Palmblattlesens um eine uralte, sehr spezielle Art der vedischen Astrologie handelte, von der in unserem Jahrhundert allerdings nur noch über den gesamten indischen Subkontinent verstreute Fragmente übrig geblieben sind. Basis des Nadi-Readings ist demnach die Lehre des Shuka-Nadi. Dabei stand das Wort »Shuka«, was sich am ehesten mit dem Begriff »nachsprechen« ins Deutsche übersetzen läßt, als Synonym für göttliche Weisheit, »Nadi« hingegen für einen bestimmten Augenblick im Ablauf der Zeit. »Nadi« wurde die Methode genannt, weil ursprünglich die Voraussagen durch das Studium des Pulses des jeweiligen Klienten getroffen wurden, ganz ähnlich, wie ayurvedische Ärzte noch heute bei ihren Patienten ein Pulsdiagnose vornehmen. Die Autoren bescheinigten dem System des Shuka-Nadi eine außerordentliche Präzision und sehr detaillierte Voraussagen. Als einzige Voraussetzung dafür wurde die möglichst genaue Angabe des jeweiligen Geburtsdatums und der Geburtszeit genannt. Die Lehre des Shuka-Nadi beruhte nach diesen Ausführungen offenbar auf der Wahrnehmung von Vergangenheit und Zukunft jenseits unseres herkömmlichen Raum-Zeit-Verständnisses. Darauf aufbauend, sollte das Shuka-Nadi eine lebensberatende Funktion ausfüllen, das heißt, es sollte helfen, die eigentliche Bestimmung seiner derzeitigen Inkarnation zu finden. Diese Sichtweise erschien uns durchaus vernünftig.

Spektakulär wurde es erst, als wir lasen, daß dieses System einer offenbar wissenschaftlich begründbaren Zukunftsschau ursprünglich auf den versunkenen Kontinenten Atlantis und Mu praktiziert worden sei. Das geheimnisvolle Mu hatte einstmals 64 Millionen Einwohner und bereits vor 50 000 Jahren eine uns in vielen Belangen überlegene Kultur erreicht, bevor es im Verlauf einer gigantischen Naturkatastrophe im Pazifik versank. Die Überlebenden der untergegangenen Hochkulturen hätten die Methode des Shuka Nadi nach Indien gebracht und sie den »ältesten Weisen« der frühen Indus- und Harappa-Kulturen tradiert.

Der sagenhafte Kontinent Mu ist nachweislich das geistige Kind des französischen Arztes Augustus le Plongeon (1826 bis 1908). Er gehörte zu den ersten Amateurarchäologen, die Mayakultstätten der mexikanischen Halbinsel Yucatan ausgruben. Dabei entdeckte le Plongeon den sogenannten Troana Codex, einen der wenigen erhaltenen Maya-Texte. Er übersetzte das seltene Manuskript und gab eine recht außergewöhnliche Darstellung des geheimnisumwobenen Kontinentes Mu. Nach le Plongeons Auffassung beherrschte Mu den pazifischen Raum, bis es durch ein Erdbeben zerstört wurde. Der französische Arzt behauptete auch, im Besitz von Beweisen zu sein, die belegten, daß die Bewohner von Mu nicht nur die Urahnen der Maya, sondern auch der Ägypter gewesen sind.

Ein Amerikaner, James Churchward, griff die Forschungsergebnisse Le Plongeons auf und brachte sie in Zusammenhang mit seinen eigenen Untersuchungen in Indien am Ende der siebziger Jahre des 19. Jahrhunderts. Damals entdeckte Churchward in einer Tempelanlage Südindiens, die er nicht näher bezeichnete, eine große Sammlung von Tontafeln. Diese Tafeln waren mit altertümlichen Schriftzeichen einer fast vergessenen Sprache bedeckt. Churchward benötigte mehr als zwei Jahre, um unter Anleitung eines Tempelpriesters diese Schrift zu entschlüsseln, bei der es sich nach seinen Angaben um die ursprüngliche Sprache der Menschheit handeln soll. Er bezeichnete die Schöpfer dieser uralten Schrift als »Nacaal«. Aus den Texten ging hervor, daß es sich bei diesem Volk um die Überlebenden einer untergegangenen Hochkultur handelte, die von einem im Pazifik versunkenen Kontinent stammte. Diesen Kontinent nannte Churchward Mu – den Mutterkontinent der Menschheit. Die Naacal hatten nach Churchwards Untersuchungen Kolonien in weiten Teilen der heute bekannten Welt eingerichtet. Sie verließen den sinkenden Kontinent vor etwa 12 000 Jahren und wanderten vor allem in das Gebiet des heutigen Burma ein. Bei der Expansion ihres neuen Reiches erreichten die Nacaal schließlich auch Indien. Dort gingen sie in den frühen Indus- und Harrappa-Kulturen auf, an die sie ihr Wissen – zumindest teilweise – weitergaben. Um Überreste dieses Wissens handelte es sich wohl auch bei den von James Churchward aufgefundenen »Nacaal-Tafeln«. Sie waren tatsächlich nur bruchstückhafte Überlieferungen der Geschichte jener sagenhaften prähistorischen Hochkultur. Churchward erwähnte jedoch auch in seinen Berichten, daß weitere Tafeln dieser einzigartigen Sammlung mit ergänzenden Texten an den »sieben heiligen Rishi-Stätten« Indiens aufbewahrt wurden. Bei diesen heiligen Stätten, über die Churchward nur am Rande berichtet, da er zu den dortigen Archiven keinen Zutritt erhielt, könnte es sich um die sieben heiligen Städte der Hindus handeln, deren bekannteste Varanasi ist, das die Engländer Benares nannten. Zu den Heiligen Städten gehören aber auch Vrindaban, der Geburtsort Krishnas und im Süden Indiens Kanchipuram, die »Stadt der Tausend Tempel«. War James Churchward möglicherweise in den Archiven der Tempel von Kanchipuram auf die Spuren der Großen Alten aus der Vorzeit gestoßen? Noch konnten wir diese Frage nicht zufriedenstellend beantworten.

Nach Churchwards Ansicht stammten Brighu, Agasthya und die anderen Rishis aus einer vormenschlichen Hochkultur, einer Welt vor unserer Zeit. Bestätigungen für seine Hypothese fand Churchward nicht nur in den Forschungsergebnissen Le Plongeons, sondern auch in den Untersuchungen seines Freundes und Kollegen William Niven, der in Mittelamerika ebenfalls bei seinen Ausgrabungen beschriftete Tontafeln der Nacaal zutage förderte. Diese sensationellen Funde erzählten von der Entstehung des Universums und der Erde, vom Ursprung des Lebens auf diesem Planeten und den verschiedenen »Weltzeitaltern«, in denen bereits vor Entstehung der Menschheit verschiedene Hochkulturen existierten, deren letzte die der Nacaal war. Die Thesen von Churchward, le Plongeon und William Niven haben bis heute nicht vermocht, sich gegen die etablierte Geschichtsforschung durchzusetzen. Bemerkenswert aber ist in jedem Fall, daß diese Forscher aus einer Quelle bestätigt werden, die ihnen allen noch nicht zugänglich war.

Auch die Hopi-Indianer Nordamerikas, welche mit Recht die wohl ältesten Überlieferungen der Menschheitsgeschichte ihr Eigen nennen dürfen, sprechen in diesen Legenden von einer Zeit vor Entstehung der heutigen Menschheit. Sie bezeichnen diese Epoche als die »Dritte Welt«, woraus sich leicht ersehen läßt, daß vor dieser bereits zwei andere Welten existiert haben müssen. Die Hopi berichten, daß in der Ersten Welt der Gott Taiowa die Menschen erschuf und diese Welt durch Feuer vernichtete, als seine Geschöpfe degenerierten. Nur die Vorfahren der Hopi überlebten die Zerstörung, da sie ausersehen waren, die Kunde von diesen Geschehnissen zu bewahren. Auch die Zweite Welt ging nach Äonen durch Eis zugrunde. Wiederum überlebten die Ahnen der Hopi und kamen in die Dritte Welt, den dritten Erdteil, auf jenen Kontinent, den James Churchward Mu – das Mutterland – nannte. Die Hopi kannten diese Dritte Welt unter dem Namen Kasskara. Auch dieser Begriff bedeutet in der Sprache der Hopi noch heute »Mutterland«. Ebenso bezeichneten die Hopi Kasskara auch als »Land der Sonne«.

In der Dritten Welt – genauso wie in den Welten zuvor – standen die Hopi in Kontakt zu Wesenheiten, die sie Kachinas nannten. Nach ihren Überlieferungen waren die Kachinas keine Gottheiten oder Geistwesen, sondern menschenähnliche Lebensformen, die zu den Hopi aus dem Weltenraum gekommen waren. Die eigentliche Heimat dieser Sternenwanderer soll ein Planetensystem in einem weit entfernten Teil des Universums sein. Dieser Ursprung der Kachinas wird von den Hopi Toonaotakha genannt – »der Bund der zwölf Planeten«.

Die Legenden der Hopi aus der Dritten Welt berichten, daß die Kachinas als Hüter der universellen Gesetze und als Lehrer und Berater der jungen Menschheit auf die Erde kamen – ganz so, wie die Aufgaben der Rishis in den altindischen Epen definiert wurden. Gleich den Rishis waren auch die Kachinas körperliche Wesen, die für ihre ausgedehnten Reisen materielle Flugmaschinen benötigten. Ähnlich den Vimanas des alten Indien hatten auch die Flugwagen der Kachinas unterschiedliche Größe und verschiedene Namen. Da gab es beispielsweise Paatoowa – »der Fliegende Schild« genannt und vorwiegend für Transportaufgaben eingesetzt. Als Inioma hingegen wurde eine Flugscheibenkonstruktion bezeichnet, die über hervorragende Manövriereigenschaften verfügt haben soll. Diese Flugmaschinen sollen eine in den alten Berichten nicht näher definierte magnetische Antriebskraft für ihre Fortbewegung genutzt haben. Das Wissen um die Bauweise dieser Maschinen hüteten die Kachinas, ganz genau so wie im antiken Indien die Rishis als Konstrukteure der Vimanas in Erscheinung traten.

Die Flugwagen der Kachinas spielen in den Überlieferungen der Hopi vom Untergang Kasskaras eine entscheidende Rolle. Der gewaltige Kontinent Kasskara versank nach einem mit furchtbaren Naturkatastrophen einhergehenden Polsprung. Ursache dieses Polsprunges soll neben kosmologischen Ursachen – genannt wurde der nahe Vorbeigang eines großen Himmelskörpers, des »Todessterns«, den auch die Sumerer kannten – eine kriegerische Auseinandersetzung der Bewohner Kasskaras mit der Bevölkerung eines anderen Inselkontinentes – Talawaitichqua, »das Land im Norden« genannt – gewesen sein. Bei diesen Kämpfen, die offenbar mit großer Härte ausgetragen wurden, griffen die Armeen Talawaitichquas das Kernland von Kasskara auch mit einer Art geophysikalischer Waffe an, die in der Lage war, Erdbeben und Vulkanausbrüche hervorzurufen. Der Einsatz des Waffensystems schlug jedoch auch auf Talawaitichqua zurück, das infolge der ausgelösten Kataklysmen noch viel rascher in den Tiefen des Meeres versank als Kasskara. Die Kunde von diesem Land, das einen Krieg begonnen hatte und durch ihn vollkommen vernichtet worden war, fand auch Eingang in den hellenistischen Kulturkreis. Der antike Wissenschaftler und Philosoph Platon schrieb als erster Europäer den Bericht vom versunkenen Kontinent Atlantis nieder.

Doch auch Kasskara – das sagenhafte Mu James Churchwards – war dem Untergang geweiht. Mit Hilfe der Kachinas jedoch soll den überlebenden Bewohnern des Kontinentes die Flucht in eine neue Heimat gelungen sein. Östlich von Kasskara nämlich erhob sich infolge der geologischen Veränderungen neues Land aus dem Meer. Dorthin wurden die Vorfahren der Hopi aus Kasskara an Bord der »Fliegenden Schilde« aber auch in eilig konstruierten Wasserfahrzeugen gebracht. Die Hopi nannten den neuen Kontinent die »Vierte Welt« – heute findet er sich unter der Bezeichnung »Südamerika« auf jeder Erdkarte.

Doch bei weitem nicht alle Menschen und Kachinas, die den Untergang Kasskaras überlebten, gelangten in die »Vierte Welt« der Hopi. Einige landeten auf dem heutigen Hawaii – die Erinnerung daran lebte bis in unsere Tage weiter in den Legenden der »Kahunas«, der Wissenden von Hawaii –, denn »Kahuna« ging aus dem Wort Kachina hervor.

Andere Überlebende wurden an die asiatische Küste verschlagen. Sie landeten auf Inseln, die zu Japan gehören. Noch heute erzählen die Ureinwohner dort die gleichen Legenden wie die Hopi in Amerika. Von Japan aus wanderten die Überlebenden dann auf das asiatische Festland ein und erreichten Burma, dessen ursprüngliche Hochkultur in den Berichten der Hopi als Kolonie von Kasskara bezeichnet wurde.

Hier hatten die geheimnisvollen »Nacaal« Churchwards und die Bibliotheken aus steinernen Tafeln ihren Ursprung. Es handelte sich offenbar um einen Teil der Überlebenden von Kasskara, die in der Hoffnung auf eine neue Heimat westwärts wanderten und dabei versuchten, soweit es ihnen möglich war, die Erinnerung an ihre eigenen Ursprünge zu bewahren. Einstmals soll in den Archiven von Kasskara ein Wissen von wahrhaft universellem Charakter gehütet worden sein. Das Wissen der Rishis, der Kachinas, die Weisheit der Lenker der Welt, der Großen Alten, die vollkommene Kenntnis vom Ursprung auch unserer Zivilisation und von ihrem kommenden Schicksal. Vieles ging von diesem Wissen im Lauf der Jahrtausende verloren. Dennoch konnte James Churchward mit Recht behaupten, daß zu seiner Zeit immer noch sensationelle Informationen über die wirkliche Geschichte der Menschheit in den Archiven und Bibliotheken der indischen Tempel bewahrt wurden, eingemeißelt in steinerne Tafeln oder niedergeschrieben auf den getrockneten Blättern der Stechpalme, die vor allem im Süden Indiens das Pergament und später auch das Papier ersetzte. Bedeutende Teile der überlieferten Bibliotheken aus Kasskara sollen die individuellen Schicksale von hunderttausenden, vielleicht sogar Millionen von Menschen beinhalten.

Wir waren uns nun sicher, daß es sich bei diesen heiligen Stätten, von denen die theosophischen Autoren schrieben, um jene Palmblattbibliotheken handeln mußte, die auch wir aufsuchen wollten. Die langen Stunden im Lesesaal der theosophischen Gesellschaft von Madras hatten sich gelohnt.

VI. DER MEISTER AUS MADRAS UND DIE SCHICKSALSBIBLIOTHEK

Endlich war es soweit. Am späten Nachmittag des 13. August 1993 rief Thomas nochmals in der Palmblattbibliothek an, um den Termin für das Nadi-Reading zu vereinbaren. Und – Wunder über Wunder – der Palmblattleser war persönlich am Apparat.

»You are from wich country?« wollte er wissen.

»From Germany, wir kommen aus Deutschland«, antwortete Thomas.

»Oh, gutten Tack, main Herrrr«, meinte Sri Ramani darauf.

Thomas verschlug es erst einmal die Sprache. Doch dann siegte die Neugier und er wollte wissen, woher Sri Ramani des Deutschen mächtig sei. Dabei stellte sich allerdings recht bald heraus, daß die Deutschkenntnisse des Palmblattlesers nur wenig über einige Begrüßungsformeln und allgemeine Floskeln hinausgingen. Dafür aber sprach er ein ganz ausgezeichnetes Englisch, so daß die Konversation keinerlei Schwierigkeiten bereitete. Sri Ramani erzählte, daß er gelegentlich auch Deutschland, die Schweiz und Österreich bereise, um dort Seminare oder Vorträge abzuhalten.

Annett scharrte inzwischen schon ungeduldig mit den Füßen. Komm endlich auf den Punkt, hieß das – und mach einen Termin aus!

»Wann wäre denn ein Nadi-Reading für uns möglich?« erkundigte sich Thomas nach einer ganzen Weile scheinbar nebenbei. Inzwischen kreiste das Gespräch um ganz andere Dinge, Fragen nach dem Woher und Wohin, belanglose Allgemeinplätze – auch in Indien ist es eine Frage der Höflichkeit, den Gesprächspartner mit einem Anliegen nicht sofort und nicht direkt zu konfrontieren.

»Kommen Sie doch morgen früh, so gegen neun Uhr vorbei«, beschied uns Sri Ramani. »Ich freue mich, Sie zu sehen.«

Wir müssen einen wahren Indianertanz an der Rezeption aufgeführt haben, denn die anwesenden Hotelgäste und der Manager musterten uns mit prüfenden Blicken, ganz so, als seien wir eben vom Mars herabgestiegen. Aber das konnte unsere Stimmung in diesem Augenblick nicht trüben.

Wir konnten an diesem Abend lange nicht einschlafen. Nicht zum ersten Mal standen wir auf Tuchfühlung einem unbekannten, schulwissenschaftlich nicht zu erklärendem Phänomen gegenüber – doch hier war alles anders. Diesmal betraf es uns ganz persönlich – morgen würden wir unser Schicksal, unsere Vergangenheit und unsere Zukunft aus Jahrtausende alten Texten erfahren – wenn, ja wenn alles stimmte, was wir bislang über die Palmblattbibliotheken in Erfahrung bringen konnten.

Wir stiegen hinauf auf die große Dachterasse des Broadlands und schauten auf die Lichter der riesigen Stadt und die unzähligen Sterne am Himmel über uns.

Annett war sehr nachdenklich geworden. »Mein Todesdatum – wenn er es mir nun morgen bestätigt?« sagte sie in das Schweigen hinein. »Ich hab Angst ...«

»Du brauchst aber keine Angst vor dem Tod zu haben«, sagte da plötzlich eine sanfte Stimme aus dem Dunkel. Es war eine junge Stimme, die zu einem Mädchen gehörte, das im Lotussitz auf der Brüstung der Dachterasse hockte, gute zwei Dutzend Meter über dem finsteren Abgrund.

»Hallo, ich bin Maria. Wie die Jungfrau – bin aber keine mehr«, stellte sie sich vor und sprang gewandt von der Mauer. Wir nannten unsere Namen, ein wenig verwirrt über ihre Art.

»Hab keine Angst, Annett – weder vor dem Leben und schon gar nicht vor dem Tod. Er kann dich nicht zerstören. Habt ihr schon einmal etwas von Reinkarnation gehört?«

»Gehört schon, aber es wäre übertrieben zu sagen, daß wir darüber Bescheid wüßten.«

»Ich will versuchen, euch das mal bildhaft zu beschreiben«, begann Maria. »Der Tod ist eigentlich nur ein langer Schlaf vor der nächsten Wiedergeburt. Er ist nichts Endgültiges, Unwiderrufliches, sondern nur ein Zustand zwischen den einzelnen Leben auf dieser Erde oder Existenzen in anderen Seins-Formen.«

Annett blickte ziemlich skeptisch.

»Wenn du nachts schläfst,« fuhr Maria fort und schüttelte ihre dunklen Locken, »dann bist du doch am nächsten Morgen derselbe Mensch, der du auch am Abend zuvor gewesen bist, obwohl dein Bewußtsein während des Schlafes nicht da war, stimmt's?«

Da konnten wir eigentlich nur zustimmen.

»Seht ihr, und genauso verhält es sich mit dem Tod. Das Atman, wie die Inder sagen – also die unsterbliche Seele ...« Maria verdrehte auf komische Weise die Augen und mußte lachen, als sie es bemerkte. »Ich tu mich ein bißchen schwer mit diesen religiösen Begriffen, weil die Kirche zu Hause etwas ganz anderes daraus gemacht hat. Atman also ist ein Funke der das ganze Universum durchdringenden Schöpferkraft des Brahman. Dieses Brahman selbst ist für den menschlichen Geist unfaßbar, weil es unpersönlich, unendlich und unbeweglich ist. Es stellt kein eigenes Wesen dar, deshalb ist es nicht faßbar. Ihr könnt euch Brahman aber in etwa als das Sonnenlicht auf einer Wasseroberfläche vorstellen. Das Atman hingegen kann eigentlich nur dadurch erklärt werden, was es nicht ist. Man kann es nicht berühren und daher auch nicht zerstören. Es leidet und es stirbt daher auch nicht. Man kann es sich als das Unsterbliche im sterblichen Leib vorstellen. Eigentlich ist auch Atman für den gewöhnlichen Menschen nicht faßbar. Durch Meditation, Askese und Yoga kann man es jedoch erreichen. Diese Atman nutzt den Zustand des Todes, um von einem Körper auf den anderen überzugehen, sich die irdische Hülle zu suchen, die für seine nächsten Aufgaben im kommenden Leben am geeignetsten ist. Das Bewußtsein aber schläft in diesem Zustand. Daher kommt es auch, das wir zwar Talente und Fähigkeiten haben, deren Herkunft die Schulwissenschaft nicht erklären kann, wir uns aber auch nicht oder nur in ganz seltenen Fällen bewußt an ein vorangegangenes Leben erinnern können. Nur der Körper stirbt, das unsterbliche und unzerstörbare Selbst eines jeden Wesens aber wechselt irdischen Hüllen so wie wir die Kleider wählen, die einem bestimmten Anlaß angemessen sind. Deshalb wenden sich die Brahmanen beim Begräbnisritual auch an das Atman und sagen ›Geh hin, geh hin auf den alten Pfaden der Vorfahren‹, denn sie wissen um den Maskenball der Seelen auf dieser Welt.«

Wir hörten staunend zu. Maria berichtete weiter über die Ursachen des Todes, so wie diese von den Weisen erkannt und in den Upanishaden niedergeschrieben wurden.

Einst wurde ein junger Brahmane von seinem zornigen Vater ins Jenseits gesandt. Er war der erste Mensch, der das Reich des Totengottes Jama besuchte. Der Totengott war ein vielbeschäftigter Mann und beachtete den Brahmanen einstweilen nicht. Später erkannte er seine grobe Unhöflichkeit und gewährte dem Brahmanen als Ausgleich drei Wünsche. Als der junge Mann dann den dritten Wunsch nennen sollte, bat er Jama, ihm das Geheimnis des Todes zu enthüllen. Jama antwortete, daß der Tod nur ein Trugbild ist, das in die Welt kam, weil die Menschen ihre Kenntnisse von der Unsterblichkeit ihrer Seelen vergessen haben. Sie wissen nicht mehr, daß die Seele nicht mit dem Körper stirbt. Jama erklärte dem jungen Brahmanen, daß sich der Tod überwinden läßt, wenn es gelingt, das eigene Selbst zu überwinden und zu transzendieren.

»Daran arbeitest du«, sagte Thomas. Es war keine Frage, eher eine Feststellung.

»Auf die eine oder andere Weise«, antwortete Maria ein wenig unbestimmt. »Aber ihr arbeitet doch auch daran. Sonst wärt ihr mit Sicherheit nicht hier.«

Das überraschte uns dann doch ein wenig.

Im Verlauf des weiteren Gespräches stellte sich heraus, daß Maria, die aus einer streng katholischen Familie »im tiefsten Oberbayern« kam, ziemliche Probleme mit der christlichen Lehre und noch mehr mit deren Moralvorstellungen hatte. Noch nicht einmal 20 Jahre alt entschloß sie sich, ihren eigenen Weg zu suchen, der neben einem Studium der Philosophie auch eine Ausbildung zur Yogalehrerin beinhaltete. In Chidambaram, einer Stadt in Südindien, hatte sie schließlich ihren Meister gefunden, der sie in Kundalini-Yoga ausbildete. Zu diesem Mann war sie nun wieder unterwegs, so wie jedesmal, wenn das Philosophiestudium ihr dazu Zeit ließ.

»Gehört es auch zum Yoga, sich in 20 Meter Höhe über dem Erdboden wie eine Lotusblüte im Nachtwind zu wiegen?« scherzte Thomas.

»Ich habe bevor ihr kamt, über dasselbe Thema meditiert, das wir jetzt besprochen haben«, antwortet Maria. »Die Angst vor dem Tod und die Überwindung des Todes. Manchmal klappt das schon ganz gut. Ich hatte früher mal eine schreckliche Höhenangst und jetzt sitz ich manchmal stundenlang an einem Abgrund oder eben auf der Brüstung hier. Die Angst ist völlig verschwunden.« Maria streckte sich und gähnte. »Aber jetzt geh ich ins Bett und ich würde Euch raten, dasselbe zu tun. Mein Meister sagt immer, daß wir aus dem Westen sowieso ungesund leben. Er meint, nur wer mit dem Sonnenuntergang zu Bett geht und mit dem Sonnenaufgang aufsteht, lebt im Einklang mit der Natur. Ein solcher Mensch, heißt es, wird niemals erkranken.«

Von diesen Erkenntnissen des Yoga waren wir wirklich noch meilenweit entfernt, doch konnte es wirklich nichts schaden, Marias Rat zu befolgen.

Am nächsten Morgen waren wir schon zeitig auf den Beinen, denn der Hotelmanager hatte uns erklärt, daß die Fahrt zur Palmblattbibliothek im Stadtteil East Tambaram mit dem Scooter eine Stunde und länger dauern könnte. Zu unserem Termin in der Schicksalsbibliothek wollten wir uns jedoch auf keinen Fall verspäten.

Nachdem sich unser Fahrer mit seinem Scooter todesmutig durch das morgendliche Gewühl im labyrinthischen Straßendschungel von Madras gekämpft hatten, erreichten wir nach zahlreichen Stops und noch mehr Fragen nach dem Weg, die mit größter Zuverlässigkeit natürlich falsch beantwortet wurden, da die Befragten den Weg ebenso wenig kannten wie unser wagemutiger Scooterpilot, wie durch ein kleines Wunder gegen 9 Uhr dennoch die idyllisch und weitab vom üblichen Straßenlärm gelegene Palmblattbibliothek Sri Ramanis.

Eigentlich ist seine Bibliothek zugleich auch ein kleiner Ashram, bestehend aus mehreren Wohn- und Wirtschaftsgebäuden sowie einer mit Palmstroh gedeckten, hellen und luftigen Empfangshalle, in der auch während der größten Mittagshitze aufgrund der traditionellen und dem Klima angepaßten Bauweise immer eine angenehme Kühle herrscht. Besonders aber fiel uns die recht große Baustelle in der Nähe von Sri Ramanis Ashram auf. Wir erfuhren später, daß er dort für seine immer zahlreicher werdende Anhängerschaft mit beachtlichem Aufwand ein modernes Gästehaus errichten ließ, das zwischenzeitlich fertiggestellt worden ist. Wer es wünscht, kann inzwischen gegen einen kleinen Obolus seine Zeit in Madras in unmittelbarer Nähe Sri Ramanis und der Palmblattbibliothek verbringen. Wir waren die einzigen anwesenden Ausländer inmitten zahlreicher Inder, die in Sri Ramanis Palmblattbibliothek offenbar ebenfalls den Rat oder zumindest den Segen des Rishis zu erhalten hofften. Uns erwartete bereits am Eingang der Bibliothek ein dienstbarer Geist. Er bat uns zunächst, die Schuhe auszuziehen. In jedem traditionellen indischen Haushalt und selbstverständlich in jedem Tempel oder an heiligen Plätzen bleiben die Schuhe vor der Schwelle zurück. Sie werden als unrein angesehen und sind buchstäblich »das Unterste«. Wirft der unzufriedene europäische Zuschauer eines mißratenen Theaterstückes mit faulen Tomaten, so schleudert der Inder seine abgetragenen Latschen. Aus diesen Gründen hockt man sich im Indien auch traditionell im Schneidersitz nieder. Dann zeigen nämlich die Fußsohlen auf niemanden und insbesondere nicht auf den Hausaltar oder andere heilige Plätze, denn diese würden dadurch entweiht.

Eingedenk dieser für einen Europäer komplizierten Verhaltensmaßregeln waren wir froh, zunächst im Vorraum der eigentlichen Empfangshalle auf den mit Teppichen und Bambusmatten ausgelegten Vorraum Platz nehmen zu dürfen, um ein wenig die ungewohnte Sitzhaltung zu üben. Unsere umfangreiche Ausrüstung – Fotoapparate, diverse Objektive und Zusatzteile, Diktiergeräte, Kassetten und Akkus – erleichterte diese Übung nicht gerade. Doch von unserem Sitzplatz aus hatten wir sehr gute Sicht auf das Geschehen um den Palmblattleser.

Der Raum war über und über mit Statuen und Bildern hinduistischer Gottheiten und der Rishis geschmückt. Die Statuen versanken buchstäblich in einem Meer aus Blüten, das sie bedeckte. Diese Blumen und zahlreiche brennende Räucherstäbchen verbreiteten überaus angenehme Düfte. Wir waren eingetreten in eine Oase der Stille und des Friedens inmitten des hektischen indischen Alltags – anders läßt nicht ausdrücken, was wir damals empfanden. Hier gingen die Uhren anders. Die Zeit der Menschen spielte in diesen Räumen keine Rolle.

An der Stirnseite des Raumes saß neben den blütenbekränzten Bildern eines Rishis und seiner Gefährtin – später sollten wir erfahren, daß das Gemälde Sri Kaka Bujanda

Maharishi zeigte, den Schöpfer der Palmblattbibliothek von Madras – ein Mann in den mittleren Jahren, gehüllt in einen safrangelben Dhoti – das traditionelle indische Wickelgewand – auf einem Tigerfell.

Das mußte Sri Ramani sein. Er war für indische Verhältnisse ungewöhnlich groß und kräftig gebaut – ebenso wie seine helle Haut ein untrügliches Zeichen dafür, daß Sri Ramani wie seine Ahnen dem Brahmanenstand entstammte. Er trug eine Brille und hatte sein schon etwas schütter werdendes Haupthaar straff nach hinten gekämmt. Auf seiner Stirn waren mit weißer Asche drei Querstreifen gezogen. Diese Zeichen symbolisieren die Dreiheit der Gottheit Shiva und stehen für deren asketisches Streben nach dem Auslöschen der drei Unreinheiten – Selbstsucht, eigennütziges Handeln und Maya, die Täuschungen der materiellen Welt.

Mit den Segnungen dieser materiellen Welt schien Sri Ramani jedoch ebenso gut umgehen zu können. Neben ihm am Boden lag ein modernes Funktelefon, von dem er ab und an Gebrauch machte.

Als wir ankamen, hielt Sri Ramani gerade eine Puja – eine zeremonielle Anbetung der Rishis – mit seinen Anhängern ab. Er sang mit lauter, wohltönender Stimme die Bhajans, die religiösen Hymnen aus den alten Schriften. Danach verteilte er an die Anwesenden Früchte und Süßigkeiten, die auf einem Altar vor den Abbildern Kaka Bujanda Maharishis, Shivas und Parvatis gelegen hatten. Solche Gaben werden als Prasad bezeichnet, das sind Speisen, von denen symbolisch die Gottheit gekostet hat und die dadurch geheiligt wurden. Sie gelten als die Reste des Males der Gottheit, und werden nach Abschluß der Zeremonie an die Gläubigen verteilt – und manchmal, so wie im Venkateshewara-Tempel von Tirumala – werden diese Speisen auch verkauft.

Auch Vibuthi, heilige Asche, die aus dem Opferfeuer entsteht, gab Sri Ramani seinen Anhängern mit, wohl als Mittel gegen Krankheiten und als Elixier zur inneren Wandlung.

Danach verließen die meisten Anwesenden den Raum unter allen Anzeichen der höchsten Ehrerbietung. Für diese Menschen war Sri Ramani nicht nur der Hüter des Palmblattorakels, sondern auch ihr Guru, ein spiritueller Lehrer, der sie auf ihrem eigenen geistigen Entwicklungsweg anleitete und begleitete. Inzwischen erfuhren wir, daß der Meister aus Madras auch in Europa, vor allem in Deutschland Österreich und der Schweiz eine recht beachtliche Anzahl von Anhängern hat.

Die Zeremonie hatte mindestens eine halbe Stunde gedauert. Dann bat uns Sri Ramani zu sich heran. Wir verbeugten uns und nahmen zu seinen Füßen auf einem kleinen Teppich Platz. Dann schilderten wir unser Anliegen und tappten auch sofort in ein Fettnäpfchen. Eines nämlich glaubten wir während unseres Aufenthaltes hier in Indien gelernt zu haben – bevor man sich auf ein Geschäft einläßt, muß der Preis ausgehandelt werden. So fragten wir auch ohne Umschweife, wieviel die Zeremonie des Nadi-Readings pro Person kosten sollte. Sri Ramani machte den Eindruck, als habe er auf eine faule Chilli-Schote gebissen und wir merkten, daß unsere wohlfeil zurechtgelegten Maßstäbe bei diesem Mann absolut nicht paßten. Fast beleidigt wehrte Sri Ramani diese Frage ab und erklärte uns, daß er die Reading als heilige Aufgabe sieht.

»Verstehen sie, ich nehme dafür kein Geld. Wenn sie etwas geben möchten, dann ist das ihre Entscheidung. Das Geld wird auf jeden Fall denen zukommen, die es brauchen. Den armen Leuten da draußen in Tambaram. Glauben sie mir, davon gibt es hier mehr als genug«, sagte er mit einem traurigen Lächeln.

Doch trotz unseres kleinen Ausrutschers war Mr. Ramani sehr freundlich und schob uns ein Stück Papier hin, auf dem wir zunächst unsere Namen und Geburtsdaten notieren sollten. Das Orakelhafte der Zeremonie begann dann aber spätestens in dem Augenblick, als jeder von uns beiden neun polierte Muscheln gleich einem Würfelspiel über einem Mandala werfen mußte, daß in einen kleinen Teppich gestickt war. Danach sucht der Nadi-Reader die im Zentrum des Mandalas liegenden Muscheln heraus. Ihre Zahl, verbunden mit dem bereits genannten Daten, bildete offensichtlich die Information für das Auffinden des persönlichen Palmblattes unter Tausenden von Palmblattmanuskripten, die in Bündeln von mehreren hundert Palmblättern jeweils zwischen zwei schmalen, lackierten Holzbrettchen auf Kordeln aufgefädelt waren. In einem kleinen Schrein neben Sri

Die Autoren vor der Palmblattbibliothek von Sri Ramani im August 1993.

Innenaufnahme der Palmblattbibliothek.

Sri Ramani Guruji – der Palmblattleser aus Madras.

Ramanis Platz lagen mindestens ein halbes hundert dieser Palmblattbündel.

»In diesen Manuskripten sind die Palmblätter für all jene Menschen enthalten, die heute zu einem Nadi-Reading kommen. Jeden Morgen bringe ich aus der Bibliothek die Manuskripte für den neuen Tag hierher. Manchmal sind es nur einige wenige Palmblattbündel, manchmal so viele wie heute«, erklärte Sri Ramani.

Er schaffte es tatsächlich in wenigen Minuten, jene beiden Palmblattbündel aus der großen Anzahl der Manuskripte auszusortieren, die unsere persönlichen Palmblätter enthalten sollten. Bei beiden Palmblattbündeln löste Sri Ramani bedächtig die Kordeln, fächerte die Palmblätter auf und begann darin zu blättern, ganz so, wie wir in einem Buch oder dem umfangreichen Katalog einer Bibliothek blättern würden.

Schließlich schnalzte er überrascht mit der Zunge und nickte dann befriedigt.

»Ich hab ihre Palmblätter gefunden«, sagte Sri Ramani. »Eine sehr interessante Information, auch für mich.« Er wiegte bedeutungsvoll den Kopf.

Thomas hielt sein Diktiergerät hoch.

»Dürfen wir das Reading mitschneiden?«

»Ich mache ihnen einen anderen Vorschlag«, antwortete Sri Ramani. »Ich werde die alten Texte gleich schriftlich ins Englische übersetzen, da ich mich dabei besser auf die korrekte Interpretation der einzelnen Begriffe und Kalenderdaten konzentrieren kann. Die Übersetzung wird in zwei Abschnitten geschehen. Zunächst übersetze ich ihnen die Textabschnitte, die den Lebensabschnitt von ihrer Geburt bis zum heutige Tag betreffen und anschließend werde ich ihnen all das notieren, was Sri Kaka Bujanda Maharishi zu ihrer Zukunft bis zum Tag ihres Todes gesagt hat. Bei manchen Aussagen kann es aber so sein, daß sie sowohl ihre Vergangenheit als auch ihre Zukunft betreffen. Haben sie bitte ein wenig Geduld. Die Übersetzung wird mindestens eine halbe Stunde dauern, vielleicht auch länger. Bleiben sie ruhig hier sitzen«, bat er uns, als wir uns entfernen wollten. »Sie können mir zuschauen oder meditieren oder sich einfach umsehen.«

In den nächsten beiden Stunden schien Sri Ramani vergessen zu haben, daß es uns überhaupt gab. Er konzentrierte sich vollkommen auf die Palmblatt-Texte und beschrieb mit seinen klaren, energischen und sicheren Schriftzügen ein Blatt Papier um das andere. Sein Stift schien nur so über das Papier zu fliegen. Ab und an wurde Sri Ramani über sein Handy angerufen. Doch auch während er die Anrufer kurz abfertigte – es klang jedesmal so, als sollten sie es eben ein paar Stunden später nochmals versuchen – unterbrach er die Übersetzung nicht. Es war faszinierend, den Palmblattleser gleichzeitig ein Telefonat führen zu sehen, während sein Schreibstift mit unverminderter Geschwindigkeit über das Papier flitzte. Selbst wenn er uns die fertig beschriebenen Bögen reichte, geschah das in einer Art distanzierter Abwesenheit, ganz so als hätten wir eigentlich nichts mit dem zu tun, was hier vor unseren Augen geschah.

Nur einmal, als er Thomas die ersten beschriebenen Blätter überreichte, fragte er kurz: »Können sie es lesen?«

Thomas nickte, denn seine Schrift war wirklich problemlos zu verstehen.

»Dann lesen sie. Das ist der Lebensabschnitt vor ihrer Geburt bis zum heutigen Tag.«

Thomas vertiefte sich in die Übersetzung des Textes seines Palmblattmanuskriptes. Diese Übersetzung ist im Nachfolgenden kursiv wiedergegeben. Die Anmerkungen zu den einzelnen im Text des Palmblattes geschilderten Fakten sind in Klammern gesetzt. In bezug auf die kalendarischen Daten gibt es einen Unterschied, der recht oft zu nicht unerheblichen Mißverständnissen führt. Wenn ein Europäer sagt, er sei dreißig Jahre alt, so bedeutet dies, daß er den dreißigsten Geburtstag schon hinter sich hat und sich im einunddreißigsten Lebensjahr befindet. Wenn ein Inder hingegen behauptet, er sei im dreißigsten Lebensjahr, so bedeutet dies, daß er nach europäischem Verständnis erst 29 Jahre alt ist, da in Indien immer das Lebensjahr angegeben wird, in dem sich die betreffende Person gerade befindet.

Dieses Palmblatt sagt, daß du dich zur Zeit in deinem 26. Lebensjahr befindest. Du bist geboren worden am 30. Juni des Jahres 1968, nach westlicher Zeitrechnung und erhältst diese

Information am 14. August 1993 nach westlicher Zeitrechnung. Dein Name ist Thomas und du stehst unter dem Schutz Kaka Bujanda Maharishis, der dir hiermit seinen allumfassenden Segen erteilt.
In deiner letzten Inkarnation hast du zahlreichen Menschen geholfen und große Werke an anderen getan. Diese Aufgabe wirst du in der jetzigen Inkarnation weiterführen und vollenden.
(Möglich, aber nicht beweisbar.)
In diesem Leben bist du in der Nähe einer Stadt geboren worden, der im letzten großen Krieg in Europa großes Unrecht geschah und die fast völlig zerstört wurde durch Feuer, das vom Himmel fiel. Die Stadt wurde 23 Jahre vor deiner Geburt vernichtet. Sie ist heute wieder aufgebaut, wird jedoch niemals wieder so sein wie vor jener Nacht, in der das Feuer vom Himmel von ihren Feinden auf sie geworfen wurde.
(Thomas wurde im Jahr 1968 in Freital bei Dresden geboren. In der Nacht des 13. Februar 1945 sank Dresden bei einem von alliierten Bomberverbänden geflogenen Terrorangriff in Schutt und Asche. Der Wiederaufbau in den darauffolgenden Jahren veränderte das Gesicht der Stadt vollkommen. Das »alte Dresden« ist heute nur noch auf Fotografien lebendig.)
Die Mutter deiner Mutter sah aus der Entfernung den Himmel über dieser Stadt leuchten, als das vernichtende Feuer die Stadt verzehrte.
(In der Tat erlebte Alma Ritter, Thomas' Großmutter mütterlicherseits, als junge Frau den Angriff im Jahr 1945 auf Dresden von ihrem nur elf Kilometer entfernten Wohnort Possendorf aus mit.)
Der Vater deiner Mutter war zu dieser Zeit in großer Gefahr für sein Leben. Nur sein gutes Karma bewahrte ihn vor einem Tod im Feuer.
(Wie das mit dem Karma war, entzog sich unserer Beurteilung. Tatsache ist, daß Alfred Ritter, Unteroffizier der deutschen Wehrmacht, während des Rückzuges an der Ostfront schwer verwundet und gehunfähig, zur damaligen Zeit im Lazarett in Dresden lag. Nur wenige Stunden vor dem alliierten Bomberangriff wurde er wegen Überlastung des Krankenhauses in Dresden in ein anderes Lazarett nach Altenberg verlegt. Nur dieser

Umstand rettete ihm in seinem damaligen Zustand das Leben, denn das Dresdner Lazarett wurde bereits während des ersten Angriffs vollkommen zerstört.)

Deine eigene Geburt ist von einem Geheimnis umgeben. Deine Mutter war nie verheiratet. So bist du in einer Familie ohne Vater aufgewachsen. Du kennst Deinen Vater nicht. Drei Wochen vor der Reise nach Indien bist du zum ersten mal dem Mann begegnet, der als dein Vater gilt. Dieser Mann wird die irdische Welt verlassen, wenn du 26 Jahre und fünf Monate alt sein wirst, im November des Jahres 1994 nach dem westlichen Kalender.

(Diese Aussagen trafen vollkommen zu. Man beachte die Angabe, daß die kalendarischen Daten in den derzeit gültigen gregorianischen Kalender umgerechnet wurden.)

Du bist in der Nähe deines Geburtsortes zur Schule gegangen, und zwar in dem Ort, in dem Deine Mutter lebt. Deine Familie hat dort seit zwei Generationen ein Haus.

(Thomas ging zehn Jahre in Possendorf zur Schule. Die Familie besitzt dort im Ortsteil Rundteil ein Grundstück mit einem eigenen Haus, das im Jahr 1938 von Alfred Ritter erworben wurde.)

Die Mutter deiner Mutter verließ die irdische Welt, als du 16 Jahre und sechs Monate alt warst. Dies geschah im Monat Dezember 1984 nach dem westlichen Kalender.

(Alma Ritter verstarb am 12.12.1984.)

Die Mutter deiner Mutter und ihr Mann sind Seelenpartner. Sie wird auf ihn warten, bis auch er die Welt der Materie verläßt. Dies wird geschehen fast 12 Jahre nachdem die Mutter deiner Mutter ihre irdische Hülle abgestreift hat, wenn Du 28 Jahre und vier Monate alt sein wirst, im Monat Oktober des Jahres 1996 nach eurem westlichen Kalender. Du wirst von deinem Großvater Abschied nehmen, doch du wirst nicht bei ihm sein, wenn er seinen Körper verläßt. Du wirst zu dieser Zeit in einem anderen Land weilen, westlich von deiner Heimat, einer Gegend zwischen Bergen und dem Meer, die dir viel bedeutet.

(Alfred Ritter starb in der dritten Oktoberwoche des Jahres 1996. Zu dieser Zeit begleitete Thomas eine Reisegruppe in den Süden Frankreichs, das Land der Katharer, dem er sich geistig so sehr verbunden fühlt. Sein Großvater war zuvor wegen seines

Gesundheitszustandes bereits in ein Krankenhaus eingeliefert worden und Thomas hatte sich von ihm eingedenk der Aussagen des Palmblattes verabschiedet.)

Deine Mutter hat zwei Ausbildungen, eine Ausbildung im technischen Bereich und eine Ausbildung, die mit Finanzen zu tun hat. Deine Mutter ist während eines großen Teiles ihres Arbeitslebens im Bereich der Planung und Organisation, aber auch beratend tätig gewesen und hatte dabei stets auch mit der Öffentlichkeit Kontakt. Sie hat hart gearbeitet und es in ihrem Beruf sehr weit gebracht. Sie wird aber nicht mehr allzu lange in diesem Unternehmen arbeiten. Noch bevor der Vater deiner Mutter diese Welt verläßt, wird sich für deine Mutter eine gute Gelegenheit bieten, ihren Beruf aufzugeben. Nach dem Tod ihres Vaters wird sie allein in ihrem Haus leben. Sie ist ein Leben lang für ihre Eltern und für dich dagewesen, so daß sie diese Zeit nunmehr für sich braucht. Dennoch werdet ihr auch künftig eine gute und enge Beziehung zueinander haben. Deine Mutter wird durch deine Hilfe einen spirituellen Weg für sich entdecken, und Erkenntnis der Wahrheit des Lebens hinter dem Maya durch ein Leben im Einklang mit der Natur erlangen.

(Thomas' Mutter – Ursula Ritter – absolvierte eine Lehre als Bankkauffrau und später ein Fernstudium der Energiewirtschaft. In den sechziger Jahren wechselte sie aus ihrem Dienst bei der Deutschen Notenbank zum Energiekombinat Dresden. In diesem Unternehmen arbeitete sie mehr als fünfzehn Jahre als Assistentin der Unternehmensleitung und bekleidete danach eine Position im Bereich der Öffentlichkeitsarbeit. Im Zuge der deutschen Vereinigung kam es zu einschneidenden Umstrukturierungen im Bereich des Unternehmens, die nicht ihre uneingeschränkte Zustimmung fanden. Im Jahr 1995 bot sich für sie eine vorteilhafte Gelegenheit, die Firma zu verlassen. Seitdem widmet sie sich mit großer Begeisterung ihrem Gartengrundstück, holt lange versäumte Reisen nach und hat durch gute Bücher einen eigenen Draht zur geistigen Welt gefunden.)

Du selbst hast eine höhere Schule in deinem Geburtsort besucht, um die Berechtigung für ein Studium zu erlangen. Zugleich erlerntest du in einem Betrieb einen Beruf. Dieser Beruf hat mit der Formung von Eisen und Stahl zu tun. Es ist ein schwerer Beruf, in dem Du nur kurze Zeit gearbeitet hast. Dieser Abschnitt deines Lebens dauerte von deinem 17. bis zu deinem 20. Lebensjahr.

(In den Jahren 1985 bis 1988 absolvierte Thomas eine Berufsausbildung mit Abitur im Edelstahlwerk Freital, einem Unternehmen in seinem Geburtsort. Er erlernte den Beruf eines Walzwerkers und legte zugleich sein Abitur ab, um Hochschulreife zu erlangen.)

In der Zeit von deinem 20. bis zu deinem 23. Lebensjahr dientest du in der Armee. Dort warst du in einer Abteilung tätig, die für den Schutz und die Übermittlung geheimer Nachrichten zuständig war. Diese besondere Tätigkeit war nur wenigen Soldaten vorbehalten und für dich sehr interessant. Du hast dort eine gute Karriere gemacht. Du warst in deiner Heimat eingesetzt.

(Thomas wurde am 1. September 1988 zum Wehrdienst in die NVA einberufen. Er diente im Chiffrierdienst, einer zahlenmäßig kleinen Geheimabteilung, die der militärischen Abwehr unterstellt war. Thomas wurde innerhalb von nur eineinhalb Jahren vom Rekruten bis zum Feldwebel befördert und war ausschließlich an den Standorten Freital und Dresden eingesetzt.)

In die Zeit deines Militärdienstes fielen zwei große Veränderungen in deinem Leben. Die erste Veränderung betraf deine Heimat. Obwohl du nicht umgezogen bist, lebtest du auf einmal in einem anderen Land. In diesem Land wurde noch dieselbe Sprache gesprochen, wie in dem Land in dem du geboren wurdest, denn es war, als wenn zwei Teile eines Ganzen wieder zusammengefügt worden sind. Dies geschah in deinem 23. Lebensjahr, im Jahr 1990 nach der westlichen Zeitrechnung. Dieses neue Land hatte jedoch vollkommen andere Gesetze als jenes, in dem du bis dahin aufgewachsen warst, so daß mit einem Mal alles falsch schien, was du gelernt hattest und glaubtest. Das war auch der Grund, warum du die Armee verlassen hast, um zu studieren. Doch diese Erschütterung war notwendig für den Beginn deines spirituellen Erwachens.

(Anders läßt sich die sogenannte »Wieder«-Vereinigung Deutschlands mit all ihren Verwirrungen, Wünschen, Hoffnungen und Ängsten wohl nicht beschreiben.)

Die zweite Veränderung betraf dein persönliches Leben. In deinem 21. Lebensjahr lerntest Du jenes Mädchen kennen, das am heutigen Tag mit dir in diese Palmblattbibliothek gekommen ist. Nach dem westlichen Kalender war das im zweiten Monat des Jahres 1989. Ihr Name ist Annett und sie stammt aus einer guten, angesehenen Familie. Es ist deine erste und einzige feste Beziehung in diesem Leben. Ihr habt euch mit eurer Liebe viel Zeit gelassen, euch kennenzulernen und zu erproben. Zur Zeit lebt ihr noch bei euren Eltern und erst in deinem 28. Lebensjahr werdet ihr einen gemeinsamen Hausstand gründen.

(Wir lernten uns am 15. Februar 1989 kennen und bezogen unsere erste gemeinsame Wohnung im September 1995.)

Auf den Tag genau zwei Jahre, nachdem ihr euch kennenlerntet, habt ihr euch nach einem Brauch eures Landes die Hochzeit und ein gemeinsames Eheleben versprochen. Dieses Versprechen wurde nicht an eurem Wohnort sondern auf einer Reise in einer großen Stadt südlich eures Landes gegeben. Diese Stadt ist die berühmte Hauptstadt eines Staates, in dem eine Sprache gleich der euren gesprochen wird und der während der Zeit des letzten großen Krieges in Europa zu eurem Land gehörte. Es heißt, das diese Stadt an einem großen Fluß liegt. Ihr habt euch euer Versprechen in einem berühmten Hotel dieser Stadt gegeben.

(Unsere Verlobung fand am 15. Februar 1991 im Traditionshotel »Sacher« in Wien statt.)

Dieses Versprechen werdet ihr aber erst 5 Jahre später einlösen. Das Versprechen wird eingelöst weit südlich eurer Heimat auf dem Meer. Eure Eltern und eure Freunde werden Zeugen sein, das ihr euer Versprechen haltet. Für euch beide wird es die einzige Hochzeit in diesem Leben sein.

(Wir haben am 22. September 1996 an Bord eines Segelschiffes vor der türkischen Küste geheiratet. Auf diesem Schiff durften wir gemeinsam mit unseren Familien und unseren Freunden eine unvergeßliche Woche und eine wirkliche »Traumhochzeit« erleben).

Einen Monat, nachdem ihr euch das Versprechen der Ehe gegeben hattet, hast du ein Studium an einer Universität in deiner Heimat begonnen. Du hast die Gesetze des Landes studiert, in dem Du jetzt lebst und machst das auch zur Zeit noch.

(Im März 1991 hatte Thomas begonnen, an der Technischen Universität Dresden Rechtswissenschaft zu studieren.)

Je mehr du dich mit dem Studium der Gesetze und ihrer Anwendung beschäftigt hast, desto klarer erkanntest du, daß dies nicht deine wirkliche Aufgabe sein kann. Du bist der Überzeugung, daß Gesetze klar, einfach und gerecht sein müssen. Du hast jedoch beim Studium dieser Gesetze bemerkt, daß sie unklar und mehrdeutig sind, daß sie Verwirrung stiften auch bei denen, die sie anwenden sollen und so die Gerechtigkeit verdunkelt wird. Deshalb wirst du das Studium auch beenden, ohne die Laufbahn eines Gesetzeskundigen einzuschlagen. Diese Erfahrung war für dich dennoch wichtig, da sie deinen Verstand schärfte und dir das Maya der materiellen Welt vor Augen führte. Du wirst noch ein anderes Studium aufnehmen, in dem du dich mit Ereignissen aus der Vergangenheit beschäftigst, da dich dies sehr interessiert. Dieses Studium ist für dich eine weitere Art, das Maya zu durchdringen und die wirklichen Zusammenhänge hinter dem Schleier der Materie zu erkennen.

(Besser hätte auch Thomas die Gründe für sein sich mehrendes Unbehagen diesem Studiengang gegenüber nicht ausdrükken können, den er 1996 mit einem Fachrichtungswechsel beendete. Seitdem studiert Thomas Geschichte, betrachtet das Studium jedoch nicht als Selbstzweck, sondern als nützliche Informationsquelle.)

Du hast jedoch andere Talente und Fähigkeiten, die du entwickeln mußt, um deine Bestimmung zu finden und ihr gerecht zu werden. Seit deinem 10. Lebensjahr bist du viel gereist. Du bist gern unterwegs und auf Reisen, weil du dabei andere Menschen und Kulturen kennenlernst, die dein Leben bereichern.

(Thomas reiste bereits seit seiner Kindheit, soweit es die Grenzen des »Eisernen Vorhanges« erlaubten).

Seit Deinem 23. Lebensjahr bist du oft gemeinsam mit dem Mädchen auf Reisen, mit dem du auch an diesem Tag in diese Palmblattbibliothek gekommen bist. Eure erste gemeinsame Reise führte euch in ein Land im Südosten Europas, in dem viele verschiedene kleine Völker gemeinsam leben. Zwischen diesen Völkern hat es Streit gegeben. Dort herrscht jetzt Krieg. Dieser Zustand wird noch Jahre andauern.

(Wir reisten in der Tat oft gemeinsam seit 1990 und unsere erste Reise hatte uns nach Jugoslawien am Vorabend des Balkankrieges geführt.)

Schon vor dieser Reise hast du dich mit dem Schreiben beschäftigt. Nach der Reise hast du ein kleines Buch geschrieben, das sich mit dem Zweck der Reise beschäftigt. Du hast über ein weibliches Wesen geschrieben, das in der Religion des Westens eine bedeutende Rolle spielt. Doch deine Ansichten, die du dazu aufgeschrieben hast, sind sehr ungewöhnlich. Sie kommen aber in vielen Dingen der Wirklichkeit nahe. Ein Mann, der dir ein Freund ist, hat dieses Buch gedruckt. Du hast schon vorher mit ihm in ähnlichen Dingen zusammengearbeitet.

(Thomas Ritter veröffentlichte im Jahr 1992 sein Buch »Das Rätsel der Marienerscheinungen« im CTT-Verlag, Suhl, nachdem er bereits für die zur damaligen Zeit ebenfalls in diesem Verlag erscheinenden Zeitschriften CHEOPS und SETI geschrieben hatte. In dem Buch wird die These aufgestellt, daß die sogenannten Marienerscheinungen Manipulationen einer fremden Intelligenz darstellen könnten. Mit seinem Verleger Thomas Mehner verbindet Thomas eine langjährige Freundschaft.)

Du bist nach Indien gekommen, weil du auch über die Palmblattbibliotheken schreiben willst. Diese Reise wird dein Leben verändern und dein spirituelles Erwachen beschleunigen.

Sri Ramani blickte kurz auf und fragte: »Trifft zu, was das Palmblatt über ihre Vergangenheit aussagt?«

Thomas nickte, sprachlos vor Verwunderung.

Sri Ramani reichte ihm lächelnd weitere, eng beschriebene Bögen.

»Dann lesen sie jetzt bitte das.«

Du willst ein Buch über die Palmblattbibliotheken schreiben. Dies wird geschehen, doch du wirst bis zu deinem 30. Lebensjahr brauchen, um das Buch zu vollenden. Dies ist darin begründet, daß du noch zahlreiche Erfahrungen sammeln mußt, bist du wirklich bereit bist, das Buch zu schreiben. Du wirst es auch nicht allein schreiben, sondern gemeinsam mit deiner Partnerin, die heute mit dir hier ist. Ihr kennt euch bereits aus vielen Leben und dies wird eine weitere gemeinsame Aufgabe sein. Zunächst aber werdet ihr nach der Rückkehr von dieser Reise einen Artikel für eine Zeitschrift schreiben, die sich mit spiritueller Weisheit befaßt.

(Unser Reisebericht erschien in der Zeitschrift »esotera«, Heft 9/94.)

Nach der Rückkehr von dieser Reise beginnt eine Zeit der Wandlungen in deinem Leben.

Zunächst wirst Du einige Wochen nach der Rückkehr in deine Heimat körperlich in einen Zustand geraten, der dich wissen lassen wird, daß du nicht alle Dinge allein regeln kannst, sondern es von Zeit zu Zeit auch zulassen mußt, daß andere Menschen dir helfen. Dieser Zustand wird nicht lang andauern und du wirst damit deiner Partnerin sehr helfen.

Da diese Angelegenheit uns beide betrifft, sei hier die entsprechende Passage aus Annetts Palmblatt zitiert:

Im Anschluß an diese Reise wird dein Partner körperlich in eine Situation geraten, in der er die Hilfe von Ärzten in Anspruch nehmen muß. Die einzige jedoch, die ihn heilen kann, bist du, denn du bist in der Lage, ein Kanal für mächtige heilende Energien zu sein. Diese Situation wird es dir ermöglichen, dich an dieses heilige Wissen zu erinnern. Von dieser Zeit an wirst du wissen, daß es deine eigentliche Aufgabe ist, Menschen mit der Macht des Geistes und durch die Gabe deiner heilenden Hände zu helfen und ihre Leiden zu lindern.

(Im September 1993 mußte sich Thomas aufgrund merkwürdiger Symptome – einer außerordentlich starken, aber ansonsten schmerzlosen Lymphknotenschwellung am Hals – in ärztliche Behandlung begeben. Er wurde von seinem Hausarzt in ein Krankenhaus in Dresden überwiesen. Aufgrund des Indienaufenthaltes kam Thomas dort zur »Beobachtung« in Quarantäne und mußte sich darüber hinaus mehreren äußerst schmerzhaften Untersuchungen des Rachen- und Halsbereiches unterziehen. Natürlich trug diese Prozedur nicht zur Hebung seines allgemeinen Wohlbefindens bei. Als Annett ihn zur Besuchszeit in diesem Zustand sah, machte sie sich ernstlich Sorgen und fragte die behandelnde Ärztin nach den möglichen Ursachen der Krankheit. Diese wollte bei Thomas das »Pfeiffersche Drüsenfieber« – eine äußerst heimtückische und langwierige Krankheit – diagnostiziert haben, die vor allem dauerhaft innere Organe wie

Leber, Nieren oder sogar das Herz unheilbar zu schädigen imstande war. Annett fuhr nach Hause, von dieser Botschaft völlig niedergeschmettert. Am Abend und in der Nacht grübelte sie ununterbrochen darüber nach, auf welche Weise sie Thomas helfen könne. Und plötzlich wußte sie genau, was zu tun war. Annett hielt in ihrem Zimmer ein Ritual ab, das ihr vollkommen fremd und doch auf eine seltsame Weise vertraut war, wie die Erinnerung uraltes Wissen. Sie spürte, wie durch ihren Körper mächtige Energien wirkten, von denen sie bislang nichts gewußt, sondern allenfalls etwas Unbestimmtes geahnt hatte. Ein neuer Weg eröffnete sich mit ungestümer, lichter, heilender Kraft.

In dieser Nacht träumte Thomas ungewöhnlich klar. Er sah sich auf diesem Krankenbett in dem tristen Zimmer liegen, das urplötzlich von einem unglaublich hellen und zugleich unendlich warmen goldenen Licht erfüllt wurde. Dieses überaus angenehme Licht schien seinen Körper zu durchfluten und zu reinigen. Wie lange dieser Traum andauerte, ist unmöglich festzustellen. Am nächsten Morgen jedoch erwachte Thomas ausgeruht – und gesund. Die Symptome der seltsamen Erkrankung waren vollkommen verschwunden, ohne daß die behandelnden Ärzte die Ursache dieser spontanen Heilung hätten bestimmen können.

Dieses Erlebnis nach der vorangegangenen Indienreise wandelte letztlich vollkommen unser Lebensgefühl. Es rückte die materiellen Dinge wieder an den Platz, der ihnen zukam – und das ist gewiß nicht der bedeutendste in unserem Leben – und schaffte Freiraum, sich verstärkt mit geistigen, philosophischen und spirituellen Fragen zu beschäftigen.)

Du wirst auch über all das, was du erlebt hast, zu vielen anderen Menschen sprechen. Du wirst ihnen von Dir und deinen Reisen erzählen. Du wirst dies gemeinsam mit deiner Partnerin tun. Dies ist ein Teil Eures Lebensweges. Dadurch wirst du deine eigentliche Aufgabe in diesem Leben erkennen und lösen.

(Seit unserer ersten Rückkehr aus Indien haben wir zahlreiche Vorträge über diese und viele andere Reisen gehalten. Inzwischen sind es mehr als zwanzig Themen geworden, zu denen wir regelmäßig Vorträge und nunmehr auch Seminare und Workshops abhalten.)

Ab deinem 27. Lebensjahr, dem Jahr 1994 nach westlichem

Kalender, wirst du bewußt beginnen, an deinem neuen Lebensweg zu arbeiten und dabei sehr viel auf Reisen sein. Die Zeit bis dahin benötigst du, um dir über dich und deine Aufgaben Klarheit zu verschaffen. Von deinem 28. Lebensjahr an wirst du beginnen, andere Menschen auf Reisen zu begleiten und ihnen andere Länder zu zeigen, gleich einem Fremdenführer. In deinem 28. Lebensjahr wirst du erneut nach Indien zurückkehren, aber nicht an diesen Ort. Hierher wirst du erst einige Jahre später zurückkehren.

(Im Jahr 1994 führte uns eine Reise auf den Spuren der Katharer und Templer in den Süden Frankreichs. Das Weltbild der im 13. Jahrhundert ausgerotteten Sekte der Katharer hatte eine starke Ähnlichkeit mit östlichem Gedankengut, obgleich es völlig eigenständig im mittelalterlichen Südfrankreich entstanden war. Die spirituellen Ideen der Katharer üben insbesondere auf Thomas eine starke Anziehungskraft aus. Daraus wuchs die Idee, dieses Wissen auch anderen Menschen direkt zugänglich zu machen. So organisierten wir ab August 1995, zunächst im Freundes- und Bekanntenkreis, Reisen nach Indien und Südfrankreich. Tatsächlich aber besuchte Thomas die Palmblattbibliothek von Sri Ramani erst wieder im September 1997.)

In deinem 29. und 30. Lebensjahr wirst du gemeinsam mit dem Mädchen, mit dem du heute an diesem Ort bist, ein weiteres Buch schreiben. Es wird ein Buch über eure Arbeit und eure Ideen sein, das für euren weiteren Weg sehr wichtig sein wird. Dieses Buch werdet ihr veröffentlichen, zwei Monate, nachdem du wieder diesen Ort besucht hast.

(Im September 1997 war Thomas als Begleiter eines Einzelreisenden erneut bei Sri Ramani, im November dann erschien unser Buch »Grenzfälle« im CTT-Verlag. Diese Anthologie ist eine Zusammenfassung unserer bisherigen Forschungsarbeiten und in der Tat für uns von großer Bedeutung, da aus jedem der einzelnen Kapitel der Anthologie ein eigenständiges Buch entstehen soll, so wie dies vorliegend geschieht.)

Du wirst bis zu deinem 47. Lebensjahr in der Hauptsache mit dem Reisen und dem Schreiben von Büchern und Artikeln beschäftigt sein. Du wirst nicht nur über deine Reisen, sondern auch über Dinge aus der Geschichte schreiben, um den Menschen zu zeigen, daß sie ab und an auch einmal zurückschauen müssen, wenn sie wissen wollen, wohin ihr Weg sie führen wird. Du wirst auch über Dinge schreiben, die in deinem Land geschehen und wirst in deinen Büchern Vorstellungen von der Zukunft deines Landes entwerfen. Dies wird dir auch mächtige Gegner einbringen, denen du widerstehen mußt.

(Wie das mit den Gegnern aussieht, wissen wir noch nicht, doch Thomas schreibt auch weiterhin Artikel für grenzwissenschaftliche und historische Magazine wie die »Wissenschaft ohne Grenzen« oder die »ANNO DOMINI«. Er trägt sich jedoch auch mit der Absicht neben einem historischen Roman auch zeitkritische Schriften zu verfassen, die vor allem den Entwurf einer inhaltlich neu strukturierten Gesellschaftsordnung zum Inhalt haben werden.)

Du wirst in diesem Zeitraum mit vielen Menschen, die auf einer spirituellen Suche sind, zusammen sein und du wirst dadurch deine Aufgabe, die du aus deinem vorangegangenen Leben mitgebracht hast, vollenden. Du bist für diese Menschen wie ein Lehrer oder Prediger, der ihnen Gutes zu sagen hat. Auch du hast, wie das Mädchen, mit dem du heute an diesen Ort gekommen bist, die Möglichkeit, ein Kanal für heilende Energien zu sein. Deine wahre Kraft aber ist das Wort, durch das du andere heilen und ihnen helfen kannst.

(Durch unsere Reisen und die von uns bearbeiteten Themen ergeben sich tatsächlich eine Menge interessanter Kontakte zu ganz überwiegend geistig und spirituell orientierten Menschen, die, jeder für sich, auf ihrem ganz eigenen »Weg« sind. Thomas ist auf den Reisen und bei seinen Vorträgen stets bemüht, denen, die sich seiner Führung anvertraut haben, stets ein spiritueller Freund und Helfer auf einem Stück ihres Lebensweges zu sein.)

Nach deinem 47. Lebensjahr wirst du nicht mehr so oft wegen anderer reisen, du wirst es vielmehr wegen deiner Bücher und deiner eigenen Suche tun. Die Zeit der großen Reisen endet etwa in deinem 70. Lebensjahr. Du wirst bis dahin alle Kontinente dieser Welt bereist haben. Bis zum Ende deines Lebens wirst du an einem Buch über die Kunst des Lebens schreiben. Damit wirst du dein Wissen über diese und die anderen Welten denen weiter-

geben, die nach dir kommen. – Du wirst über achtzig Jahre alt werden und gemeinsam mit dem Mädchen, welches dich heute hierher begleitet hat, dieses Buch vollenden. Dann ist deine Aufgabe in diesem Leben erfüllt und du wirst zu dem Ursprung zurückkehren, der dich hierher sandte.

Die göttliche Gnade und der Segen Sri Kaka Bujanda Maharishis werden mit dir sein.
Om shanti.

Man mag sich ausmalen, wie beeindruckend diese überaus präzisen Aussagen wirkten.

In dem Zusammenhang soll aber auch nicht verschwiegen werden, daß die Texte dieses Palmblattes, insbesondere was die Prognosen für die Zukunft betrifft, gekürzt wiedergegeben worden sind. Die Autoren wollen sich – bei aller Objektivität – eine bestimmte Privatsphäre erhalten und weder sich selbst, noch ihre Familien oder bestimmte Ereignisse in der Zukunft, von denen sie Kenntnis erhielten, zum Gegenstand von Spekulationen machen.

So mag es genügen, daß laut Aussage des Palmblattes aus der – bestimmt nicht immer harmonischen – Beziehung zwischen Annett und Thomas auch Kinder hervorgehen werden und daß der Entwicklungsweg dieser Kinder ebenfalls geschildert wird. Außerdem wurde prophezeit, daß wir für eine längere Zeit im Ausland leben werden, was durchaus mit unseren Plänen übereinstimmt.

Aus den genannten Gründen – und natürlich auch, um den gesetzten Rahmen dieses Buches nicht zu sprengen – sollen im nachfolgenden nur die wichtigsten Abschnitte des Nadi-Redings für Annett wiedergegeben werden.

Annett erfuhr ebenso präzise Details aus ihrer Vergangenheit, wie dies bei Thomas der Fall war. Ihr Palmblatt sagte beispielsweise aus:

Du hast einen Bruder, der zehn Jahre älter ist als Du. Er hat das Elternhaus bereits früh verlassen und lebt jetzt in einer Stadt nördlich von deinem Geburtsort. Euer Kontakt ist dennoch gut.

(Der Bruder von Annett, zu dem sie eine gute Beziehung hat,

lebt in Cottbus, einer Stadt ca. 200 km nördlich von Annetts Geburtsort Freital. Beide haben trotz der Entfernung über all die Jahre eine gute Beziehung aufrecht erhalten.)

Bezüglich Annetts existentieller Lebenskrise zwischen ihrem 16. und 19. Lebensjahr erklärte das Palmblatt:

Schon seit deiner Kindheit warst du anders als die Menschen in deiner Umgebung. Du kanntest deine Vergangenheit nicht. Sie war dir nicht wichtig. Doch du bist mit besonderen Gaben gesegnet. Du kannst die Zukunft der Menschen und Dinge sehen. Als du diese Gabe erkanntest, machte sie dir Angst. Sei nicht traurig und besorgt, die Angst ist ein Teil deines spirituellen Erwachens. Die Zeit deines Erwachens begann in deinem 17. Lebensjahr, als du anfingst, dir deiner Gaben bewußt zu werden. Du wirst diese Gaben in der Zukunft nutzen, um anderen Menschen zu helfen, ihre Leiden zu heilen oder zu lindern.

Danach folgte jener bereits bekannte Abschnitt über den Zeitpunkt des Erinnerns an das »alte Wissen« und die Entdeckung ihrer Fähigkeiten als Geistheilerin, daß sie unter anderem dazu nutzte, um sich der von ihr als eher lästig empfundenen Brille durch spezielle Augenübungen zu entledigen.

Dazu sei noch bemerkt, daß Annett seit einigen Jahren ihre Gaben sehr erfolgreich nutzt, um kranken und von der klassischen Schulmedizin zum Teil bereits aufgegebenen Patienten zu helfen. Die Palette der von ihr mit Erfolg behandelten Krankheiten spannt sich von der – eigentlich banalen – chronischen Bronchitis über psychosomatische Leiden und Allergien bis hin zu so ernsten Erkrankungen wie Leukämie, Krebs oder multiple Sklerose. Nicht in allen Fällen ist eine Heilung möglich, stets jedoch eine erhebliche Minderung des Leidens. Fast überflüssig zu sagen, daß Annett auf ihrem Weg einem verständnisvollen Heilpraktiker begegnet ist, unter dessen fachkundiger Anleitung und Hilfe sie nun ganz legal auch im – ansonsten alternativen Heilverfahren eher distanziert gegenüberstehenden – Deutschland praktizieren darf.

Auch zu Annetts größtem damaligen Problem – den stets wiederkehrenden Todesängsten – fand sich in ihrem Palmblatt eine Erklärung.

Du trägst Dinge aus einem früheren Leben mit dir herum, die dich belasten. Du bist in diesem vergangenen Leben eines gewaltsamen Todes gestorben und ein Teil deines Selbst erinnert sich an diese Ereignisse. Diese Erinnerung ruft bei dir eine grundlose Angst vor dem Übergang in eine andere Welt hervor. In deinem 22. Lebensjahr, im Jahr 1994 nach dem westlichen Kalender, wirst du in deiner Heimat deine Meisterin treffen. Durch ihre Hilfe wird es dir gelingen, dich von diesen Todesängsten zu befreien. Du wirst deine Meisterin anläßlich deines Auftritts vor einer breiten Öffentlichkeit kennenlernen.

(Am 1. Juni 1994 wurden wir völlig überraschend zu einer bekannten Nachmittags-Talk-Show eines ebenso bekannten Kölner TV-Senders eingeladen, bei der es auch um unsere Erfahrungen mit den indischen Palmblattbibliotheken ging. Anläßlich dieses Ereignisses trafen wir zum ersten Mal Renate Winkler aus München – eine wirklich begnadete Heilerin und zugleich ein hervorragendes Medium. Wir waren uns auf den ersten Blick sympathisch und besonders Annett hatte Renate sofort ins Herz geschlossen. Durch eine einstündige energetische Behandlung gelang es ihr tatsächlich, Annett die drückende Angst vor dem Tode zu nehmen.)

Über Annetts weitere Zukunft hieß es unter anderem:

Du wirst ein Studium aufnehmen in deinem 22. Lebensjahr einer Stadt, die weit westlich von deinem Geburtsort liegt an der Grenze zu einem anderen Land, in dem eine andere Sprache gesprochen wird. Du wirst ein Jahr von dem Mann getrennt sein, den Du liebst und mit dem du heute an diesem Ort bist. Dann wirst du zurückkehren in deine Heimat und wirst dein eigenes Geschäft eröffnen. Dieses Geschäft hat mit Kommunikation, Darstellung, Organisation und Öffentlichkeit zu tun. Außerdem wird deine Berufung – das Heilen – dir zum Beruf werden. Viele Menschen, nicht nur aus deiner Heimat, werden zu dir kommen und deine Hilfe suchen. Dein Geschäft wirst du in deinem 26. Lebensjahr vergrößern und du wirst deinem Partner damit bei seinen Reisen zur Seite stehen. Ihr werdet oft gemeinsam reisen und auch über diese Reisen schreiben. Deine eigentliche Aufgabe aber ist es, anderen Menschen mit deinen Gaben zu helfen und ihre Leiden zu lindern. Fürchte nicht deine Kräfte und keine Widerstände. Die göttliche Kraft der Rishis, aus deren Gegenwart du gesandt wurdest, ist stets mit dir.

(Im Jahr 1994 begann Annett in Köln ein Studium der Regionalwissenschaften, spürte jedoch rasch, daß dies nur eine Sackgasse ihrer Entwicklung sein konnte. So kehrte sie 1995 zurück in ihren Heimatort und wagte den Weg in die Selbständigkeit als freie Mitarbeiterin einer Public Relation Agentur in Dresden. Sie hat diesen Schritt nicht bereut, half er doch, ihr den notwendigen Freiraum für ihre Tätigkeit als Heilerin zu schaffen. Im November 1997 erweiterte Annett ihr Geschäft durch die Gründung des Unternehmens RITTERREISEN, mit dem wir spezielle Reisen weltweit zu Orten wie den indischen Palmblattbibliotheken und anderen geheimnisvollen Plätzen in einer individuellen Atmosphäre veranstalten.)

Der Palmblattleser nannte für Annett nicht die genaue Todeszeit, sondern bedeutete ihr auf die entsprechende Frage:

»Das vorausgesagte lange Leben bedeutet 82 oder 83 Jahre oder mehr. Wenn es dann in diesem Alter Zeit ist zu gehen, spürt man das.«

Sri Ramani sah unsere ehrliche Verblüffung nach dem Abschluß der Lesungen. Obwohl ihm die Anspannung nach der langen Arbeit anzusehen war, wirkte er doch auch ein wenig amüsiert. Zum Abschluß der Zeremonie markierte er mit Vibuthi – der heiligen roten Asche – die Tikha, das Dritte Auge, auf unseren Stirnen, ein Zeichen des besonderen Segens Sri Kaka Bujanda Maharishis.

Außerdem erlaubte uns Sri Ramani, ihn selbst, die Palmblattbündel und die Bibliothek ausgiebig zu fotografieren – eine Aufforderung, der wir nur allzu gern nachkamen. Danach überreichte er uns eine kleine Broschüre mit dem Titel »Narbhavee«, die zum nächsten Dankopferfest für Sri Kaka Bujanda Maharishi einlud.

Wir waren nunmehr von der Echtheit des Nadi-Readings zumindest in diesem Fall überzeugt. Mit zahlreichen Fotos hatten unseren Aufenthalt in der Palmblattbibliothek dokumentiert und waren im Besitz der englischen Übersetzungen unserer Palmblätter.

Doch genügte das als Beweis?

Wir glaubten dem Nadi-Reading des Mr. Ramani.

Wer würde uns glauben?

Es gab nur einen Beweis – die Palmblätter selbst. Und so wagten wir in diesem Augenblick das scheinbar Unmögliche. Wir baten Sri Ramani um unsere Palmblätter; baten darum, sie mitnehmen zu dürfen nach Europa. Solch einer Bitte war – unseres Wissens – noch niemals stattgegeben worden.

Der Palmblattleser hingegen wirkte wegen unseres außergewöhnlichen Anliegens keineswegs überrascht, sondern im Gegenteil ganz so, als habe er eben die Bestätigung einer Voraussage erfahren. Er bat uns, zunächst noch einmal im Vorraum auf dem Teppich Platz zu nehmen. Wir folgten seinem Wunsch, nicht ohne ihm zuvor jedoch einen großzügig bemessenen Betrag als Dank für die umfangreichen Lesungen zu überreichen. Er legte die Geldscheine mit einem freundlichen Lächeln einfach beiseite.

Den Grund für Sri Ramanis Bitte erfuhren wir bereits nach wenigen Augenblicken. Wir hatten nun das unglaubliche Glück, ein Nadi-Reading für Einheimische miterleben zu dürfen. Jeder, der sich mit dem Thema dieser ungewöhnlichen Orakel intensiver beschäftigt, wird früher oder später erkennen müssen, daß die Palmblattbibliotheken von den Weisen der Vorzeit nicht geschaffen wurden, um die Neugier westlicher Touristen des ausgehenden 20. Jahrhunderts zu befriedigen, sondern um vor allem den Menschen der indischen Kultur, in welche diese Bibliotheken eingebettet sind und ohne die sie höchstwahrscheinlich nicht die Zeiten überdauert hätten, eine wirkliche Hilfe in krisenhaften Lebenssituationen zu sein.

In einer solchen Krisensituation befanden sich offensichtlich auch die Angehörigen der Familien, die nunmehr von Sri Ramani ein Nadi-Reading begehrten. Aus der auch teilweise in Englisch geführten Unterhaltung ging hervor, daß es hier tatsächlich um ein ernsthaftes Problem ging.

Da war ein junger Mann, dem Aufregung und sogar Angst deutlich anzusehen waren. Er hatte für Hindu-Verhältnisse ja auch etwas äußerst Ungewöhnliches, wenn nicht sogar Anstößiges getan. Er hatte sich nämlich verliebt. In traditionellen Hindu-Familien ist es jedoch auch noch heute Brauch, daß die Eltern die Hochzeit des Sohnes bzw. der Tochter arrangieren.

Eine Heirat ist in Indien weniger der Bund zweier Liebender als vielmehr die gesellschaftliche Verbindung zweier Familien, die zu gegenseitigem Vorteil geschlossen wird.

Für die Familie des Mädchens ist die Hochzeit mit nicht unerheblichen finanziellen Aufwendungen verbunden, da an die Familie des Bräutigams eine »Morgengabe« in Form von Geld und Wertgegenständen zu entrichten ist, wozu im modernen Indien auch Autos, Kassettenrecorder oder Videogeräte gehören können. Bei Hochzeiten unter Angehörigen des Brahmanen-Standes können leicht fünf- oder auch sechsstellige Summen – wohlgemerkt nicht in indischen Rupien, sondern in harten US-Dollar – zusammenkommen. Manche Familie verschuldet sich dabei hoffnungslos bei den auch in Indien allgegenwärtigen Kredithaien, nur, um eine standesgemäße Heirat des Mädchens zu ermöglichen.

Die zukünftigen Eheleute werden einander üblicherweise bereits im Kindesalter versprochen. Vor allem auf dem Lande kann es auch heute noch vorkommen, daß Braut und Bräutigam sich am Tag der Hochzeit zum ersten Male sehen.

Auch bei dem jungen Brahmanen hier mochte die Vorbereitung der Hochzeit so oder ähnlich vonstatten gegangen sein. Doch dann war er bei sei Studium einem jungen Mädchen begegnet, in daß er sich bis über beide Ohren verliebte. Obwohl die schönen Töchter Indiens eigentlich als chronisch schüchtern gelten, erwiderte das Mädchen die Gefühle des jungen Mannes und auch ihre Familie war offensichtlich einverstanden mit dieser Beziehung. Nicht so jedoch die Eltern des jungen Brahmanen und natürlich noch weniger diejenigen der sitzengelassenen Braut.

Um diese delikate Situation ohne den eigentlich unvermeidlichen Streit zu schlichten, sollte nunmehr die Palmblattbibliothek Auskunft über das weitere Schicksal des jungen Brahmanen und seiner neuen Beziehung geben. Dazu hatten sich die Vertreter aller Beteiligten an diesem Tag hier in East Tambaram im Haus Sri Ramanis versammelt.

Die Zeremonie begann wiederum mit dem Werfen der Muscheln über dem Mandala. Diesmal benötigte der Palmblattleser etwas mehr Zeit, um das betreffende Palmblatt aufzufinden. Er übersetzte den Text des Palmblattes dann auch nicht schriftlich, sondern las es den Anwesenden in einer Art Sprechgesang vor, wobei er den Inhalt der Texte aus der Hochsprache des Alttamil simultan in die heutige lokale Umgangssprache übertrug. Wir stellten fest, daß sich Sri Ramani während dieser Zeremonie in eine Art Trance versetzte. Zuvor hatte er uns jedoch mit einem kurzen Wink bedeutet, daß wir die Palmblattlesung auf Kassette aufzeichnen durften.

Das Ergebnis dieses Nadi-Readings war deutlich am Gesicht des ungehorsamen jungen Bräutigams abzulesen. Er strahlte.

Ganz offensichtlich durfte er seine Angebetete heiraten, ohne das einer der Beteiligten sein Gesicht verlor oder er sich gar ein ungutes Karma auflud, das es dann im nächsten Leben abzutragen gilt. Als Ausgleich für die geplatzte Hochzeit jedoch mußte die Familie des jungen Mannes an die Eltern der sitzengelassenen Braut eine Entschädigung in Form einer bestimmten Geldsumme zahlen, wobei eine Anzahlung sofort zu entrichten war.

Wieder geschah etwas Außergewöhnliches. Sri Ramani überreichte das Geld, welches wir ihm für unsere Nadi-Readings gegeben hatten, mit höflicher Geste an den jungen Brahmanen, der es seinerseits ehrerbietig an den Vater seiner ehemaligen Braut übergab. Das Familienoberhaupt wiegte gnädig den Kopf zum Zeichen der Bestätigung, daß diese Entschuldigung angenommen und künftig kein Zwist mehr zwischen den Familien sei.

Danach verabschiedeten sich die Inder mit ausgesuchter Höflichkeit von Sri Ramani, grüßten auch uns freundlich und verließen die Palmblattbibliothek.

Eine Stunde war vergangen. Nun wurden wir nochmals von Sri Ramani herangebeten. Wir hatten tatsächlich den Eindruck, als würde er gerade aus einer Trance erwachen, denn er wirkte noch ein wenig benommen. Wir brachten nochmals unsere Bitte vor. Und das Unglaubliche geschah. Sri Ramani dachte nur kurz nach, dann öffnete er erneut die zu Bündeln zusammengeschnürten Palmblattmanuskripte und las nochmals ein wenig in den für uns bestimmten Texten nach, so als suche er eine ganz bestimmte Textstelle.

Dann entnahm er den Palmblattbündeln jene Blätter, die

unser Schicksal betrafen und überreichte uns die beiden – für uns unschätzbar wertvollen – Palmblattmanuskripte mit einem freundlichen Lächeln.

»In diesen Palmblättern steht geschrieben, daß ich sie für euch bestimmt sind und ich sie euch übergeben soll, da ihr die Palmblätter für euer Leben und eure Arbeit in Zukunft brauchen werdet«, sagte Sri Ramani. »Das ist der Wille Kaka Bujanda Maharishis, der euch segnet.«

»Ich habe noch etwas Zeit«, fuhr er fort. »Wenn sie Fragen oder Zweifel haben, können wir jetzt darüber reden.«

Natürlich hatten wir jede Menge Fragen.

»In welcher Sprache ist der Text auf den Palmblättern abgefaßt?« wollten wir genau wissen. »Ist das Alt-Tamil, oder ist es eine andere Sprache?«

»Es ist Alt-Tamil. Ihr müßt wissen, daß auch heute noch bei uns zwischen zwei Sprachvarianten unterschieden wird. Im tamilischen gibt es zum einen die Umgangssprache, in der wir uns tagtäglich unterhalten. Dann gibt es noch eine Hochsprache, in der die Zeitungen und Bücher hier in Tamil Nadu verfaßt werden. Auch bei Kommentaren im Fernsehen oder im Rundfunk wird die Hochsprache benutzt. Mancher meiner Landsleute, der sich in der Umgangssprache ganz ungezwungen unterhält, hat schon Schwierigkeiten, die Zeitung richtig zu lesen, wenn dort die Hochsprache gebraucht wird. Das Alt-Tamil ist Vorläufer dieser Hochsprache. Es braucht lange Jahre und gründliche Studien, um es wirklich zu verstehen.«

»Lesen Sie die Texte auf den Palmblätter vor oder interpretieren Sie diese Texte?«

»Das ist nicht so ganz einfach zu erklären. Ich rezitiere die Texte und ich schreibe die Interpretation dieser Texte auf Englisch nieder.«

Das hatten wir noch nicht ganz genau verstanden und hakten deshalb ein wenig nach.

»Der englische Text ist also eine Interpretation des Textes auf dem Palmblatt. Ist das richtig?«

»Richtig. Der Text ist insofern eine Interpretation, als die alttamilische Sprache sehr blumig ist, also mit vielen Umschreibungen eines Gegenstandes oder auch der Charaktereigenschaften einer Person arbeitet. Meine Aufgabe ist es dann, für diese Umschreibung in der viel kürzeren und sehr präzisen englischen Sprache den entsprechenden Begriff zu finden, der genau das ausdrückt, was der alt-tamilische Text meint. Das kann man dann schon als Interpretation bezeichnen. Es ist nicht immer ganz einfach.«

»Was steht denn nun wirklich auf den Palmblättern?«

»Auf den Palmblättern steht, was ich ihnen aufgeschrieben habe. Ihre Vergangenheit und ihre Zukunft bis zum Tag ihres Todes und manches über die Zukunft der Menschheit und ihrer Nation. Es existieren auch andere Palmblätter, die nur Aussagen über die Zukunft der Menschheit oder bestimmter Nationen beinhalten. Wieder andere Texte beschreiben auch wissenschaftliche Dinge oder technische Erfindungen.«

»Wie ist dann die wörtliche alt-tamilische Version dieser Prophezeiungen? Gibt es da einen Unterschied zwischen dem Text auf dem Palmblatt und Ihrer Interpretation?«

»Ich rezitiere den Text, und ich interpretiere, was geschrieben ist. Zum Beispiel habe ich für Thomas aufgeschrieben, er studiere die Gesetze seines Landes, was ja wohl auch zutrifft. Nun in Alt-Tamil steht auf dem Blatt ›Er liest in großen Sälen in den Büchern, in denen Menschen von dem geschrieben haben, was Recht und was Unrecht sein soll. Er liest diese Bücher, weil er verstehen soll, was das Geschriebene bedeutet, um es selbst in spä-teren Tagen zu gebrauchen.‹ Ich bin überzeugt, daß dieser Text einst von Kaka Bujanda Maharishi geschrieben wurde. Man braucht den Segen des Rishis, um es zu lesen.«

»Wir möchten gern wissen, was diese Zeremonie mit den Muscheln zu bedeuten hatte.«

»Nun, die Anzahl der geworfenen Muscheln im Zentrum des Mandalas und die Art ihrer Lage zueinander, das zeigt mir an, ob das Palmblatt zu dieser Person gehört oder nicht. Das muß ich ja zunächst herausfinden, bevor ich mit der Lesung beginnen kann.«

»Ist ihre Methode mit den Muscheln die traditionelle Methode wie einer Person ihr Palmblatt zugeordnet wird? Oder gibt es auch andere Arten?«

»Da gibt es eine Menge von traditionellen Verfahren, wissen

Sie, ich kann nur für mich sprechen.«
»Wir haben gesehen, daß sie sich vorhin bei der Palmblattlesung in Trance versetzt haben. Was passiert da mit ihnen?«
»Ich denke, es ist eine große göttliche Gabe, die ich erhalten habe. Wenn jemand, der zu mir kommt und ein Nadi-Reading wünscht, die Muscheln wirft, dann bekomme ich aus der Anzahl und Lage der Muscheln einen Hinweis. Ich kann ihnen eigentlich nicht sagen wie – es gibt nur ein Blatt, und ich bekomme diesen Hinweis durch die Muscheln. Mit dem Geburtsdatum und diesem Fingerzeig suche ich aus dem Bündel dann das betreffende Palmblatt aus. Wenn ich das Palmblatt lese, so wie vorhin, dann bin nicht ich es, der da liest. Durch mich wirkt die Kraft des Rishis, seine Weisheit. ich bin nur eine Werkzeug.«
»Wie sind Sie für das Palmblattlesen ausgebildet worden?«
»Das ist schon eine ganze Zeit her. Ich traf meinen Guru gegen Ende des Jahres 1962 im Himalaja und war sechs Monate mit ihm zusammen. Ich bekam von ihm den Auftrag, das zu tun; er lehrte mich das Palmblattlesen, und er gab mir die Kräfte, es zu tun. Nun lese ich in den heiligen Manuskripten.«
»Können sie uns sagen, wie der Guru hieß?«
»Mein Guru war Yogi Ramsuratkumar. Doch durch ihn sprach Kaka Bujanda Maharishi zu mir. Der Urheber meiner Palmblattschriften ist Sri Kaga Bhujanda. Das bedeutet: ›der im Hause der Krähe ist‹. Sein Symbol ist auch die weiße Krähe. Er ist ein großer Weiser, ein Maharishi, kein Mensch. Er lebt ewig in den Reinen Ländern, in Shambhala oder Agartha.«
»Gab es eine besondere Einweihung von Ihrem Guru?«
»Nun, er gab an mich die Kraft Sri Kaka Bujandas weiter. Er legte seinen Daumen auf meine Stirn und meinen Bauchnabel und rezitierte ein Mantra. Er gab auch andere Kräfte an mich weiter, so die Fähigkeiten, zu heilen und anderen Menschen gute Kräfte zu geben.«

Wir bedankten und bei Sri Ramani für dieses Gespräch und verließen überglücklich die Palmblattbibliothek in East Tambaram.

Nun hatten wir alle Möglichkeiten, die Palmblattmanuskripte einer wissenschaftlichen Untersuchung zugänglich zu machen. Wir ahnten damals noch nicht, welche schwere Aufgabe wir damit in Angriff nahmen. Einerseits sollte das Alter dieser Palmblätter bestimmt werden. Wir wußten, daß sich in unserem Besitz keinesfalls die Urschrift unseres Palmblattmanuskriptes befand, da ein solches getrocknetes Palmblatt nur selten länger als 800 Jahre hält, bevor es brüchig wird und schließlich zerfällt. Dennoch reizte es uns, herauszufinden, wann die Texte unserer Palmblätter zum letzten mal von einem älteren Manuskript kopiert worden waren. Wichtiger, aber sicherlich auch bei weitem aufwendiger, würde die inhaltliche Analyse der Texte sein, die nur jemand vornehmen konnte, der selbst die alt-tamilische Sprache beherrschte.

Nach der Rückkehr von unserer Reise begannen wir unverzüglich, beide Vorhaben zu verwirklichen.

Zunächst ließen wir von einem professionellen Fotostudio detaillierte Vergrößerungen der Texte auf den Palmblättern anfertigen, um den Wissenschaftlern, die wir mit der Übersetzung beauftragen wollten, ihre Arbeit weitestgehend zu erleichtern

Anschließend suchten wir nach einer möglichst exakten Methode der Altersbestimmung für das Trägermaterial der Texte, also für die Palmblätter selbst.

Für eine solche Datierung kam nur die sogenannte C-14-Methode in Frage, da es sich bei den Palmblättern um organisches Material handelt. Nachfolgend sei zum besseren Verständnis diese Datierungsmethode erläutert.

Mitte der 60er Jahre begann man die Radiocarbon- oder ^{14}C-Methode (umgangssprachlich C-14-Methode genannt) für die exakte Datierung archäologischer Funde zu nutzen.

Der amerikanische Chemiker und Physiker Willard Frank Libby (1908 bis 1980) entwickelte die Radiocarbon-Methode zur Datierung abgestorbener organischer Stoffe wie Knochen, Holz oder Samen, die in prähistorischen Erdschichten oder Gräbern erhalten blieben. Dafür erhielt Libby 1960 den Nobelpreis für Chemie.

Die von Libby entwickelte und bei weitem nicht unumstrittene Methode funktioniert folgendermaßen: In unserer Erdatmosphäre werden in ca. 15 Kilometer Höhe durch kosmische Strahlungen energiereiche Neutronen erzeugt. Trifft nun ein Neutron (n) auf ein Stickstoffatom (N), so wird durch Kernreaktion bei

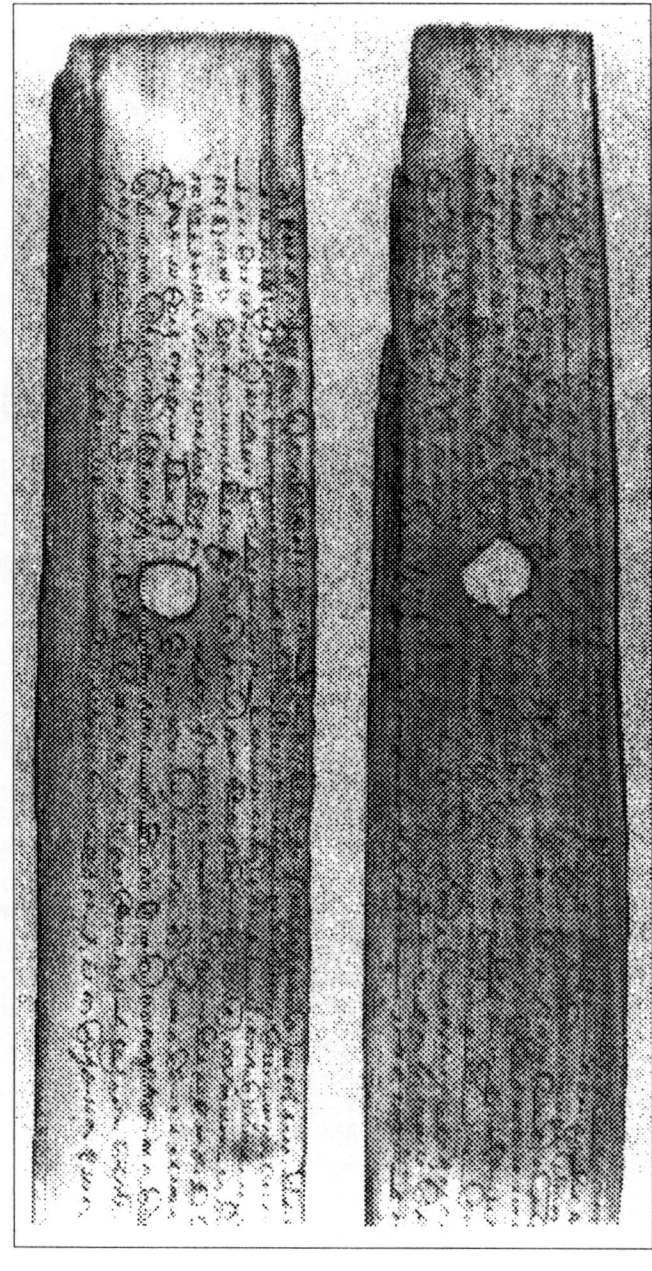

Die Palmblätter aus der Bibliothek von Sri Ramani in Madras, die die Autoren mit nach Hause nehmen durften.

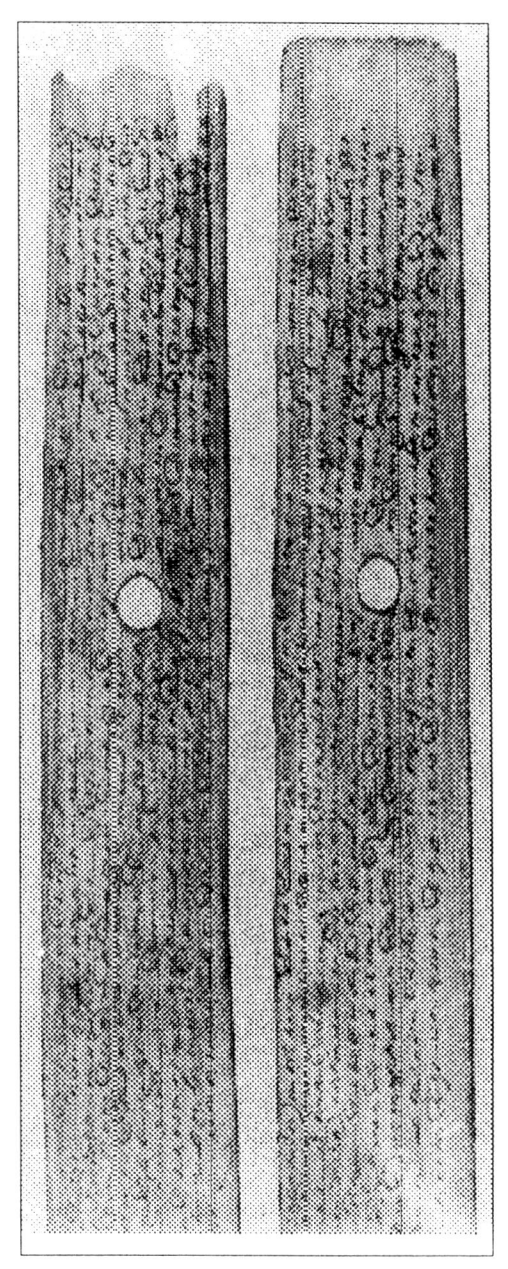

Weitere Detailaufnahme der Palmblattmanuskripte aus der Bibliothek in Madras.

Abgabe eines Protons (p) ein radioaktives Kohlenstoffatom mit dem Atomgewicht 14 (^{14}C) gebildet, das mit dem Luftsauerstoff (O_2) zu Kohlendioxid ($^{14}CO_2$) oxidiert. Diese radioaktiven Kohlendioxidmoleküle werden in der gesamten Erdatmosphäre, im Wasser der Meere und in der Biosphäre gleichmäßig verteilt. Dabei stellt sich ein weltweit konstantes Verhältnis zwischen der Menge des radioaktiven und des normalen Kohlenstoffs mit dem Atomgewicht 12 (^{12}C) ein, und zwar kommt auf eine Billion normaler $^{12}CO_2$-Moleküle nur ein einziges mit dem radioaktiven Kohlenstoff ^{14}C. Das Verhältnis der beiden Kohlenstoffisotopen ist deshalb konstant, weil ebensoviel ^{14}C ständig neu gebildet wird, wie solches durch Radioaktivität zerfällt.

An dem konstanten Verhältnis von ^{14}C zu ^{12}C hat auch die gesamte belebte Natur Anteil. Durch Photosynthese gelangt die Mischung der beiden Kohlenstoffisotope auch in die Pflanzen. Tiere und Menschen dann nehmen sie mit ihrer pflanzlichen Nahrung auf. Stirbt aber ein Lebewesen, so wird naturgemäß die Zufuhr von neuen ^{14}C unterbrochen. Das vorhandene ^{14}C zerfällt jedoch aufgrund seiner Radioaktivität weiter mit einer Halbwertzeit von 5 730 Jahren. Dies bedeutet, daß nach diesem Zeitraum in den Resten des Lebewesens nur noch die Hälfte des ursprünglich vorhandenen radioaktiven Kohlenstoffes enthalten ist. Nach weiteren 5 730 Jahre ist in den Überresten dann nur noch ein Viertel des radioaktiven Kohlenstoffs enthalten und so setzt sich dieser Prozeß immer weiter fort.

Um das Alter organischer Reste zu berechnen, muß man also das derzeitige Verhältnis von ^{14}C zu ^{12}C bestimmen und kann so unter Berücksichtigung der Halbwertzeit auf die Zeit schließen, die seit dem Tode des lebenden Gewebes vergangen sind. Die Strahlungsimpulse, die durch den radioaktiven Zerfall entstehen, werden gezählt. Aus der Halbwertzeit des ^{14}C ergibt sich, daß nur solche Proben sinnvoll gemessen werden können, die nicht älter als 40 000 Jahre sind, weil sonst die Zahl der Strahlungsimpulse für eine statistische Berechnung zu klein wäre.

Während des letzten Jahrzehnts wurde die ^{14}C-Methode noch wesentlich verbessert, aber dennoch ist die ursprüngliche Radiocarbon-Chronologie keineswegs überholt.

Dies bestätigten uns auch die Wissenschaftler des Institutes für Ionenstrahlphysik des Kernforschungszentrums in Rossendorf. Sie ermöglichten kompetent und unbürokratisch die Altersbestimmung unserer Palmblätter. Besonders Herrn Dr. Friedrich und Herrn Dr. Heise, zwei führenden Mitarbeitern des Institutes für Ionenstrahlphysik verdanken wir die unkomplizierte Abwicklung unseres doch recht außergewöhnlichen Anliegens.

Das Institut ist vorwiegend mit Werkstoffanalysen befaßt und arbeitet in diesem Zusammenhang des öfteren auch für die Staatlichen Kunstsammlungen Sachsens, etwa dann, wenn es darum geht, die für eine Restaurierung historischer Gemälde erforderlichen Farbkomponenten und die Zusammensetzung der Originalfarben zu bestimmen. Doch auch Altersbestimmungen archäologischer Funde gehören zu den ständigen Aufgaben des Instituts für Ionenstrahlphysik.

Bereits im Frühsommer 1994 wurden die für eine Altersbestimmung notwendigen Proben den Palmblättern entnommen und der für die Versuchsreihen erforderlichen Aufbereitung zugeführt. Da bei einer Analyse mittels der C-14-Methode mit kleinsten Mengen des zu untersuchenden Materials gearbeitet wird – in der Regel mit wenigen Milligramm der Substanz – genügte in unserem Fall die Entnahme einer Materialprobe vom Rand des jeweiligen Palmblattes. Dabei wurden die Texte der Palmblattmanuskripte nicht in Mitleidenschaft gezogen.

Die eigentlichen Untersuchungen der Proben fanden jedoch erst im Winter des Jahres 1994, in den Monaten November und Dezember statt. Technische Probleme mit der Versuchsstrecke des Institutes, die erst 1994 eingerichtet worden war, hatten diese Verzögerung verursacht. Bei der Analyse unserer Palmblattmanuskripte ergaben sich weitere unvorhergesehene Schwierigkeiten. Sie hingen mit der Art zusammen, in der die Texte auf den Palmblättern hergestellt worden waren.

Die nur wenige Millimeter großen Buchstaben wurden nicht mit Tinte oder einer anderen Substanz auf die ca. 35 cm langen und etwa fünf Zentimeter breiten Palmblätter geschrieben, sondern waren mit feinen Nadeln oder Griffeln aus Bronze und später aus Stahl buchstäblich in das Trägermaterial eingeritzt

Kernforschungszentrum Rossendorf. Die Schaltzentrale des Institutes für Ionenstrahlphysik.

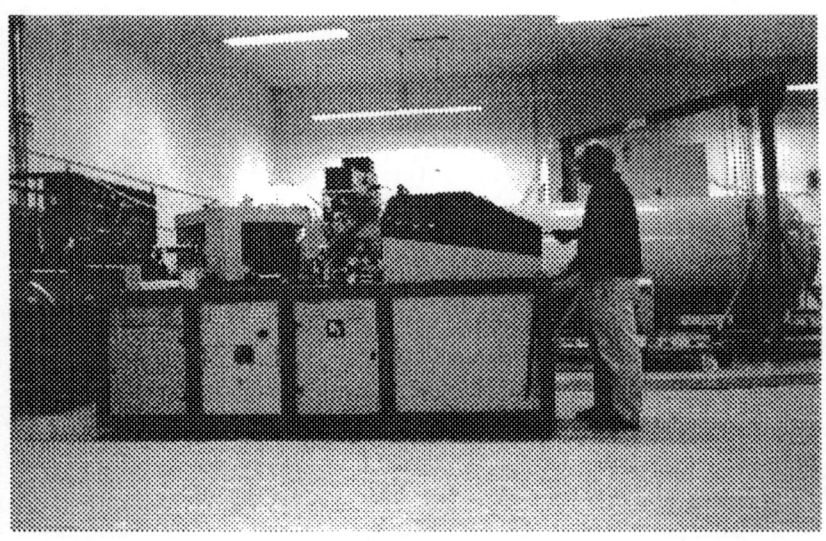

Dr. Friedrich vom Institut für Ionenstrahlphysik bei der Erläuterung der Versuchsstrecke.

worden. Über diese filigranen Gravuren stäubte man anschließend Graphitmehl oder dunkle Asche. Die eingeritzten Zeichen füllten sich dabei mit dem Material. So wurde die Schrift schließlich sichtbar. Diese Herstellungsweise bedingte einerseits die Lagerung der Palmblätter – gepreßt in Bündeln zwischen schmalen hölzernen Platten –, da die Schriftzeichen vor dauerhaftem Lichteinfall geschützt werden müssen, weil sie ansonsten rasch ausbleichen und die Schrift unleserlich wird.

Andererseits verursachte diese hier beschriebene Art der Herstellung der Texte die erwähnten Probleme bei der Altersbestimmung des Trägermaterials. Da bei der Niederschrift der Manuskripte auch kohlenstoffhaltiges Material – das Graphitmehl bzw. die dunkle Asche – verwendet worden war, bestand bei einer Verunreinigung der Proben die Möglichkeit gravierender Verfälschungen der Ergebnisse einer C-14-Analyse. Das Untersuchungsmaterial mußte deshalb einem aufwendigen Reinigungsprozeß unterzogen werden, um die geschilderten Beeinflussungen der Meßergebnisse auszuschließen.

Nach langen Wochen des Wartens lag im März 1995 dann das endgültige Ergebnis der Altersuntersuchungen vor. Demnach waren unsere Palmblätter, die wir durch das Institut für Ionenstrahlphysik im Kernforschungszentrum Rossendorf hatten untersuchen lassen, definitiv mindestens 350 Jahre alt. Ein gewisse Streuung der Ergebnisse hatte sich bei den Analysen nicht vermeiden lassen, so daß das reale Alter der Palmblätter zwischen 350 und 400 Jahren angesetzt werden kann. Damit hatten wir ein recht interessantes Ergebnis zumindest in bezug auf die Trägersubstanz erreicht, denn die Analyse von Rossendorf bedeutete nichts anderes, als daß unsere Palmblätter vor mindestens 350 Jahren von jemandem mit dem Text, den Sri Ramani für uns übersetzt hatte, beschrieben worden waren.

Wie aber verhielt es sich nun mit diesen Texten? Handelte es sich wirklich um unsere Lebensläufe, aufgeschrieben in der blumigen Sprache des Alt-Tamil?

Um diese Frage zu klären, wandten wir uns zunächst an den Lehrstuhl für Indologie an der Freien Universität Berlin. Dabei deuteten wir gegenüber den Wissenschaftlern in keiner Weise an, daß wir den möglichen Inhalt der Palmblattmanuskripte bereits kannten. Wir teilten ihnen lediglich in einem Anschreiben mit, daß es sich bei den beigefügten vergrößerten Fotografien der Palmblätter möglicherweise um alt-tamilische Schriften handeln könne, deren Übersetzung wir wünschten. Die angesprochenen Wissenschaftler der Freien Universität Berlin bedauerten jedoch, uns nicht helfen zu können. Ihrer Meinung nach war in dieser Sache weniger die klassische Indologie, sondern vielmehr die vergleichende Philologie gefragt.

Als führender Experte für die Beantwortung unsere Frage nach dem Inhalt der Texte wurde uns Professor Jaroslav Vacek, Prorektor der Karls-Universität Prag, empfohlen. Im August 1994 nahmen wir erstmals Kontakt zu dem tschechischen Wissenschaftler auf. Dieser Kontakt gestaltete sich trotz einer unvermeidliche Sprachbarriere sehr intensiv und führte letztlich dazu, daß wir im November des Jahres 1997 einen Vortrag über die Palmblattbibliotheken im Großen Auditorium der Karls-Universität Prag halten durften.

Professor Vacek und seine Mitarbeiter gingen trotz ihrer zahlreichen und wichtigen weiteren Verpflichtungen mit großem Eifer an die Arbeit, da auch sie die Aufgabe der Translation alttamilischen Schriftgutes außerordentlich reizte. Es war in der Tat eine nicht geringe Herausforderung, der sich die tschechischen Experten stellten. Professor Vacek ließ uns durch seinen Assistenten, Herrn Jan Dvorak, bereits unmittelbar nach Beginn der Arbeiten mitteilen, daß es sich bei den zu untersuchenden Schriftstücken um sehr komplexe und darüber hinaus komplizierte Texte handelte, deren Inhalt offensichtlich stark von kalendarischen Angaben eines den Philologen unbekannten Kalendersystems geprägt war. Dies erschwerte die Übersetzung außerordentlich.

In den folgenden Monaten reisten wir des öfteren nach Prag, um den Fortschritt der Übersetzungen in Augenschein zu nehmen. Diese ließen sich trotz aller Bemühungen aufgrund der Struktur der Texte nur überaus schleppend an.

Im November des Jahres 1994 dann erklärte Professor Vacek, daß die Übersetzungen der Texte auf den Palmblättern, soweit er diese bewerkstelligen konnte, nunmehr abgeschlossen waren. Die tschechischen Philologen kamen bei ihren Forschungen zu dem Ergebnis, daß die Texte keine Auszüge aus den vedischen Epen waren und ebensowenig lediglich allgemeine yogische Lebensregeln enthielten, wie andere, bereits von westlichen Wissenschaftlern übersetzte Palmblattmanuskripte.

Vielmehr handelte es sich nach Auffassung der Wissenschaftler um Professor Vacek bei diesen Texten um individuelle Lebensläufe bestimmter Personen. Professor Vacek schloß aufgrund der übersetzten Textstellen, daß es sich um Lebensbeschreibungen von Personen handelte, die in unserem Jahrhundert lebten. In einem persönlichen Gespräch vertraute uns Professor Vacek an:

»Wenn es nicht so außergewöhnlich und absolut unmöglich wäre, würde ich sogar annehmen, daß es sich um ihre Lebensläufe handelt, da wir glauben, bei den Übersetzungen die Namen ›Annett‹ und ›Thomas‹ verifiziert zu haben. Aber das kann ja wohl nicht möglich sein.«

Wenn Professor Vacek gewußt hätte, was er uns für eine Freude mit dieser Entdeckung gemacht hatte! Denn auch die übrigen Textstellen, deren Übersetzung den tschechischen Wissenschaftlern gelungen war, stimmten fast wortwörtlich, jedenfalls aber inhaltlich, definitiv mit den Aussagen des Nadi-Readings bei Sri Ramani überein. Dennoch ergaben die Übersetzungen insgesamt noch kein schlüssiges Bild, da die Translation der kalendarischen Angaben trotz aller Bemühungen nicht gelungen war.

»Diese Daten sind kein Kalender im herkömmlichen Sinn, so wie etwa der gültige gregorianische Kalender«, erläuterte Professor Vacek. »Es handelt sich vielmehr um Beschreibungen bestimmter astronomischer Konstellationen, denen wiederum signifikante astrologische Bedeutungen beigemessen werden. Deren Inhalt übersteigt meine Kenntnisse aber bei weitem, wie ich gern zugebe. Die Astrologie ist nun einmal nicht meine Fachrichtung«, bedauerte der Prorektor der Karls-Universität. »Aber es gibt da jemanden unter meinen Kollegen,« fuhr er fort, »der ihnen möglicherweise helfen kann. Ein Privatdozent aus Eppelheim. Er lehrt an der Universität Göttingen. Seine Name ist Dhamotharan.«

Versehen mit den besten Empfehlungen Professor Vaceks,

sandten wir unser Material an Dr. Dhamotharan. Zwei Tage später bereits rief er uns an, um zu bestätigen, daß die Unterlagen bei ihm eingegangen waren und er bereits angefangen hatte, sie zu sichten. Eine seiner ersten Fragen verblüffte uns vollkommen.

»Aus welcher Palmblattbibliothek haben sie denn die Originale der Texte, die ich Ihnen übersetzen soll?« wollte Dr. Dhamotharan wissen. Wir erzählten ihm die Geschichte unserer Indienreise. Im Gespräch stellte sich bald heraus, daß Dr. Dhamotharan selbst Tamile war, der sich als sogenannter »Muttersprachler« mit der Erforschung seiner ureigenen Sprache und deren Wurzeln befaßte. Daher war es auch für ihn eine neue und interessante Erfahrung, die Texte auf den Palmblättern aus der Hochsprache des Alttamil zu übertragen. Bereits nach wenigen Wochen vermochte Dr. Dhamotharan die Ergebnisse seiner tschechischen Kollegen zu bestätigen und in gewisser Hinsicht zu präzisieren, was die Einordnung der kalendarischen Daten betraf. Doch auch bei seiner Übersetzung traten im Bereich der Zeitangaben gewisse Abweichungen von den Daten auf, die uns Sri Ramani so exakt übersetzt hatte.

Auch Dr. Dhamotharan bestätigte uns, daß die zeitliche Einordnung der Ereignisse den Schlüssel zum Verständnis der Kunst des Nadi-Readings darstellte. »Wissen sie, die Palmblattleser erhalten nicht umsonst eine so langwierige und überaus umfassende Ausbildung im Studium der alten Texte und darüber hinaus auch noch geheime Einweihungen«, beschied er uns. »Es braucht schon eine ganze Menge an Übung und Kenntnissen, um diese Texte so übersetzen zu können, wie dies ihr Palmblattleser in Madras getan hat. Wenn es nur darauf ankäme, die Bedeutung der einzelnen Namen oder Begriffe abzustufen und entsprechend einzuordnen, dann könnte sich Indien vor Palmblattlesern kaum noch retten. Doch es bedarf für ein korrektes Nadi-Reading auch des Verständnisses der alten astrologischen Systeme. Sie sind der Schlüssel, der erst eine genaue zeitliche Einordnung der Ereignisse ermöglicht. Die indische Astrologie ist in ihrer Art einzig und ihre Angaben sind überaus exakt. Seit über 1 500 Jahren wird sie nachweislich praktiziert und auch heute noch gilt die Astrologie in meiner Heimat als Wissenschaft. Entstanden ist sie aus der Verschmelzung von zwei überaus bedeutenden Traditionen. Da war zum einen die ›Wissenschaft der göttlichen Astronomie‹ – Jjoti genannt – und zum anderen die Astrologielehre des antiken Griechenland, die sich bis nach Indien verbreitet hatte. Im Grunde nämlich sind sich westliche und indische Astrologie ziemlich ähnlich. Beide Systeme arbeiten mit den Tierkreiszeichen und der Einfluß der Planeten spielt hier wie da eine besondere Rolle. Jedoch erkannten meine Landsleute sehr rasch beim Studium der westlichen Quellen, daß dort ein fundamentaler Denkfehler liegen mußte. Die in der Antike in Europa weit verbreitete Vorstellung von der Erde als flache Scheibe bot nämlich keine Erklärung für die Tatsache, daß sich in Indien die Sternbilder nun einmal anders darstellten als im alten Griechenland. So setzte bei uns viel früher die Idee einer runden Erde durch. Aber es gibt noch einen viel wichtigeren Unterschied zwischen dem westlichen und dem indischen System der Astrologie. Im Gegensatz zur modernen westlichen Astrologie wird in Indien als Grundlage aller Berechnungen die ›Sternzeit‹ benutzt. Sie errechnet sich auf der Grundlage der Sternenpositionen am Himmel. Ich bin überzeugt, daß auch die zeitliche Einordnung der Ereignisse, die in diesen Palmblättern beschrieben sind, auf der Grundlage der Sternzeit erfolgte.«

Da sich Dr. Dhamotharan selbst zu wenig mit den komplizierten Berechnungen der hinduistischen Astrologie auskannte, das Problem der kalendarischen Berechnungen aber unbedingt zu lösen gedachte, machte er uns den Vorschlag, einen Hinu-Astrologen zu Rate zu ziehen - natürlich nicht irgendeinen.

»Ich muß demnächst sowieso wieder einmal in meine Heimat reisen«, erklärte er. »Da werde ich dann einen wirklich kompetenten Astrologen aufsuchen. Wissen sie, der Bruder meiner Mutter hat eine Tochter und deren Mann hat einen Bruder, welcher ein ganz ausgezeichneter Astrologe ist. Ich denke, ihn kann ich in dieser Sache um Rat bitten.«

Die Indienreise Dr. Dhamotarans mußte noch einige Male verschoben werden. Doch im Sommer 1995 dann besuchte er wieder einmal seine Familie und nahm dies zum Anlaß, mit dem Astrologen in Kontakt zu treten, von dem er uns berichtet hatte. Versehen mit zahlreichen Hinweisen für die korrekte Interpretation und Umrechnung der auf den Palmblättern in »Sternzeit« angegebenen Daten machte sich Dr. Dhamotaran nach seiner Rückkehr erneut an die Translation der Texte auf den Palmblättern. Das Ergebnis seiner – von uns voller Spannung erwarteten – Übersetzung stimmte diesmal auch in bezug auf die kalendarischen Angaben mit den Informationen überein, die wir von Sri Ramani zu unseren Biographien erhalten hatten.

Mit aller gebotenen Zurückhaltung möchten wir dies als einen Beweis für die Authentizität der Palmblattbibliotheken und ebenfalls als Beweis für die Wahrheit der Beschreibung ihrer Entstehung werten, da zumindest vor 350 Jahren jemand unsere Lebensläufe jedenfalls bereits insoweit kannte, als er sie von einem älteren Manuskript kopierte, was wiederum von einer noch älteren Vorlage kopiert worden sein muß – und so weiter, bis zurück zu der Urschrift, welche die legendären Rishis verfaßten.

Zum besseren Verständnis des Weltbildes, welches die Entstehung und die Überlieferung der Palmblattbibliotheken erst möglich machte, sollen an dieser Stelle zunächst die Lehren von Karma und Wiedergeburt als zwei der zentralen Themen des hinduistischen Weltbildes behandelt werden, bevor wir über die Erfahrungen berichten, die wir in weiteren Palmblattbibliotheken sammeln durften.

VII. VON KARMA UND REINKARNATION

Seit den Anfängen der Geschichte hat der feste Glaube an eine Wiedergeburt und an ein Weiterleben nach dem körperlichen Tod einen zentralen Platz in fast allen Weltreligionen eingenommen. Selbst im frühen Christentum war der Glaube an die Wiedergeburt noch verbreitet und überlebte in den verschiedensten Ausformungen bis ins Hochmittelalter. Origenes, einer der einflußreichsten Kirchenväter, schrieb im dritten Jahrhundert u.Z.: »Jede Seele kommt gestärkt durch die Siege und geschwächt durch die Niederlagen aus vergangenen Leben in diese Welt.« Zwar hat das Christentum den Glauben an Reinkarnation bald abgelehnt, aber es lassen sich Spuren dieses Gedankengutes selbst noch während der Renaissance nachweisen, als die Beschäftigung mit der Antike dieses Wissen auch unter westlichen Philosophen und Forschern wieder aufleben ließ. Gegen Ende des 19. Jahrhunderts keimte im Abendland ein immer stärkeres Interesse an den östlichen Religionen auf. Zahlreiche Wahrheits- und Sinnsucher – nicht nur die Theosophen der bereits erwähnten Madame Blavatsky – begannen, sich mit dem Wissen der Hindus und Buddhisten um die Wiedergeburt zu befassen.

In unserer, so materiell geprägten Zeit haben die meisten Menschen allenfalls nur eine äußerst vage Ahnung von einem Leben nach dem Tod und überhaupt keine Vorstellung, wie ein solches Leben nach dem Tod beschaffen sein könnte. Meist wird die Tatsache der weiteren Existenz eines unzerstörbaren Teiles des Selbst nach dem Tod des vergänglichen Körpers mit einer faktischen und »objektiven« Unbeweisbarkeit geleugnet, so daß »man eben nicht glauben kann, wofür es keine Beweise gibt«. Abgesehen von der Tatsache, daß es zumeist die Lügner und Denkschwachen sind, die angesichts neuer Herausforderungen nach der großen Objektivität schreien, sind Fälle von tatsächlicher Wiedergeburt in Indien bereits wissenschaftlich erfaßt und dokumentiert worden.

In Bangalore existiert das National Institute of Mental Health and Neurosciences, das in der Abteilung für Klinische Psychologie eigens einen Lehrstuhl zur wissenschaftlichen Erforschung der Reinkarnation eingerichtet hat. Dort wurden in den letzten Jahren durch Dr. Satwant Pascricha mehr als 250 Fälle zum Thema Reinkarnation erforscht. Dabei wurden in 77 Prozent der Fälle die Angaben der untersuchten Personen über ihre früheren Leben bestätigt. Diese Zahl liegt eindrucksvoll über einer bloßen statistischen Zufallswahrscheinlichkeit. Die Befragten erinnerten sich ab dem Alter von 3 Jahren an ihren Namen und Beruf, den früheren Wohnort ihre ehemalige Familie und zahlreiche andere Dinge, von denen sie nach menschlichem Ermessen eigentlich keine Kenntnis haben konnten. Interessant dabei war auch, daß 49 Prozent dieser Personen in ihrem vorangegangenem Leben eines gewaltsamen Todes gestorben waren. Angesichts dieser überzeugenden Forschungsergebnisse erscheint es nahezu absurd, daß die abendländische Geisteswissenschaft und Theologie dem Gedanken der Wiedergeburt immer noch ablehnend gegenübersteht.

Anders als im Westen sind in Indien die Wissenschaft und die Religion keine ausgeprägten Gegensätze. Sie werden vielmehr als zwei verschiedene, einander ergänzende Wege auf der großen Suche nach Wahrheit und Erleuchtung betrachtet. In der hinduistischen Wissenschaft hängt das Verständnis der äußeren Wirklichkeit untrennbar vom Verständnis des Göttlichen ab.

Dieser Tradition zufolge ist das All älter als die Menschheit und älter selbst als die Götter. Wichtig an dieser hinduistischen Weltsicht und insbesondere an ihrer Auffassung von Raum und Zeit ist die Annahme, daß die Außenwelt nur ein Produkt des kreativen Spiels der Maja ist – dieser Begriff läßt sich am ehesten mit Illusion übersetzen. Die Welt an sich ist keine Illusion, wohl aber unsere Wahrnehmung der Welt. Scheinbar besteht sie aus den verschiedensten Dingen, Strukturen und Ereignissen, die in Wirklichkeit jedoch alle eins sind. Die Unterteilung, welche unsere Wahrnehmung suggeriert, ist nur eine Erfindung des Gehirns, sie existiert nicht wirklich. Die Welt, wie wir sie erleben, ist daher auch alles andere als fest und real, sondern in Wirklichkeit nur Schein. Das All hat viele Wirklichkeitsebenen und ist in ständiger Veränderung begriffen.

In diesem Zusammenhang spielt das Wesen der Zeit eine besondere Rolle. Die Zeit wird als ewiges Rad gesehen, das sich durch Zyklen – Kalpa genannt – aus Schöpfung (Sarga) und Zerstörung (Pralaja) bewegt. Zusammen mit der Illusion des Maja kettet sie die Seele an das sterbliche Leben in Unwissenheit und Leid im ewigen Kreislauf der Wiedergeburten, des Samsara. Mokscha wird die Erlösung vom Rad der Zeit und dem Kreislauf von Samsara genannt – Ziel aller religiösen Strömungen Indiens ist es daher, die Zeit zu transzendieren. Fortgeschrittene Asketen bezeichnen die Inder daher oft als Kala-Atrita, was »die Zeit Überwindender« bedeutet.

Eine gewisse Entsprechung dieser Weltsicht findet sich in den Lehren der Katharer (von lat. katharos – die Reinen), einer mittelalterlichen Glaubensgemeinschaft, die von der katholischen Kirche als ketzerisch verfolgt und in einem grausamen Vernichtungsfeldzug in den Jahren 1209 bis 1244 ausgerottet wurde. Auch für die Katharer befand sich die wahre Heimat der Menschen in einem »Reich des reinen Geistes jenseits der Sterne«. Hier auf der Erde fühlten sie sich »wie in einem Gefängnis, daß ein ungeschickter Baumeister aus minderwertigem Material gefertigt hat«. Der Tod war für sie wie das Ablegen eines alten Kleides, dessen man sich entledigt, wie der Schmetterling die Larvenhülle abstößt, um in dem Frühling aufzugehen. Auch den Katharer war die Idee der Wiedergeburt vertraut. All jene Seelen, die sich in der Welt der Materie heimisch fühlten, durften hie-nieden bleiben, wandernd von einem Körper zum anderen, solange sie wollen, bis auch sie Sehnsucht nach dem Lichtreich verspüren.

Wie die indischen Weisen in alter Zeit und auch die Katharer in Abendland bereits wußten, ist es früher oder später die Aufgabe eines jeden menschlichen Wesens, Befreiung – Mokscha – aus den Fesseln von Raum und Zeit zu suchen. Mokscha aber, so lehren bereits die Upanishaden, kann nur dann erlangt werden, wenn das Karma der Erdenleben abgetragen ist.

Wie ist dieser Begriff nun am besten zu definieren? Karma kann als die reale, treibende Kraft der Wiedergeburt betrachtet werden. Im Westen wird Karma oft als »Schicksal«, »Schuld« oder »Vorherbestimmung« angesehen und damit gründlich mißverstanden. Man sollte es viel eher als das unfehlbare Gesetz von Ursache und Wirkung im gesamten Universum bezeichnen.

Jede Wirkung hat eine Ursache, jede Ursache zieht eine Wirkung nach sich.

Der Begriff Karma ist ein Sanskritwort und bedeutet »Handlung« bzw. wörtlich übersetzt »das, was bewirkt ist und bewirkt«. Es ist also »Wirken« oder »Tat« und es zeigt sowohl die Kraft, die in den Handlungen verborgen liegt, als auch die Ergebnisse aus diesen Handlungen. Deshalb darf man eine Handlung nie isoliert von höheren Zusammenhängen betrachten.

Es sind viele Arten von Karma zu unterscheiden, so beispielsweise universelles Karma, nationales Karma und natürlich das individuelle Karma. Alle Arten sind auf komplexe Weise miteinander verbunden, gleichsam verwoben und ineinander verzweigt.

Einfach gesagt, bedeutet »Karma«, daß alles, was wir tun (unsere Handlungen, unsere Worte und Gedanken) entsprechende Ergebnisse hervorbringt. Über kurz oder lang, nämlich immer dann, wenn sich die passenden Umstände ergeben, holen uns die Ergebnisse unserer Handlungen ein – meist haben wir diese dann aber schon lange vergessen. So kann es durchaus sein, daß sich die Auswirkungen einmal gesetzter Ursachen erst in einem späteren Leben manifestieren. Nicht immer können wir die jeweilige Ursache ausmachen, weil jeder Vorgang eine komplizierte Mischung verschiedener karmischer Verzweigungen ist. Meist nimmt der Betroffene dann an, daß bestimmte Ereignisse »zufällig« geschehen und wenn sie gut ablaufen, dann haben wir eben »Glück gehabt«. Dies ist nichts weiter als ein über Jahrhunderte und Generationen hinweg im Abendland kultivierter fataler Irrtum, denn nichts in dieser Welt existiert ohne Ursache und ohne sein Gegenteil. Gegensätze aber ergänzen einander.

Karma ist, wie gesagt, nicht fatalistisches sich Fügen in ein vorbestimmtes Schicksal. Karma begründet unsere Fähigkeiten und Talente, gibt uns die Möglichkeit, uns zu verändern und damit auch die Welt in der wir leben, besser gesagt, unsere Wahrnehmung der wirklichen Welt zu verändern und zu schärfen. Was immer uns jetzt widerfährt, spiegelt unser vergangenes Karma wieder. Unter einem solchen Blickwinkel erscheinen dann Leiden und Schwierigkeiten nicht länger mehr als persönliches Versagen oder als unabwendbare Katastrophe und vor allem erscheinen sie nicht als eine Art von Strafe. Dies führt dazu, daß man nicht mehr in Schuldgefühlen und Selbsthaß schwelgen muß, sondern sich und sein Leben so akzeptieren kann, wie es sich darbietet. Natürlich sollte eine solche Haltung nicht dazu führen, daß man sich aus der Verantwortung stiehlt, die aus diesem Verständnis von Karma nun einmal entsteht.

In der Tat ist es verführerisch, die Lehre vom Karma als Flucht vor eigener Verantwortung zu nutzen.

In Indien erlebten wir, daß manche Zeitgenossen das Karma als Ausrede dafür benutzten, beispielsweise bei einem Verkehrsunfall niemandem hilfreich beistehen zu müssen, da es ja »Karma« der in den Unfall Verwickelten sei, dieses Leid zu erfahren.

Im »aufgeklärten« Westen hingegen durften wir eine andere Variante derselben Ausrede kennenlernen, die besonders übertrieben sensibel und vorsichtig daherkam. Derjenige behauptete, jemandem zu helfen, bedeute sich in einen Entwicklungsprozeß einzumischen, den aber der Betroffene selbst durchleben und klären müsse.

Doch mit an Sicherheit grenzender Wahrscheinlichkeit ist es aber gerade unser Karma, in dieser egozentrischen Zeit einen Weg der Hilfe und der gegenseitigen Unterstützung zu beschreiten.

Albert Einstein sagte einmal:

»Der Mensch ist ein Teil des Ganzen, das wir Universum nennen, ein in Raum und Zeit begrenzter Teil. Er erfährt sich selbst, seine Gedanken und Gefühle als abgetrennt von allen anderen – eine Art optische Täuschung des Bewußtseins. Diese Täuschung ist für uns eine Art Gefängnis, das uns auf unsere eigenen Vorlieben und auf die Zuneigung zu wenigen uns Nahestehenden beschränkt. Unser Ziel muß es sein, uns aus diesem Gefängnis zu befreien, indem wir den Horizont unseres Mitgefühls erweitern, bis er alle lebenden Wesen und die gesamte Natur in all ihrer Schönheit umfaßt.« (Zitat aus: Einstein, Albert: Ideas and Opinions, übers. v. Sonja Bargmann, New York [Crown] 1954.)

Das Gesetz des Karma fordert vom Einzelnen die Übernahme der vollen Verantwortung für sein Schicksal – für all seine

Gedanken, Gefühle, Worte und Taten. Dies ist ein Schritt, den viele Menschen in unserer Epoche nicht mehr bereit sind zu gehen. Die meisten schreckt vordergründig die eherne karmische Gesetzmäßigkeit von Ursache und Wirkung, welche vor allem unserer westlichen Zivilisation widerstrebt, da wir mit einem Mal nicht mehr selbst Herr unseres so gepriesenen »freien Willens« sein sollen.

Doch eine Regel der Karmalehre besagt, daß etwa fünfundsiebzig Prozent von allen Ereignissen in diesem Lebens durch karmische Entwicklungen zumindest in großen Zügen vorherbestimmt sind. Um es bildlich auszudrücken:

Jeder Mensch steuert ein Schicksalsschiff über die Weltmeere des Lebens. Durch das Karma sind ihm bestimmte Voraussetzungen – also Talente oder Lebensumstände – mitgegeben und diese sollte er nutzen, um den Zielhafen zu erreichen. Dieser Zielhafen in hinduistischer Tradition ist es, das Maja der Wahrnehmung zu erkennen und die Grenzen von Raum und Zeit zu transzendieren, um letztlich zur göttlichen Urquelle des Seins zurückzukehren. Mit dem freien Willen kann jeder entweder seine Voraussetzungen nutzen und auf der bestmöglichen Route diesen Hafen erreichen oder die Gaben ungenutzt lassen und mit seinem Schiff auf einer der zahlreichen Untiefen stranden, die das Leben nun einmal bereithält.

Fünfundzwanzig Prozent freier Wille sind nach unserer Ansicht für die im Verlauf des Lebens zu treffenden wirklich wichtigen Entscheidungen vollkommen ausreichend, obwohl wir sehr oft den Eindruck gewinnen, daß für manche sogar diese von der Karmalehre zugestandenen fünfundzwanzig Prozent zuviel sind.

Die Flucht aus dieser Lehre der Reinkarnation fanden viele Religionen im Laufe der Jahrhunderte. Dadurch wurde der Einzelne immer mehr von seiner Eigenverantwortung freigesprochen und die Schuld dem Staat, der Gesellschaft, Krankheitserregern, neuerdings auch der Umweltzerstörung oder einfach dem »Zufall« zugeschrieben. Das kommt einem Selbstbetrug gleich. Doch Karma ist auch ein Gesetz des Ausgleichs, das heißt, ein Mensch wird so lange mit demselben Problemtypus konfrontiert, bis er durch sein Handeln das Problem gelöst hat. Ob allerdings mit den vorstehend beschriebenen Verdrängungsmechanismen eine Lösung der Probleme unseres zu Ende gehenden Jahrtausends gefunden werden kann, erscheint eher fraglich.

Theoretisch natürlich funktioniert das Karma-»Denkmodell« zwar in vielen Köpfen, doch die praktische Umsetzung fällt sehr schwer. Denn der erste Schritt dazu ist die Ehrlichkeit zu sich selbst und damit verbunden die Übernahme der Verantwortung für alle Handlungen. Dabei stehen Verantwortung und Sinnhaftigkeit eng beisammen – sie bedingen sich gegenseitig.

In unserer Zeit leiden viele Menschen an dem Verlust der Sinnhaftigkeit des Lebens, weil sie nicht bereit sind, Verantwortung für ihr Leben zu übernehmen.

Wenn hier nun ständig von den Wirkungen die Rede ist, für die wir Ursache in vergangenen Leben gefunden haben, warum »erinnern« wir uns dann nicht an unsere vorherigen Leben? Der Mensch vergißt nichts von dem, was wesentlich für ihn ist. Er vergißt nur die konkreten Rahmenbedingungen, die nicht mehr wichtig für ihn sind. Das gilt vor allem für bestimmte Fähigkeiten und Fertigkeiten. Fähigkeiten aus früheren Inkarnationen werden nun als Begabungen in dieses Leben eingebracht, allerdings nur, wenn sie für die jetzige Aufgabenstellung notwendig sind. Unnötige Fertigkeiten würden in dem Falle nur ablenkend wirken.

Rudolf Steiners Motto war: »Wir werden nicht nur wiedergeboren, um etwas zu tun, was wir schon können, sondern um etwas zu tun, was wir eigentlich können wollen« – also eben noch nicht können.

So ist der Weg eines jeden Individuums durch zahllose Erdenleben bis zur Befreiung von Samsara – dem Rad der Wiedergeburten – einem ständigen Lernprozeß vergleichbar, in dem alle Variationen der Existenz in dieser materiellen Welt durchlebt werden, solange, bis es hienieden nichts Neues mehr zu versuchen gibt und den Menschen Sehnsucht nach seiner wahren Heimat – jenem »Reich des reinen Geistes jenseits der Sterne« – überkommt.

IIX. DIE PROPHEZEIUNGEN DES BHAGAWAN SRI SHUKA MAHARSHI

Einstmals lebte an der Stelle, wo sich heute die City von Bangalore erhebt, ein heiliger Mann schon jahrzehntelang in strenger Askese und tiefer Meditation. Da erschien ihm eines Tages Narada, Sohn des großen Rishis Brighu und Seher der Götter.

»Du hast durch deine Übungen große Verdienste erworben«, teilte Narada dem Asketen mit. »Die Götter gewähren dir dafür einen Wunsch.«

»Dann wüßte ich gern,« erwiderte dieser, »wieviele Leben ich noch auf diese Weise zubringen muß, bis ich nicht mehr wiedergeboren werde und erlöst bin.«

»Sieh die Blätter des Tamarindenbaumes, unter dem du sitzt« antwortete Narada. »Erst wenn du so viele Leben in Askese und Meditation zugebracht hast, wie dieser Baum Blätter hat, dann erst wirst du Erlösung finden.«

Da sprang der Asket auf, tanzte vor Freude und rief begeistert: »Welch ein Glück, nur noch so wenige Leben!«

Diese Legende erzählte uns Gunjur Sachidananda Murthy, der Nadi-Reader aus Bangalore, als wir auf unserer zweiten Indienreise im Juli 1995 seine Palmblattbibliothek besuchten. Die Palmblattlesung von Madras war äußerst beeindruckend gewesen. Wir wollten jedoch in Erfahrung bringen, ob unser Schicksal auch in anderen indischen Palmblattbibliotheken aufgezeichnet war, oder ob für jeden Ratsuchenden nur ein bestimmtes Palmblatt in einer ganz bestimmten Bibliothek existierte.

Bereits auf unserer ersten Reise im Jahr 1993 suchten wir deshalb die Palmblattbibliothek von Bangalore im indischen Bundesstaat Karnataka auf. Dabei mußten wir feststellen, daß Gunjur Sachidananda nach einem strengen Terminplan arbeitete. Die durchschnittliche Wartezeit betrug damals 14 Tage, zum Zeitpunkt des Erscheinens dieses Buches sind mehr als 4 Wochen daraus geworden, so daß sich in jedem Fall eine rechtzeitige Anmeldung und vorherige Terminvereinbarung empfiehlt.

Auf unserer ersten Reise war es uns daher trotz mehrmaliger Anfragen nicht möglich gewesen, einen Termin für ein Nadi-Reading zu erhalten, da der Kalender von Mr. Sachidananda bereits vollständig ausgebucht war. Wir waren sehr enttäuscht, doch wurden wir damit getröstet, daß es nur nötig sei eine Kassette und 200 Rupies pro Person zu hinterlassen, so daß uns das Nadi-Reading dann per Post zugesandt werden würde. Dazu sollten wir einen umfangreichen Fragebogen ausfüllen, in dem u.a. nach vollständigem Namen, Adresse, Telefon- und Faxnummer sowie Geburtstag, -stunde, -minute, -sekunde sogar, Geburtsort (mit Angabe von genauem Längen- und Breitengrad), Sternzeichen, Aszendent sowie sämtlichen Daten über Eltern, Geschwister, Ehepartner und Kinder gefragt wurde. Eigentlich waren wir nach unseren Erfahrungen in Madras der Meinung, daß derartige Angaben in den Palmblättern enthalten sind. So hinterließ diese Palmblattbibliothek in Bangalore im Jahre 1993 einen etwas zwiespältigen Eindruck, den wir auf unserer zweiten Reise jedoch völlig revidieren mußten.

In diesem Zusammenhang erscheint auch erwähnenswert, daß die Palmblattbibliothek in Bangalore besonders stark von Ausländern frequentiert wird, weniger von Indern. Dies ist jedoch kein Maßstab für die Qualität der abgehaltenen Readings, wie wir im Juli 1995 erfahren durften.

Abermals fuhren wir durch die breiten Alleen der für indische Verhältnisse modernen und sauberen Hauptstadt des Bundesstaates Karnataka nach Chamarajpet hinüber, jener Gegend der Altstadt, in der Angestellte, Handwerker und Händler in bescheidenem Wohlstand leben.

Vor einem unscheinbaren Reihenhaus neben einem kleinen Buchladen stoppte unser Fahrer sein brabbelndes Blechmonster der Marke »Ambassador«, das in seiner Mischung aus unverwüstlicher Robustheit und Eleganz längst vergangener Jahre so unnachahmlich zu Indien paßte. »Nadi Gruha« stand über dem Eingang des kleinen Anwesens – niemals hätte ein zufälliger Besucher vermutet, daß sich hinter dieser bescheidenen Fassade eine der größten und wohl auch berühmtesten Palmblattbibliotheken Indiens verbarg.

Diesmal hatten wir uns rechtzeitig schon einige Wochen vorher telefonisch von Deutschland aus angemeldet und einen Termin vereinbart. Das erschien uns notwendig, da uns 1995 eine Gruppe von Freunden und Bekannten nach Indien begleitete, welche die lange Reise ausschließlich wegen der Palmblattbibliotheken unternommen hatten. Ihnen wollten wir die Enttäuschung ersparen, die wir zwei Jahre zuvor erlebten.

So suchten wir die Palmblattbibliothek Gunjur Sachidanandas auch einen Tag vor dem vereinbarten Termin auf, einfach um uns zu vergewissern, daß an den beiden nachfolgenden Tagen tatsächlich Zeit für die Nadi-Readings unserer Freunde eingeplant worden war.

Rathna Murthy, die Ehefrau des Palmblattlesers, empfing uns freundlich und wollte wissen, ob wir an diesem Tag einen Termin für ein Nadi-Reading hätten. Obwohl wir verneinten, bat uns Rathna mit ausgesuchter Höflichkeit ins Haus und versprach, ihren Mann zu fragen, ob er ein wenig Zeit für uns erübrigen könne. Doch zunächst sollten wir in dem kleinen Vorraum auf einer ledergepolsterten Bank Platz nehmen. Bestimmt würde es eine Weile dauern, bevor Gunjur Sachidananda Zeit hatte. Rathna brachte uns inzwischen wohlschmeckenden Masala-Tschai – mit Milch, Kardamon, Ingwer und bestimmt einer geheimen Hausmischung weiterer Gewürze verfeinerter schwarzer Tee, der uns einfach köstlich mundete.

Wir hatten gerade den letzten Schluck dieses fabelhaften Getränks geschlürft, als Gunjur Sachidananda erschien, gekleidet in den traditionellen Dhoti und die weiße Kurta. Er war uns auf den ersten Blick sympathisch. Mittelgroß, von kräftigem Wuchs und mit klaren, klugen Augen, die uns aus seinem offenen, freundlichen Antlitz entgegenblickten. Er begrüßte uns ebenso herzlich wie es zuvor schon seine Frau getan hatte und sagte dann: »Wie Rathna mir erzählte, hatten sie für heute keinen Termin vereinbart. Ich habe zwar noch einige Klienten, aber zumindest für eine Person könnte ich heute noch ein Nadi-Reading abhalten. Morgen und übermorgen ist dann eine ganze Gruppe von Ausländern hier, da bin ich völlig ausgebucht.« Diese Nachricht freute uns, bedeutete sie doch, daß die Reservierung für unsere Freunde geklappt hatte.

Gunjur Sachidananda schien nachzudenken.

Annett vor dem Eingang der Palmblattbibliothek von Bangalore.

Die Pracht der Maharajas – Palast in Mysore.

»Für sie beide kann ich ein gemeinsames Reading abhalten. Sie sind Dualseelen.« Wir waren verblüfft. Auch Sri Ramani und Annetts Meisterin hatten uns bereits bestätigt, daß wir Seelenpartner oder eben Dualseelen sind, Wesen also, die vom Anfang aller Zeiten an füreinander bestimmt sind, ihre Aufgaben in dieser und allen anderen Welten gemeinsam zu lösen und die sich immer wieder finden, von Leben zu Leben erneut in den verschiedensten Inkarnationen.

Der Palmblattleser bat uns in seinen kleinen Arbeitsraum. Hinter dem gewichtigen Schreibtisch hing an der Wand das lebensgroße Poster eines würdigen, weißhaarigen Mannes. Das war eine Aufnahme von Narayan Shastri, dem Vater Gunjur Sachidanandas, dessen profunde Sanskritkenntnisse, verbunden mit seiner Hellsichtigkeit, die Palmblattbibliothek von Bangalore berühmt gemacht hatten.

Gunjur Sachidananda reichte uns zwei von den Fragebögen, die wir bereits von unserem ersten Besuch hier noch gut in Erinnerung hatten. Nach Namen, Geburtsdatum, Beruf, Wohnanschrift, Familienstand und -verhältnissen sowie nach den Kindern wurde da gefragt und auch nach wichtigen Ereignissen in der Vergangenheit. Wir griffen zum Kugelschreiber und machten uns zögernd an das Ausfüllen der Fragebögen.

Plötzlich unterbrach uns Gunjur Sachidananda und bat Thomas um die Angabe seines Geburtsdatums.

»Das ist der 30. Juni 1968.«

Der Palmblattleser notierte sich das Datum auf einem kleinen Zettel, entschuldigte sich bei uns für einen Moment und verließ den Raum.

»Warum hat er nicht nach deinem Namen gefragt?« wollte Annett wissen. Thomas zuckte mit den Schultern. Auch ihm kam das Ganze etwas seltsam vor.

Nach kurzer Zeit – es mochten keine zehn Minuten vergangen sein – war Gunjur Sachidananda wieder da. Er brachte ein starkes Bündel schon recht alt aussehender Palmblätter mit, das mit einer roten Schnur umwickelt war.

»Nun, lassen wir einstweilen mal das mit dem Formblatt«, sagte Gunjur Sachidananda und schnürte das Palmblattbündel auf. »Ich werde es bei ihnen ohne weitere Angaben probieren.«

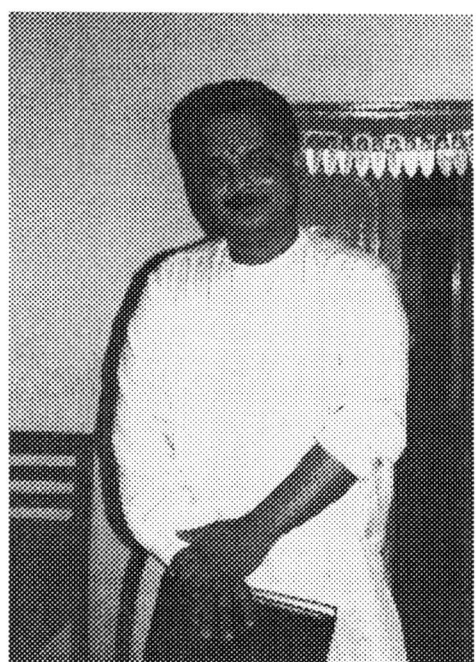

Gunjur Sachidananda Murthy – der Palmblattleser aus Bangalore.

Er sortierte die Palmblätter und wandte sich Thomas zu.

»Sie sind bei ihrer Mutter aufgewachsen, die nicht verheiratet ist. Ihr Vater ist im letzten Jahr, im Monat November des Jahres 1994, verstorben.«

»Das trifft zu.«

»Sie studieren zur Zeit noch, und zwar beschäftigen sie sich dabei mit Gesetzen, mit dem geschriebenen Recht ihres Landes.«

»Ja.«

»Ihr erster Name ist Thomas.«

Er konnte nur nicken.

»Nun zu ihrer Partnerin«, fuhr Gunjur Sachidananda fort. »Sie haben sich im zweiten Monat des Jahres 1989 nach dem westlichen Kalender kennengelernt.«

»Ja.«

»Sie ist an einem 31. Januar geboren, und zwar im Jahr 1972 nach dem westlichen Kalender.«

»Ja.«

»Ihr Name ist Annett und sie hat die Gabe, mit ihren Händen zu heilen.«

Jetzt war es an Annett, ungläubig zu nicken.

»Sie beide sind hier, weil sie noch Informationen für ein Buch suchen, das sie über die Palmblattbibliotheken schreiben wollen."

»Ja«, sagten wir beide wie aus einem Mund.

»Dann habe ich mich nicht getäuscht«, meinte der Palmblatt-

Jahrtausende alte Bronzestatuen – in der Mitte des Bildes Shiva Nataraja.

Die Autoren 1995 in der Palmblattbibliothek in Bangalore.

leser. »Dies hier ist ihr Palmblatt. Aber da gibt es noch eine Sache, die mit dem Nadi-Reading eigentlich nichts zu tun hat.« Gunjur Sachidananda blätterte in seinem Kalender. »Eigentlich sind sie erst für morgen angemeldet, stimmt's?« Das konnten wir nur bestätigen.

»Im Palmblatt steht aber, daß sie bereits am heutigen Tag zur Lesung kommen.«

Ein »Zufall« im indischsten Sinne des Wortes.

»Dann will ich mit der Lesung beginnen«, fuhr Gunjur Sachidananda fort. »Bhagawan Sri Shuka Maharshi spricht nun durch mich zu ihnen ...«

Es erscheint uns überflüssig, den geneigten Leser an dieser Stelle nochmals mit Angaben aus unserer persönlichen Vergangenheit zu langweilen, die von Gunjur Sachidananda ebenso korrekt wiedergegeben wurden, wie einst von Sri Ramani in Madras.

Der Inhalt des Textes auf dem Palmblatt wurde uns in Bangalore ebenso vorgetragen, wie dies in Madras geschehen war, jedoch mit dem Unterschied, daß Gunjur Sachidananda den Text – der von dem mythischen Schöpfer der Palmblattbibliothek, Bhagawan Sri Shuka Maharshi einstmals in Sanskrit verfaßt wurde – sofort ins Englische übertrug und es uns freigestellt war, die für uns wichtigen Punkte selbst zu notieren und das Reading mittels Kassette aufzuzeichnen.

Die Lesung des Palmblattes untergliederte sich in mehrere Abschnitte: Nach der Einleitung, in welcher unsere astrologischen Daten unter Verwendung des hinduistischen Kalenders dargelegt wurden, berichtete Gunjur Sachidananda anhand des Palmblattes zunächst von unserer Vergangenheit in diesem Leben. Dabei überprüfte er die mitgeteilten Fakten durch Rückfragen, da es eine Eigenart des Sanskrit ist, daß gleiche Worte oftmals unterschiedliche Bedeutungen haben können, so daß eine solche Überprüfung unumgänglich ist.

Anschließend erläuterte er für jeden von uns die charakterlichen Eigenschaften, Talente und Fähigkeiten sowie die Aufgaben, welche sich daraus ergeben und für die Gestaltung unserer Zukunft wichtig sind. Dieser Teil des Nadi-Readings, der die Gestaltung des Lebens umfaßt, war inhaltlich der bedeutendste und auch umfangreichste der Palmblattlesung in Bangalore. Hier ging es um das, was sich am treffendsten als »Sinn des Lebens« definieren läßt.

Bhagawan Sri Shuka Maharshi sagt in diesem Palmblatt, daß ihr beiden auf diese Welt zurückgekehrt seid, obwohl sich der Zyklus eurer Leben bereits vollendet hatte. Ihr kamt, um anderen Menschen bei ihrer spirituellen Entwicklung zu helfen.

Annett, du hast die besondere Gabe, durch die Macht des Geistes und die Energie, die durch deine Hände fließt, andere Menschen zu heilen und ihre Leiden zu lindern. Das ist die Aufgabe, die du dir gestellt hast und die dir bestimmt ist in diesem Leben. Thomas wird dir bei der Erfüllung dieser Aufgabe zur Seite stehen. Du bist sein Geistführer in diesem Leben. Seine besondere Stärke ist die Kommunikation mit anderen Menschen – er schreibt, er reist und er berät andere Menschen. Dies ist seine Aufgabe in diesem Leben. Ihr werdet gemeinsam ein Buch über eure Reisen durch Indien und über die Palmblattbibliotheken schreiben, das für euch beide sehr wichtig und ein Teil eurer Aufgabe in diesem Leben ist. Das Buch wird vollendet sein, wenn Thomas sich in seinem dreißigsten Lebensjahr befindet.

Gemeinsam werdet ihr für andere da sein, die auf der Suche nach ihrem Weg sind und ihr werdet ihnen helfen, diesen eigenen Weg zu finden. Wenn Thomas sich in seinem 30. Lebensjahr befindet, wird er das, was er jetzt in seiner Freizeit tut – das Reisen und Schreiben – endgültig zu seinem eigentlichen Beruf machen. Ihr werdet gemeinsam spirituelle Reisen und Seminare organisieren und damit wird Thomas auch seinen Lebensunterhalt verdienen.

Für dich Annett, so sagt das Palmblatt, ist die Aufgabe des Heilens bestimmt. Du wirst Menschen treffen, die es dir ermöglichen, in deinem Land dieser Bestimmung zu folgen. Doch bereits in deinem 26. Lebensjahr erkennen, daß es in der Zukunft nicht möglich sein wird, deine Bestimmung in dem Land zu verwirklichen, in dem du jetzt lebst. Es ist der Staat – es sind die Gesetze der Regierung, die es dir verwehren. So werdet ihr oft ins Ausland reisen auf der Suche nach einem Ort, an dem du deine Aufgabe ungehindert erfüllen kannst. Auch Thomas wird mit den Ideen, die er in seinen Bücher verbreitet, nicht nur Freunde gewinnen, sondern auch Gegner. Dies werden jene sein, die sich den Wandlungen des Lebens entgegenstellen, weil sie verkennen, daß das Bild, welches sie sich von der Welt machten, nicht die Wahrheit ist. Für sie bedeutet die materielle Welt des Kali Yuga Macht und in der Macht sehen sie den Sinn ihres Lebens. Aber ihr seid gekommen, um Veränderung zu bringen und den Menschen zu helfen, sich aus den Fesseln der Materie zu befreien.

Doch ihr werdet einen Platz finden, in einem Land südwestlich von eurer Heimat, an der Küste des Meeres. Dort ist der Ort, an dem ihr eure Aufgabe verwirklichen könnt. Da werdet ihr beginnen, ein spirituelles Zentrum einzurichten. Dieses Land kennt ihr beide schon aus einem früheren Leben. Der Name des Landes lautet heute ...

Gunjur Sachidananda grübelte, wie er den Namen des Staates aus dem Sanskrit ins Englische übertragen sollte.

»Ich komme jetzt einfach nicht drauf,« sagte er entschuldigend. Doch dann stand er einfach auf und trat an die große Weltkarte, die eine ganze Wand des kleinen Raumes bedeckte. Mit dem Fingerknöchel klopfte er auf die spanische Mittelmeerküste. »Dort werden sie ein spirituelles Zentrum einrichten, in Spanien.«

Bhagawan Sri Shuka Maharshi sagt, daß dies geschehen wird, wenn Thomas sich in seinem 32. Lebensjahr befindet. In diesem Zentrum werdet ihr eure spirituelle Energie vereinen, und jeder euer Drittes Auge öffnen. Thomas wird sich dann noch mehr dem Schreiben zuwenden als bislang. Viele wichtige Anregungen und Inspiration wird er aus den vedischen Texten und den Epen Indiens beziehen.

Ihr werdet mit diesem Zentrum einen Platz schaffen, an dem Menschen, die auf der Suche nach ihrer Aufgabe in diesem Leben und auf der Suche nach sich selbst sind, Zeit und Ruhe zum Verweilen und für ihre Studien finden. Ihr werdet eure Kenntnisse und euer Wissen in Seminaren, Vorträgen und Büchern an diejenigen weitergeben, die zu euch kommen.

Doch ihr werdet auch sehr viel reisen in den nächsten Jahren, um eure Kenntnisse von der Welt und den alten Wissenschaften zu erweitern. Auf eurer Suche wird es euch gelingen, zunächst auf spirituellem Wege, doch in späterer Zeit auch körperlich, die

Tore zu anderen Welten zu durchschreiten und an dem Wissen der Wesen dieser Welten teilzuhaben. All dies wird geschehen, wenn euer Drittes Auge geöffnet und klar ist. Das wird sein, wenn Thomas sich in seinem 32. Lebensjahr befindet.

Ihr werdet jedoch auch auf Reisen gehen, um anderen Menschen die Möglichkeit zu geben, dieselben Erfahrungen zu machen, die ihr selbst gemacht habt. Ihr werdet für andere Reisen organisieren und sie auf diesen Reisen begleiten. So wird es kommen, daß ihr abwechselnd in eurer Heimat und an jenem anderen Ort lebt, an dem ihr euer spirituelles Zentrum schaffen werdet. Eure Eltern werden euch bei der Verwirklichung dieser Aufgabe eine große Hilfe sein.

Das Palmblatt sagt weiter, daß sich Thomas ab seinem 31. Lebensjahr intensiv mit Yoga und Meditation beschäftigen wird. Später wird er anderen Menschen die Kunst des Yoga lehren. Annett hingegen wird ab ihrem 27. Lebensjahr im Süden Afrikas und in späteren Jahren in Indien und in Tibet verschiedene Systeme der Heilkünste studieren. Sie wird sich auch sehr ausführlich mit Ayurveda und Homöopathie beschäftigen. Annett ist es auch gegeben, die Zukunft der Menschen und Dinge zu sehen und Kanal für mächtige Energien zu sein, gleich einem Medium. Diese Fähigkeiten wird sie ab dem 27. Lebensjahr einsetzen, um andere noch wirksamer heilen zu können und die wirklichen Ursachen der Krankheiten zu ergründen.

Unser weiteres Leben wurde dann in Abschnitten von jeweils 2 bis 3 Jahren bis hin zum Todestag – der mit dem in der Palmblattlesung von Sri Ramani genannten Daten übereinstimmte – sehr detailliert geschildert und erläutert. Unter anderem sagte der Text des Palmblattes unsere Hochzeit für den Spätsommer des Jahres 1996 an einem Ort weit südlich unserer Heimat auf dem Meer voraus und erwähnte die große Bedeutung der Zahl 7 für unsere Hochzeit. Wir heirateten am 22. September 1996 und an Bord des Schiffes, auf dem die Hochzeit stattfand, waren wir gemeinsam mit unseren Eltern und Freunden insgesamt 13 Personen. Doch als wir an diesem Tag spaßeshalber einmal nachrechneten, wie lange wir bereits zusammen waren, stellte sich zu unserer nicht geringen Überraschung heraus, daß wir uns auf den Tag genau 7 Jahre, 7 Monate und 7 Tage kannten.

Im Zusammenhang mit unserer weiteren Entwicklung benannte das Palmblatt auch vier unserer früheren Leben, aus welchen bestimmte Erfahrungen und Ereignisse in die jetzige Inkarnation hineinwirken. Dieser Abschnitt des Readings diente vor allem dazu, noch unbewußte, brachliegende Fähigkeiten, die bereits in früheren Leben erworben wurden, für die Aufgaben in dieser Inkarnation nutzbar zu machen, erläuterte Gunjur Sachidananda.

Unsere in diesem Zusammenhang bedeutendste Inkarnation hatten wir in Indien erlebt.

Thomas war in diesem Leben ein Philosoph, der eine bestimmte Art des Kundalini-Yoga (Schlangen-Yoga) praktizierte. Das Kundalini-Yoga versucht, die gegensätzlichen Prinzipien Spiritualität und Sexualität durch Verschmelzung ihrer Energien im Körper zu vereinen und so das reine Bewußtsein der Einheit aus Körper und Seele zu erreichen. Ist diese Vereinigung vollkommen, hat ein solcher Yogi Mokscha – die Erlösung vom Kreislauf der Wiedergeburten – erlangt.

Annett war auch in dieser Inkarnation seine Partnerin und praktizierte als ayurvedische Ärztin. Ayurveda – wörtlich übersetzt »die Wissenschaft vom langen Leben« – ist eine uralte, auf reiner Kräutermedizin beruhende Heilkunde, die fortschrittliche und vielseitige Diagnostik, prophylaktische Methodik sowie Heilverfahren beinhaltet, die nicht nur dem materiellen Körper, sondern auch die energetischen Ebenen des menschlichen Seins berücksichtigen. Die Ayurveda umfaßt ein großes Wissen der psychosomatischen Ursachenbehandlung, denn den ayurvedischen Ärzten ist bekannt, daß zahlreiche Krankheiten auf Störungen im energetischen Bereich zurückzuführen sind. Gemäß der Ayurveda sind Krankheiten Signale des Körpers, die darauf hinweisen, daß das Verhältnis der Elemente im Körper gestört ist. Die Korrektur dieses Gleichgewichts beruht auf einer sehr differenzierten Ernährungswissenschaft. Die zentrale Rolle wird hierbei einer rein vegetarischen Ernährungsweise, angemessener Rohkost, gezieltem Fasten sowie der richtigen Atmung zugemessen. Ayurvedische Medizin ist kein verzweifelter Kampf gegen den Tod, sondern eine Unterstützung der natürlichen Gesundheit innerhalb eines vernünftigen Rahmens in der sicheren

Gewißheit, daß bloße Gesundheit eben nicht das höchste Gut des Menschen ist. Der physische Tod ist nämlich unter keinen Umständen vermeidbar.

Ein weiteres Leben verbrachten wir gemeinsam nach Aussage des Textes auf unserem Palmblatt in China.

Thomas beschäftige sich in diesem Leben mit Architektur, während Annett Tantra lehrte, daß wir auch gemeinsam praktizierten. Das Tantra erscheint als eine recht unorthodoxe Form des Yoga. Tantra ist ein mystischer, aber dennoch klar vorgegebener Weg zur ekstatischen Befreiung durch die Lenkung der unendlichen Energien von Körper und Seele – es ist ein Yoga des Handelns.

Die Tantrikas wollen den weltlichen Freuden nicht entsagen, sondern im Gegenteil aktiv erleben. Das bewußt Erfahren dieser Freuden soll soweit gehen, daß die dabei freigesetzte Energie zur höchsten Erleuchtung führt. Dabei wird das Göttliche in Gestalt der Frau verehrt. Die Tantrikas glauben daher an die Frau als Trägerin der göttlichen Macht. Aus diesem Grunde spielt auch der Geschlechtsverkehr als Ausdruck der Vereinigung von Männlichem und Weiblichem, also von transzendenter und immanenter Gottheit, im Tantrismus eine außerordentlich große Rolle.

Auch in Spanien lebten wir bereits einmal gemeinsam in einer Familie, die dem damaligen Herrscherhaus sehr nahe stand. Aus dieser Inkarnation kannten wir auch unsere Eltern. Dies ist gemäß der Aussage des Palmblattes auch der Grund, warum wir in diesem Leben nach Spanien zurückkehren werden. Gunjur Sachidananda konnte nicht wissen, daß wir bereits vor unserer Indienreise mit dem Gedanken an eine – zumindest zeitweilige – Übersiedelung an die spanische Mittelmeerküste spielten. Die Gedanken und Wünsche haben inzwischen die Form sehr konkreter Pläne angenommen.

In Südafrika lebte Thomas bereits einmal um die Wende des 19. zum 20. Jahrhundert als Rechtsanwalt und Grundstücksmakler, während Annett damals in einer männlichen Inkarnation als Tierarzt praktizierte. Arzt und Rechtsanwalt sollen sehr gute Freunde gewesen sein.

Ein weiteres Kapitel des Nadi-Readings war unserer gesundheitlichen Verfassung sowohl in psychischer als auch in physischer Hinsicht gewidmet. Dabei nannte der Text des Palmblattes auch die Gegenmittel (etwa bestimmte Meditations- und Yogatechniken oder Medizin der Ayurveda) zur Behebung möglicher künftig auftretender gesundheitlicher Probleme.

Nach über zwei Stunden sprach uns Gunjur Sachidananda zum Abschluß des Nadi-Readings unsere ganz persönlichen Mantren vor, welche wir immer dann rezitieren sollten, wenn wir in Situationen geraten, welche die ganze Kraft der Persönlichkeit erfordern.

Das Mantra von Annett richtet sich an Dhanvantharaye, die Göttin der Gesundheit, der Ärzte und Heiler, während Thomas sich mit seinem Mantra der Führung Shiva Natarajas, des gewaltigen Tänzers, anvertrauen soll, dessen Tanz die Einheit und den Rhythmus des Lebens symbolisiert. Shiva Nataraja tanzt in einem Feuerring, der für die ewige Kette von Leben und Tod steht. Alles ist immerfort in Wandlung begriffen. Die Energie nimmt im Spiel der Schöpfung ständig neue Formen an – nur das Göttliche ist unveränderlich und absolut. Am Ende des gegenwärtigen Zeitalters der Unwissenheit sind die Ausdehnung, der Zerfall und die Auflösung die bestimmenden Prinzipien. Shiva tanzt den schrecklichen Zerstörungstanz Tandava.

Gunjur Sachidananda lächelte zufrieden, als er unsere Begeisterung sah.

»Bhagawan Sri Shuka Maharshi segnet sie. Der Rishi und ich wünschen ihnen das Beste für ihr weiteres Leben.«

Er schaltete den Recorder ab, mit dem er die gesamte Lesung aufgezeichnet hatte und übergab uns die Kassette.

»Es freut mich, daß sie mit der Lesung so zufrieden sind. Jedes Palmblatt ist für mich neue Aufgabe, jedes Nadi-Reading eine Herausforderung, denn ich bin erst seit wenigen Jahren im Besitz der Bibliothek. Mein älterer Bruder Ramakrishna war Nadi-Reader vor mir und vor ihm war es mein Vater.« Dann begann Gunjur Sachidananda zu erzählen, wie er zum Hüter der Palmblattbibliothek wurde.

Narayan Shastri, dessen legendärer Ruf als Nadi-Reader und Hellseher sich weit über die Grenzen Indiens verbreitet hatte, bestimmte ursprünglich Gunjur Sachidananda zu seinem Nachfolger. Doch Ramakrishna machte das Recht des Erstgeborenen geltend und so war er es, der in seiner Jugend vom Vater in der Kunst des Palmblattlesens, der vedischen Mythologie und den alten Sprachen unterrichtet wurde. Nach dem Tode Narayan Shastris hielt Ramakrishna die Palmblattlesungen ab. Durch seine hervorragende Ausbildung war er bald ein ebenso geachteter Nadi-Reader wie einst sein Vater. Ramakrishna Shastri erhielt Einladungen ins Ausland, in die USA und nach Kanada, denen er gern nachkam. Bei seinen Reisen führte er stets einen Koffer voller Palmblattbündel mit sich, so daß er auch im Ausland Lesungen abhalten konnte. Ramakrishna verdiente viel Geld damit. Doch er hatte gegen den uralten Grundsatz verstoßen, daß die Palmblätter den Boden des Landes, auf dem sie einst niedergeschrieben worden waren, nicht verlassen durften. Dies zog Konsequenzen nach sich. Die Familie Murthy ist überzeugt, daß Bhagawan Sri Shuka Maharshi offenbar selbst in das Geschehen eingriff, um weiteres Unheil zu verhüten. Im Alter von nur 39 Jahren kehrte Ramakrishna Shastri aus einem Trancezustand nicht mehr in das irdische Leben zurück.

Gunjur Sachidananda hatte inzwischen das College und anschließend die Universität besucht. Ein guter Abschluß sicherte ihm eine Laufbahn als Angestellter im Regierungspräsidium von Karnataka. Doch nach dem Tod seines Bruders stand er plötzlich vor der Wahl, sich zwischen Beruf und Berufung entscheiden zu müssen. Gunjur Sachidananda versuchte anfangs beides. Er hielt Palmblattlesungen abends ab, wenn er bereits durch die Arbeit des Tages ermüdet war. Natürlich blieb es dabei nicht aus, daß er Fehler beging und die Readings nicht gelangen, da ihm die Deutung der Palmblätter zumindest anfangs unglaublich schwer fiel. In seiner Not begann Gunjur Sachidananda eingedenk der Ermahnungen seines verstorbenen Vaters, sich intensiv mit Meditation zu beschäftigen. Diese Übungen öffneten ihm den Zugang zu den höheren Welten.

Wir hatten eine seiner Palmblattlesungen erleben dürfen und waren überzeugt, daß Gunjur Sachidananda mindestens über genauso außergewöhnlichen Kräfte verfügte, wie sein Vater.

»Diese Palmblattbibliothek befindet sich schon geraume Zeit im Familienbesitz, seit zwölf Generationen, was einem Zeitraum von etwa 800 Jahren gleichkommt«, berichtete Gunjur Sachidananda weiter. »In ihrem Ursprung geht sie jedoch auf den Rishi Baghawan Sri Shuka Maharshi – einen Gefährten Brighus – zurück.«

Wir wollten gern mehr wissen über die Rishis und die Geschichte der Palmblattbibliothek von Bangalore, doch Gunjur Sachidananda entschuldigte sich zunächst einmal, da im Vorraum schon weitere Klienten warteten.

»Morgen werden wir gewiß Zeit finden, über alles zu sprechen, wenn sie mit ihren Freunden wiederkommen.«

In den nächsten beiden Tagen ergab sich tatsächlich zwischen den einzelnen Nadi-Readings, die Thomas für unsere Mitreisenden ins Deutsche übersetzte, so manche Gelegenheit, unsere Fragen loszuwerden.

Welche Auffassung hatte nun Gunjur Sachidananda vom Zweck der Palmblattbibliotheken?

»Die Palmblätter enthalten nicht nur die Beschreibung individueller Schicksale, sondern auch Hinweise, wie sich die Zukunft der Menschheit gestalten wird. Es wäre jedoch nicht nur müßig, sondern sogar schädlich, diese Hinweise jedermann zu enthüllen. Viele sprechen von den Dingen im Außen, die geändert werden müssen. Sie verkennen aber, daß jede Änderung in der äußeren Welt nur dann dauerhaft sein kann, wenn sich zuvor die Dinge im Innern der Menschen, in ihrem Herzen und in ihrer Seele geändert haben. Es ist nutzlos, von Freiheit nur zu sprechen, wenn man in den Fesseln der Materie verstrickt ist und ebenso ist es eine Lüge, von Frieden zu predigen, wenn dieser notfalls mit Waffengewalt erzwungen werden soll. Es ist eine Angewohnheit der Menschen des Kali Yuga, sich mit den Dingen der äußeren Welt zu identifizieren. Wenn sich jeder für sich selbst und seine spirituelle Entwicklung nur soviel Zeit nehmen würde, wie er aufwendet, um die Fehler seiner Mitmenschen zu kritisieren oder seinen materiellen Wünschen nachzujagen, dann gäbe es viel mehr Erleuchtete auf dieser Welt.

Die Botschaft derer, die diese Bibliotheken schufen, ist selbstlose Liebe, denn die Probleme der heutigen Menschheit resultieren aus den selbstsüchtigen Wünschen der Menschen, seien diese nun persönlicher, sozialer, rassischer, nationaler oder regionaler Art. Nur wenn es gelingt, diese menschliche Selbstsucht zu überwinden und zu transzendieren, dann wird für jeden Einzelnen das Leben in einer wirklich menschlichen Gemeinschaft möglich sein. Um diese großen Dinge zu ändern, ist es jedoch erforderlich, daß zuvor der Einzelne sich verändert. Für alle, die nach dieser individuellen Veränderung streben, haben die Rishis vor mehr als 7 000 Jahren diese Palmblattbibliotheken geschaffen. Mit der Kenntnis der spirituellen Aufgabe in seinem Leben und den Hinweisen auf die Möglichkeit ihrer Lösung erhält jeder, der die Palmblattbibliotheken besucht, den Weg aufgezeigt, auf dem er für sich selbst diese innere Veränderung vollziehen kann und durch sein eigenes Beispiel ebenfalls an der Veränderung all jener mitzuwirken imstande ist, die in sein Leben treten. Den Weg, den die Rishis ihnen gezeigt haben, diesen Weg müssen sie nun selbst gehen. Niemand sonst kann das tun. Das heißt, wer hierher kommt, um sein Schicksal zu erfahren, muß auch bereit sein, Verantwortung für sein eigenes Leben zu übernehmen. Nur dann kann man die Aufgabe erfüllen, die einem von den Rishis aufgezeigt wird. Aus diesem Grunde ist es auch nicht möglich, daß ich beispielsweise schriftliche Anfragen eines Nadi-Readings anhand des Fragebogens beantworte, die sie vor sich liegen haben. Ich habe es anfangs versucht, aber es hat nicht funktioniert. Es ist nicht im Sinn Bhagawan Sri Shuka Maharshis. Jeder, der ernsthaft daran interessiert ist, sein Schicksal und seine Aufgabe in diesem Leben zu erfahren, der muß sich selbst auf die Reise zu dieser Palmblattbibliothek begeben.« Gunjur Sachidananda lächelte verschmitzt. »Doch in ihrem Palmblatt steht ja, daß sie noch sehr oft hierher kommen und für viele Menschen die anstrengende Reise leichter machen werden.«

Wir baten in einem ruhigen Augenblick auch Gunjur Sachidananda um unsere Palmblätter, doch ohne Erfolg.

»Die Palmblätter eines Bündels sind fortlaufend beschrieben«, erklärte uns der Palmblattleser. »So beginnt zum Beispiel der Text, der sie betrifft, im oberen Drittel dieses Blattes. Er erstreckt sich über fünf weitere Blätter und endet dann etwa in der Hälfte dieses Palmblattes hier. Wenn ich ihnen nun ihre persönlichen Palmblätter aushändigen würde, wäre der Zusammenhang in diesem Palmblattmanuskript zerstört und Informationen für andere Klienten würden fehlen. Es heißt, daß sich in unserer Bibliothek 3 650 Palmblattmanuskripte mit jeweils 365 einzelnen Blättern befinden sollen. Nun, ich habe die Manuskripte nie nachgezählt, doch es sind mit Sicherheit recht viele. Ich denke, allein in den letzten sechzig Jahren, in der Zeit, da mein Vater und mein älterer Bruder die Palmblattlesungen abgehalten haben, werden es weit mehr als 150 000 Menschen gewesen sein, die unsere Bibliothek aufgesucht haben.«

»Ist dann der Vorrat an Manuskripten nicht irgendwann einmal verbraucht?« wollten wir wissen.

»Nein, denn die Bibliothek füllt sich auf eine bestimmte Weise immer wieder mit neuen Palmblattmanuskripten auf.« Gunjur Sachidananda lächelte ein wenig geheimnisvoll. »Wenn es an der Zeit ist, werde ich sie einladen, sich anzuschauen, wie das vor sich geht.«

Tatsächlich erreichte uns im Sommer 1997 ein Brief, der uns zur Puja, dem alljährlichen Dankopferfest für den Begründer der Palmblattbibliothek einlud. Es wäre nicht nur unhöflich, sondern ziemlich ignorant gewesen, diese Einladung nicht wahrzunehmen. Die Puja für Bhagawan Sri Shuka Maharshi dauerte zehn volle Tage. In dieser Zeit verwandelte sich das bescheidene Heim der Familie Murthy in einen kleinen Tempel. Blumengirlanden und Bilder der indischen Gottheiten schmückten die Wände und den kleinen Altar, auf dem sich die Opfergaben für den Rishi häuften – Blüten, Früchte, Weihrauch, Öl und Wasser. Es duftete nach Blumen, Sandelholz, Moschus und Amber. Ununterbrochen erklangen Bhajans, die heiligen Hymnen der Veden, intoniert von Gunjur Sachidananda und seinen zahlreichen Gästen – Brahmanen, Sadhus und Schriftgelehrten –, die aus ganz Indien und zum Teil wohl auch aus dem Ausland angereist waren. Als einzige Europäer fühlten wir uns anfangs ein wenig fremd in dieser Atmosphäre so nah den Rishis und indischen Göttern. Doch die Herzlichkeit von Rathna und Gunjur Sachidananda ließ uns bald all unsere Hemmungen vergessen. Wir waren keine Fremden, keine bloßen Zuschauer oder Zaungäste, sondern Teilnehmer der heiligen Zeremonien.

In einem kleinen Raum waren Palmblattmanuskripte zu einer mannshohen Pyramide aufgestapelt worden. Girlanden aus frischen Blüten schmückten die Palmblätter.

»In den zehn Tagen, wenn wir die Puja zu Ehren Bhagawan Sri Shuka Maharshis abhalten, findet keine Palmblattlesung statt«, erklärte uns Gunjur Sachidananda. »Alle Palmblattmanuskripte werden jeweils für einen Tag in diesem Raum gebracht. Es sind jeden Tag andere. In dieser Zeit laden sie sich mit der Energie der Rishis erneut auf. Das ist jener Zeitpunkt, in dem die Transformation der Texte erfolgt. In diesen zehn Tagen ändern sich die Inhalte der Palmblätter und so füllt sich die Bibliothek Jahr um Jahr aufs Neue. Ich weiß, daß ist für sie schwer zu verstehen, doch läßt sich dieser Vorgang auch anders erklären. Unsere Wahrnehmung der Welt ist nicht objektiv. Jeder nimmt nur einen kleinen Ausschnitt der Wirklichkeit wahr und diese Wahrnehmung ist darüber hinaus noch von seinen persönlichen Wünschen und Vorstellungen geprägt. Der Mensch glaubt, die Dinge die er wahrnimmt, und er selbst, seien voneinander getrennt. Doch in Wirklichkeit ist alles eins. Im Spiel der Schöpfung nimmt die Energie lediglich ständig neue Formen und Zustände an. Wir alle sind Teil dieses Spieles und so kommt es auch, daß sich die Texte der Palmblätter transformieren. Es ist eine Frage der Wahrnehmung, was auf den Palmblättern geschrieben steht. Manche scheinen noch unbeschrieben zu sein, in einigen Jahren dann sind sie beschrieben. Dann nämlich, wenn derjenige die Bibliothek aufsucht, für den eben dieses Palmblatt bestimmt ist. Das ist das Spiel des Maja und die Weisheit der Rishis besteht eben darin, das Maja der äußeren Welt erkannt zu haben und dieses Wissen in Botschaften an all jene weiterzugeben, die auf irgendeine Weise nach einer Möglichkeit von der Befreiung der Fesseln dieser äußeren materiellen Welt streben.«

»Sie meinen, die Rishis existieren noch? Heute und hier?«

»Bhagawan Sri Shuka Maharshi ist in den Tagen der Puja unter uns, präsent in energetischer Form. Er ist auch immer dann hier, wenn ich eine Palmblattlesung abhalte. Ich bin nur sein Medium, ein Dolmetscher der Worte Bhagawan Sri Shuka Maharshis. Die Rishis sind keine Menschen und die Zeit der materiellen Welt spielt für sie keine Rolle. Wir können sagen, die

Urschriften der Palmblätter wurden nach unserer Zeitrechnung vor 7 000 Jahren verfaßt. Ebenso können wir aber sagen, die Rishis beschreiben die Blätter des Schicksals noch heute. Auch sie mögen vergänglich sein, doch nach menschlichen Maßstäben sind sie unsterblich. Wir wissen, daß sie sich am Beginn des Kali Yuga aus der Welt der Menschen zurückgezogen haben, in die Reinen Länder im Gebirge des Nordens und dort ihr Reich errichteten, für das menschliche Auge unsichtbar, geschützt von Mauern aus psychischer Kraft. Das Kali Yuga ist das Zeitalter der Menschen, in dem sie glauben, selbst ihr Dasein bestimmen zu können, ohne Hilfe aus den anderen Welten. Doch die Palmblätter sagen auch, daß in der Zeit von 1987 bis in das Jahr 2002 nach westlichem Kalender 18 der erleuchteten Meister in menschlicher Gestalt zurückkehren werden, um bei der kommenden Transformation des Planeten der Menschheit helfend zur Seite zu stehen.«

»Es heißt, die Rishis hätten ihre spirituellen Gaben genutzt, um in der Akasha-Chronik zu lesen. Wie kann man sich das vorstellen?«

»Nun, die Akasha-Chronik ist nichts Materielles,« antwortete Gunjur Sachidananda, »kein Goldenes Buch des Schicksals oder etwas in der Art. Sie besteht vielmehr aus reiner Energie und ist in der Lage, Informationen zu speichern. Je stärker dabei die Emotionen sind, die ein Erlebnis, eine bestimmte Situation im Leben begleiten, desto ausgeprägter ist die überdauernde Information in der Akasha-Chronik. Thomas war in seinem Leben in Südafrika sicher ein guter Anwalt, doch das verstandesmäßige Wissen zur Ausübung dieses Berufes gräbt sich nicht allzu tief in die Akasha-Chronik ein. Selbst wenn er sich das fachliche Wissen aus dem vergangenen Leben wieder bewußt macht, wird er in diesem Leben damit sicher keine Anwaltsprüfung bestehen. Die Spuren von angelerntem Wissen bleiben nur sehr fragmentarisch erhalten. Wenn er sich aber, wie das Palmblatt aussagt, in diesem vergangenen Leben sehr stark in bestimmten Fällen engagiert hat, dann finden sich diese Aufzeichnungen deutlich wieder.«

Nach der Lehre des Shuka Nadi – der Kunst des Palmblattlesens – existieren neben unserer dreidimensionalen Welt noch weitere, sehr komplexe Ebenen oder Dimensionen. Diese sind transzendent und mit unserer Wirklichkeitsebene auf eine bestimmte Weise miteinander verschachtelt. Normalerweise beeinflussen sich diese Ebenen nicht gegenseitig, daher können sie auch nicht wahrgenommen werden. Nur bei Veränderungen oder der Störung des Gleichgewichts dieser Sphären werden sie auch von weniger sensitiven Menschen bemerkt. Vorahnungen oder auch das kurzfristige Versetzen in andere Zeitebenen sind die Auswirkungen dieser Phänomene.

Ein solches Ereignis spielte sich am 4. August 1951 in der Nähe von Dieppe in Frankreich ab. Zwei Engländerinnen, die sich in ihrem Urlaub in Puys, einem kleinen Ort in der Nähe von Dieppe aufhielten, wurden am jenem Sommertag der Jahres 1951 noch vor Sonnenaufgang durch Kanonendonner aus dem Schlaf gerissen. In den nächsten drei Stunden waren sie Ohrenzeugen einer Schlacht, die gleichsam in der Zeit festgebannt zu sein schien. Neun Jahre zuvor hatten während des zweiten Weltkrieges kanadische und britische Truppen am 19. August 1942 den von der deutschen Kriegsmarine besetzen Hafen von Dieppe angegriffen. Aus diesem Angriff lernten die Alliierten viel für die spätere Invasion in der Normandie, doch sie zahlten einen furchtbaren Preis dafür. Von insgesamt 6 086 Männern, die in den frühen Morgenstunden des 19. August 1942 bei Dieppe gelandet waren, wurden 3 623 getötet oder verwundet. Neun Jahre später hörten die beiden Frauen noch einmal die unheimlich genaue Wiederholung der Ereignisse von 1942. Die militärischen Aufzeichnungen bestätigten später ihre Beschreibung des erbitterten Kampfes an der französischen Kanalküste.

Dieses Beispiel verdeutlicht, daß nicht nur individuelle Schicksale in der Akasha-Chronik gespeichert sind, sondern auch alle Ereignisse der Menschheitsgeschichte. Es heißt, daß sich jeder Mensch und jedes Geschehen in der Akasha-Chronik wiederfindet. Die Akasha-Chronik enthält mithin also alles, was in diesem Universum war, was ist und was jemals sein wird.

Für jemanden, der es gewohnt ist, in den westlichen Maßstäben des Verständnisses von Raum und Zeit zu denken, wird diese Aussage sicher nur sehr schwer nachvollziehbar sein, denn sie basiert auf einem völlig anderen Zeitbegriff – nicht auf der linearen Abfolge von Ereignissen, welche das Abendland als Geschichte begreift, sondern auf einer Art von Zeitlosigkeit, die sich als Gleichzeitigkeit aller Ereignisse und Prozesse im Universum manifestiert. Die »Zeit«, so wie wir sie begreifen und »messen«, ist demnach nichts anderes ein von unserem Gehirn kreiertes Ordnungssystem, mit dem es uns erst möglich wird, sich in Raum und Zeit – also dem gleichzeitigen Ablauf aller Ereignisse – zu orientieren.

Im folgenden soll ein recht einfacher, bildhafter Vergleich benutzt werden, der sich an unserem westlichen Zeitverständnis orientiert, um zu erklären, wie es den Rishis gelang, die Schicksale bestimmter Personen aus der Akasha-Chronik zu lesen.

Stellen wir uns also die Zeit als einen gigantischen Strom vor, der sich aus der Vergangenheit von einer imaginären Quelle – der Einfachheit halber wollen wir sie mit dem Urknall, dem Beginn unseres Universums gleichsetzen – über die sich ständig im Fluß befindliche »Gegenwart« in die Zukunft bewegt, bis hin zu jenem fernen Punkt, an dem das Universum einmal aufhören wird zu existieren, dem Savarjana Beeja (das Ende aller Form) der indischen Kosmologie. Stellen wir uns dieses »Ende aller Form« deshalb als einen gigantischen Ozean vor, in den der Strom der Zeit mündet.

Wir schwimmen wie alle anderen Wesen auch für einen bestimmten Abschnitt in diesem Strom der Zeit – tauchen an einer Stelle auf, um nach dem Ablauf unserer Lebensspanne wieder darin zu versinken. Dabei ist es für diese Erklärung erst einmal nicht notwendig, weiter zu diskutieren, ob wir nun nur einmal in diesem Strom auftauchen, wie es das westliche Verständnis von Geburt und Tod aussagt oder ob wir, gemäß der östlichen Lehre der Reinkarnation, viele tausend Male in verschiedenen Abschnitten dieses Flusses der Zeit schwimmen.

Als Schwimmer in diesem Zeitstrom ist unser Blickfeld natürlich stark eingeschränkt, so daß wir immer nur einen sehr geringen Teil der Strecke wahrnehmen, die vor uns liegt. Dies mögen im Einzelfall jeweils wenige Stunden, Tage oder allenfalls Wochen sein. Nur für diesen kurzen Abschnitt ist es uns möglich, unser Leben wirklich zu überschauen und entsprechend zu agieren, statt nur zu reagieren. Weiter reicht unser

Blick nun einmal nicht in die Zukunft. Es hat jedoch in allen Epochen der Geschichte Menschen gegeben, denen es möglich war, diese engen Begrenzungen zu überwinden. Stellen wir uns vor, dies seien jene Schwimmer im Strom der Zeit, denen es gelungen ist, den Fluß zu verlassen und an dessen Ufern zu wandeln. Wenn sie flußabwärts entlang des Stromes gingen, mochte es sein, das sie ein wenig schneller waren als die Strömung der Zeit, in der alle anderen dahintrieben. So war es diesen einsamen Wanderern am Rande der Zeit möglich, eher als alle anderen die Untiefen (Verflachung des geistigen Lebens, Versinken in der Welt der Materie), die Stromschnellen (Kriege und Naturkatastrophen) und auch die toten Seitenarme (gescheiterte persönliche oder gesellschaftliche Entwicklungen) im Strom der Zeit zu erkennen. Die Menschen, denen das gelang, waren zu allen Zeiten als Wahrsager oder Propheten bekannt. Michael de Notre Dame, genannt Nostradamus, und der Amerikaner Edgar Cayce gehörten zu ihnen.

Anderen Wesenheiten jedoch gelang es, sich über dem Strom der Zeit emporzuschwingen und aus der Höhe mit scharfem Blick zu überschauen, was in dem mächtigen Fluß der Zeit vor sich ging. Und irgendwann befanden sich diese Wesen so hoch über dem Strom der Zeit, daß sie ihn von seiner Quelle (der Entstehung des Universums) bis zu seiner Mündung (dem Ende aller Form) überschauen konnten. Aus dieser Position heraus brauchten sie nur noch die Ereignisse zu beschreiben, welche sich ihnen darboten und die sie für wichtig erachteten. Aus einer solchen – natürlich spirituell zu verstehenden – Position heraus mögen die Rishis einstmals all jene Informationen bezogen haben, die sie dann in verschlüsselter Form in den Texten der Palmblattmanuskripte niederlegten.

Diese Schilderung stellt nur ein bildhaftes Beispiel dar, doch wir hoffen, daß sie zu verdeutlichen hilft, welch hochbrisante Informationen die Palmblattbibliotheken bergen. Es ist nicht mehr und nicht weniger als unser aller Fahrplan in die Zukunft der Menschheit und dieses Planeten, den die Rishis für uns aufgezeichnet haben.

»Eine wichtige Rolle bei den Nadi-Readings spielt die Beschreibung der früheren Leben,« erklärte uns Gunjur Sachidananda, »denn aus dem, was sich in diesen vorangegangenen Inkarnationen abgespielt hat; aus dem, was wir gedacht und getan haben, gestaltet sich unser heutiges Leben. Daraus wiederum läßt sich ablesen, welchen Aufgaben und Herausforderungen wir uns in diesem Leben noch stellen müssen und wie sich diese am besten bewältigen lassen.«

In den Tagen der Puja zu Ehren Bhagawan Sri Shuka Maharshis lernten wir einmal mehr den Unterschied zwischen abstraktem, angelerntem Wissen und persönlicher Erfahrung kennen, die durch nichts zu ersetzen ist. Eine Sache war es, von Gunjur Sachidananda zu hören, der Rishi weile unter den Anwesenden der Puja und durch seine Einwirkung regenerierten und transformierten sich die Inhalte der Texte auf den Palmblättern – eine ganz andere Sache hingegen, seine energetische Präsenz während der Zeremonien selbst fast körperlich zu spüren und zu erleben, daß auf einem zu Beginn der Puja unbeschriebenen Palmblatt aus unserem Manuskript, das wir eigenhändig markiert hatten, nach dem Abschluß der täglichen Zeremonie ein Text mit der Antwort auf eine sehr persönliche Frage zu lesen war, die wir Gunjur Sachidananda gegenüber noch nicht einmal ausgesprochen hatten.

Nach dieser Erfahrung in der Bibliothek von Bangalore waren wir mehr denn je davon überzeugt, daß es sich bei den Palmblattmanuskripten nicht einfach um totes, vor Jahrtausenden aufgezeichnetes Wissen handelte, sondern um höchst aktuelle Informationen, deren Studium größte Aufmerksamkeit zu widmen ist.

IX. EIN LEBEN IN 12 KAPITELN

Kanchipuram ist eine der Sieben Heiligen Städte der Hindus. Zu diesen Orten religiöser Verehrung gehören auch Mathura, der Geburtsort des Gottes Krishna, Hardwar am oberen Ganges, Ramas Geburtsort Ayodhya, die Stadt Dwarka, wo Krishna als König herrschte, Ujiain, wo aller zwölf Jahre beim Kumbha-Mela-Fest Sadhus aus ganz Indien zusammenkommen sowie als bekannteste Stadt das legendäre Varanasi am Ganges, von den Engländern auch Benares genannt. Diese Pilgerstätten werden als Tirthas bezeichnet, was zu Deutsch »Furten« bedeutet, da sie für die gläubigen Hindus einen Übergang zwischen weltlicher und transzendentaler Realität bilden.

Shiva Vishnu Kanchi, so lautet der heilige Name Kanchipurams, wird auch als die »Stadt der Tausend Tempel« gerühmt. Zu ihren Glanzzeiten, als sie nacheinander Hauptstadt der Reiche von Pallava, Chola der Rajias von Vijajanagar war, traf diese Bezeichnung zweifellos auch zu. Heute sind von den mehr als eintausend sakralen Bauwerken nur etwa 150 Tempel übriggeblieben. Dennoch ist Kanchipuram eine der ungewöhnlichsten Tempelstädte Indiens. Ihre Gopurams, die gewaltigen Tortürme der Tempel, erheben sich eindrucksvoll über der weiten, hitzeflimmernden Ebene und sind schon von Ferne sichtbar.

Auf unserer Reise im Juli 1995 kamen wir auf der Suche nach einer weiteren, im Westen wenig bekannten Palmblattbibliothek in diese Stadt. Wir wußten, daß sich die von Mr. Balasubramaniam geführte Bibliothek in einem Vorort mit der Bezeichnung »Little Kanchipuram« befinden sollte.

Doch mindestens ebenso wie die Kunde von dieser Palmblattbibliothek faszinierten uns die riesigen Tempelanlagen und geheimnisvollen Schreine.

Die hinduistischen Tempel galten von alters her als irdischer Wohnsitz der Gottheiten. Daher wurden sie nach einheitlichen Regeln einer komplizierten sakralen Architektur erbaut, um die Götter zu bewegen, sich darin niederzulassen. Der Tempelbau ist in Indien auch heute noch eine Form der Puja, also der Verehrung des Göttlichen und ein Ritual, um den Göttern näherzukommen.

Der Tempel wurde dabei gleichsam als eine Art dreidimensionales Mandala angesehen – ein Mikrokosmos, der das Universum symbolisierte. Im Zentrum des Bauwerkes befand sich stets das Abbild der zu verehrenden Gottheit, die umgeben wurde mit Bildern ihres Gefolges in absteigender Rangfolge von innen nach außen, so daß zugleich die göttliche Hierarchie sichtbar wurde. Über dem Garbhagriha genannten Sitz der Gottheit erhob sich der zentrale Tempelturm als Symbol des mythischen Berges Meru, der Achse des Universums.

Der ganz aus Kalkstein erbaute Kailasanatha-Tempel gehört zu den ältesten Bauwerken in Kanchipuram. Er wurde vor mehr als 1300 Jahren auf Geheiß der Könige des Pallavareiches errichtet. Eine mehr als zwei Meter hohe Mauer, in die kunstvolle Nischen eingebaut sind, umgibt den inneren, überdachten und in seiner Massivität an ein Festungsbauwerk erinnernden Tempelbereich, der – und das ist eine große Ausnahme in Indien – auch von Nicht-Hindus betreten werden darf. Keine Fläche der Mauern ist von den antiken Baumeistern und Steinmetzen eben belassen worden, alle sind mit vollendeten figürlichen Darstellungen verziert. Wir bewunderten in den Nischen und Alkoven die immer noch farbenprächtigen Überreste der Wandmalereien und Reliefs, geschaffen von Künstlern, über deren Namen und Existenzen das unerbittliche Rad der Zeit schon längst hinweggegangen war. Diese Bildnisse stellten allesamt Szenen aus den ältesten indischen Epen dar. Doch neben den Abbildern von Arjuna, Krishna, Rama und Lakshmana – den bekannten Helden des Mahabharata und Ramajana – fanden sich auf den Reliefs auch seltsam modern anmutende Darstellungen ganz offensichtlich technischer Fluggeräte. Scheibenförmige Objekte schwebten über den Köpfen der abgebildeten Menschen und Götter. Manche dieser Flugscheiben schienen sich auf einer Säule aus Flammenstrahlen gerade vom Boden zu erheben. Andere kreuzten – teilweise sogar in Formation – am Himmel.

Wir fragten einen Tempelpriester nach der Bedeutung dieser Darstellungen.

»Das sind Bilder der Vimanas, der fliegenden Maschinen«, antwortete er kurz und bündig. »Vor mehr als tausend Jahren, als dieser Tempel erbaut wurde, weilten noch die Rishis, die

Erbauer der Vimanas, unter den Menschen. In späteren Zeiten sind sie verschwunden und mit ihnen verging das heilige Wissen um die Bauweise der fliegenden Maschinen.«

Der alte Priester berichtete uns von unzähligen steinernen Tafeln, beschrifteten Kupferplatten und Palmblattmanuskripten, die in den Archiven der Tempel an den heiligen Orten unzugänglich für Nichteingeweihte gelagert sind und die Vimana-Veda, die »Wissenschaft der planetarischen und interplanetarischen Flugobjekte« zum Inhalt haben.

»Nur wir Priester können noch in den alten Texten lesen und sie übersetzen. Doch wir sind keine Ingenieure oder Techniker, wir sind Männer des Glaubens. Wenn es aber jemanden gäbe, der ein Techniker oder ein Konstrukteur ist und er die Geduld hätte, unter unserer Anleitung Jahrzehnte lang diese alten Texte zu studieren, solange eben, bis er sie vollständig verstanden hat – dieser Mann wäre dann imstande, eine Vimana zu bauen, so wie es einst die Rishis getan haben. Die Pläne zum Bau der Flugscheiben und zu ihrer Verwendung – die Vimana-Veda eben – existieren noch. Diese Wissenschaft der Alten muß nur wieder zum Leben erweckt werden.«

Doch erst wenige dieser wertvollen Manuskripte konnten bislang auch von der offiziellen Wissenschaft »wiederentdeckt« und teilweise übersetzt worden, so etwa das bereits erwähnte Samaranganasutradhara oder das Vaimanika-Shastra – ein mehrere tausend Jahre alter Sanskrit-Text, welcher aus der Feder des Maharshi Bharadwaaja, eines Rishis, stammen soll. In zehn Kapiteln, von denen bereits in einem vorangegangenen Teil des Buches eines auszugsweise wiedergegeben worden ist, behandelte dieser Text so aktuelle Themen wie die Ausbildung der Piloten auf verschiedenen Typen von Vimanas und die Darstellung der vorzeitlichen Luftwege. Von der Ausrüstung und Verpflegung der Passagiere war dort ebenso die Rede wie von der Bedienung der einzelnen Geräte und Maschinen an Bord einer solchen Vimana.

Auch militärische Aspekte fanden ihre Berücksichtigung in den alten Sanskrit-Texten. Die Vimanas verfügten über Instrumente, mit denen feindliche Manöver rechtzeitig erkannt werden konnten, um diese wirkungsvoll zu verhindern. Außerdem waren die antiken Flugscheiben mit recht modernen Kommunikationsgeräten ausgerüstet, mit denen »die Verständigung zwischen diesen Fluggeräten über weite Strecken im Raume hinweg möglich« gewesen sein soll.

Auch recht genaue Angaben über die Größe der Flugapparate, die nach Stockwerken gemessen wurde, und über die mächtigen Waffensysteme der Vimanas waren in den Sanskrit-Texten verzeichnet.

»Ich zeige ihnen eine schöne Vimana«, erklärte der Priester und bat uns, ihm zu folgen. In einer Nische, die wir bislang noch nicht entdeckt hatten, war in der Tat die hervorragende Darstellung einer solchen Flugscheibe erhalten, die sich über den Köpfen eines Paares in den Himmel erhob. Eine Reihe von Fenstern und Luken sowie die realistische Darstellung des Abgasstrahles bewiesen den eindeutig technischen Charakter dieses Flugobjektes.

Der Priester deutete auf die beiden abgebildeten Porträts. »Hier sind Prinz Rama und seine Gemahlin Sita dargestellt. Das Flugschiff im Hintergrund ist die Vimana des Prinzen, mit der er den Dämonen Rawana aus Sri Lanka vernichtete. Es war ein großer Kampf, bei dem Rama seine Sita aus der Gefangenschaft des Dämonen befreite. Eine unserer Legenden erzählt, daß Ramas Vimana nach dem Kampf hier an dieser Stelle gelandet sein soll, wo in späteren Jahren der Tempel erbaut wurde. Deshalb finden sie hier auch dieses Bild.«

»Wie alt schätzt man diese Darstellung?« wollten wir wissen.

»Sie ist so alt wie der Tempel, mehr als 1 300 Jahre. Wissenschaftler haben vor einiger Zeit die Farben analysiert und das hohe Alter der Bilder bestätigt.«

»Die selben Wissenschaftler meinen aber auch, daß damals die Menschen unmöglich solche Flugapparate gebaut haben können«, wandten wir ein. »Waren es vielleicht Wesen aus dem All, die ›Götter‹ der Vorzeit, deren Flugwagen hier abgebildet sind?«

»Die Vorstellung, daß unsere Erde von Wesen aus dem All besucht wurde und immer noch besucht wird, deren Heimat fremde Planeten in anderen Sonnensytemen, manchmal sogar andere Galaxien sind,« erwiderte der Priester mit einem nachsichtigen Lächeln zu unserer Überraschung, »diese Vorstellung

Eine Abbildung von Rama und Sita – hinter den beiden erhebt sich Ramas Vimana in die Luft.

Unten: Im Original farbige 1300 Jahre alte Darstellung. Oben rechts ist eine Flugscheibe zu erkennen.

ist den gläubigen Hindus seit Jahrtausenden geläufig. Auch unsere Wissenschaftler beziehen dieses Wissen in ihre Forschungen mit ein. Es ist schon lange nicht mehr die Frage, ob diese Vimanas tatsächlich existiert haben. Natürlich existierten sie. Vielmehr gilt es nun zu differenzieren, welche Vimanas von wem gebaut und benutzt worden sind und was wir aus den Beschreibungen in den alten Manuskripten lernen und für unsere eigene Entwicklung verwenden können.«

»In der Vimana Veda werden die verschiedensten Flugschiffe beschrieben«, fuhr der Priester in seinen Erläuterungen fort. »Manche dieser Maschinen stammten mit Sicherheit nicht von der Erde. In den Texten ist die Rede von Rakshasas, den Wesen der Finsternis und Gewalt, die mit ihren Vimanas aus den Tiefen des Alls kamen. Doch andere fliegende Maschinen wurden von irdischen Konstrukteuren erschaffen – den Rishis. Es waren keine Menschen, aber auch keine Götter. Wir können sagen, daß die Rishis eine eigene Art, eine ganz besondere Rasse von Wesen bildeten, die schon lange auf der Erde weilten, bevor die menschlichen Seelen aus dem Dämmer der Gefangenschaft in einem halb tierischen Dasein zu erwachen begannen und die Menschen nach dem Sinn ihrer Existenz auf der Erde zu suchen anfingen. Nach menschlichen Maßstäben waren sie seit Anbeginn der Zeit hier und durchschritten die verschiedenen Yugas, die Weltzeitalter, an der Seite der Götter und Menschen. Sie waren die Mittler zwischen der Welt des Göttlichen und der Welt der Menschen, die Hüter einer universellen Weisheit und ihrer allumfassenden Gesetzmäßigkeiten. Die Rishis kennen die Gesetze des Karma, das die Existenz der Götter ebenso bestimmt wie die der Menschen.«

Als er unsere bestätigenden Gesten gewahrte, fragte der Priester, nun seinerseits ein wenig überrascht: »Kennen sie sich mit diesen Überlieferungen aus?«

Wir berichteten ihm von unseren Forschungen und Reisen. Er wiegte lächelnd den Kopf hin und her. »Da bin ich nun bald achtzig Jahre alt, doch es ist offensichtlich nie zu spät, um etwas dazu zu lernen. In vielen Dingen wissen sie weit mehr als ich über die Großen Alten und ich denke, sie haben ihr Wesen recht gut verstanden. Wenn es denn ihr Weg ist, so suchen sie die

Rishis, doch suchen sie vor allem, ihre Weisheit zu erlangen.«

Der Priester empfahl uns noch, den Shiva geweihten Sri-Ekambaranathar-Tempel zu besuchen, wenn wir mehr über die Rishis und ihre Werke wissen wollten. »Fragen sie dort nach Narjan. Er ist noch jung, doch er kennt sich gut aus mit den Überlieferungen.« Ein Rat, dem wir nur zu gern Folge leisteten.

Der Sri-Ekambaranathar-Tempel gehörte zu den größten sakralen Bauten in Kanchipuram. Allein seine Grundfläche bedeckte neun Hektar Land. Der Tempel wurde von einer gewaltigen Außenmauer aus Granit umgeben. Auch sein Gopuram, der Torturm, war äußerst beeindruckend. Mit einer Höhe von fast sechzig Metern gehörte der ganz aus Granit erbaute, über und über mit Abbildern von Göttinnen, Göttern und Helden der indischen Mythologie bedeckte Koloß zu den größten Tempeltürmen von Kanchipuram. Der aus einem einzigen Granitblock geschnittene, wohl mindestens ein halbes Dutzend Tonnen schwere Schlußstein des Gopuram mit seinen charakteristischen, an überdimensional Spulen oder Kondensatoren erinnernden Verzierungen wurde nach den Fahrzeugen der indischen Gottheiten Vimana genannt. Im Innern des Tempels umgaben fünf weitere Einfriedungen den Zentralbau des Heiligtums und eine Tausend-Säulen-Halle, wie man sie in allen südindischen Hindu-Tempeln findet. In Wirklichkeit, so versicherte uns der Priester Narjan, bestand diese Halle allerdings nur aus 540 mit überaus filigranen Steinmetzarbeiten geschmückten Granitsäulen, die allesamt Szenen aus dem Mahabharata, dem Ramajana und einigen weiteren südindischen Epen darstellten. Von den Säulen und Erkern lächelten die hinduistischen Götter herab, aus Ecken und Winkeln grinsten fratzengesichtige Dämonen. Tiergottheiten, Gott-Tiere, Fabelwesen verfolgten mit aufgerissenen Rachen und glänzenden Augen unseren Weg.

Narjan, der Priester war von hohem Wuchs, breitschultrig und mochte Mitte Dreißig sein. Auch sein heller Teint unterschied ihn auffallend von den eher kleinwüchsigen und dunkelhäutigen Tamilen. Doch auch die anderen Priester dieses riesigen Tempels wirkten fast so, als wären sie die letzen Angehörigen einer anderen, fast ausgestorbenen Rasse. Sie gehörten allesamt zur Kaste der Brahmanen.

»Unsere Ahnen kamen einst aus den Weiten der eurasischen Steppen in dieses Land«, begann Narjan zu erzählen. »Das war vor vielen tausend Jahren. Doch weil unsere Vorfahren sich nicht mit den Einheimischen vermischten, blieb unser Aussehen ebenso unverändert wie unsere Überlieferungen. In Tempeln wie diesen werden sie gehütet. Es gibt hier eine eigene Schule, in der die jungen Mönche auf ihren Tempeldienst vorbereitet werden. Sie kommen aus über achtzig Bhramanen-Familien, die hier in Kanchipuram leben. Neben einer modernen schulischen Ausbildung erhalten sie auch Unterricht in Sanskrit, Alt-Tamil und weiteren alten Sprachen. Außerdem werden sie mit unseren Überlieferungen, Legenden und den Opferritualen des Tempeldienstes vertraut gemacht.«

Narjan führte uns zu einer Stelle im Schatten der Tausend-Säulen-Halle, wo Dutzende der Tempelschüler mit auf Geheiß eines würdigen Priesters immer wieder das Chanten ein und derselben Textzeile übten. Der Meister korrigierte geduldig Sprache, Ausdruck und Tonlage des Gebetsgesanges seiner Schüler, um sie den Text dann nochmals wiederholen zu lassen.

»Diese Schüler lernen gerade den Text der Bhagavadgita. So werden unsere Überlieferungen noch heute weitergegeben«, erklärte Narjan. »Wir verlassen uns nicht nur auf das geschriebene Wort. Jeder Priester muß außer den Hymnen, die für den täglichen Tempeldienst und die einzelnen Rituale erforderlich sind, auch einen großen Teil der Texte des Mahabharata und der anderer Epen auswendig beherrschen, vor allem aber die heiligen Strophen der Bhagavadgita.«

»Dennoch gibt es in unserem Tempel natürlich auch Archive, in denen Heilige Texte verwahrt werden. Dazu gehören neben historischen Überlieferungen auch yogische Lebensregeln und geheime Manuskripte, die magische Rituale beschreiben.« Als er unsere Neugier gewahrte, wehrte Narjan rasch ab.

»Sie sind weder Hindus noch Priester«, beschied er uns. »Fremden sind diese Bibliotheken verschlossen, ebenso wie Nicht-Hindus der Zutritt zum zentralen Heiligtum dieses Tempels untersagt ist. Ich bitte sie darum, diese Gebote zu respektieren, denn in ihrem Land erwarten sie ja auch mit Recht, daß sich der Gast ihren Lebensregeln anpaßt.«

Buntes Treiben auf dem Vorplatz des Vaikuntha-Perumal-Tempels.

Der gewaltige Gopuram des Sri-Ekambaranathar-Tempels in Kanchipuram.

Nicht minder mächtig, doch farbenfroh bemalt ist der Gopuram des Vaikuntha-Perumal-Tempels.

Oben: Im Innern des Vaikuntha-Perumal-Tempels.

Links: Prozessionswagen vor dem Vaikuntha-Perumal-Tempel in Kanchipuram.

Vimana wird der Abschlußstein eines Tempels genannt – nach den Fahrzeugen der Götter.

Vor langer Zeit, es mochte gut einhundert Jahre her sein, so berichtete Narjan weiter, kam ein Mann aus dem fernen Amerika auf seiner Reise durch Indien auch nach Kanchipuram. Er freundete sich mit einem Priester der Tempelschule an, den er während einer der damals recht häufigen Hungersnöte in seinen Bemühungen unterstützte, das schlimmste Leid der Bevölkerung zu lindern. Dieser Amerikaner nun suchte nach den Spuren einer versunkenen Hochkultur, von der er glaubte, daß sie einstmals im Gebiet des heutigen Pazifik existiert hätte. Als der Priester das überaus große Interesse des Fremden an der Vergangenheit erkannte, lehrte er ihn die alten Sprachen und machte ihm schließlich auch einen Teil jener uralten steinernen Platten zugänglich, deren eingemeißelte Texte vom Untergang jenes Landes berichteten, das der Fremde Mu nannte.

Relief eines Asketen im Sri-Ekambaranathar-Tempel.

»Auch dieser Amerikaner hat, obgleich er mehrere Jahre hier verbrachte, niemals das Tempelarchiv betreten dürfen. Dieses Recht ist nur den Eingeweihten des Tempels vorbehalten. Doch der Fremde war trotzdem sehr zufrieden mit dem, was er an diesem Ort erfahren hatte. Er schrieb später ein Buch über seine Arbeit, das im Westen wohl sehr viel Beachtung gefunden hat. Das erzählten zumindest unsere Lehrer, die es so wieder von ihren Lehrern erfahren hatten. Vielleicht kennen sie sogar den Namen des Fremden. Er hieß Churchward. James Churchward.«

Unversehens waren wir hier wieder auf die Spur jenes Mannes gestoßen, der bei seinen Recherchen höchstwahrscheinlich die einstige Heimat der Rishis entdeckte, den versunkenen Kontinent Mu oder Kasskara – wie das verlorene Land von den Hopi genannt wurde.

Wir berichteten Narjan von unseren Forschungen und darüber, daß wir einer ganz ähnlichen Spur wie einst James Churchward folgten.

»Ich werde ihnen gern alles erzählen, was ich von diesen Dingen weiß«, erklärte Narjan zu unserer großen Freude, während er uns über den riesigen Hof des Tempels führte, der unter den sengenden Strahlen der Mittagssonne förmlich zu glühen schien. Wir hatten unser Schuhwerk natürlich am Eingang des Tempels zurückgelassen und waren nur froh, zumindest die Socken anbehalten zu haben, da der Gang mit bloßen Füßen über die Granitplatten sonst leicht dem Weg über eine glühende Herdplatte gleichgekommen wäre. Narjan schien das alles nichts auszumachen. Barfüßig schritt er voller Würde über die heißen Steine.

Wie immer wurde der Tempel für die heißesten Stunden des Tages geschlossen und auch wir hätten ihn eigentlich verlassen müssen. Doch Narjan hielt uns zurück. Jetzt war die beste Gelegenheit für eine ungestörte Besichtigung des ganzen Bauwerke, machte er uns begreiflich.

»Sie wollen doch alles über die Rishis erfahren.« Narjan deutete auf ein Gebilde, das schon die ganze Zeit über unsere Aufmerksamkeit erregt hatte. Es handelte sich um einen mindestens fünf Meter hohen, mit Messingblech verkleideten Mast, der ein wenig verloren mitten im Tempelgelände stand und in seiner Form stark an den Trägermast einer Elektrizitäts- oder Telegraphenleitung erinnerte. Selbst stilisierte Kondensatoren an den waagerecht verlaufenden Querträgern waren ohne weiteres erkennbar. Lediglich die Leitungen fehlten, ansonsten war die Illusion eines technischen Bauwerkes perfekt.

»Das ist ein Victory Pillar, eine sogenannte Siegessäule. Sie findet sich in der einen oder anderen Form in jedem Tempel, der Shiva geweiht ist«, begann Narjan seine Erklärungen. »Sie erinnert an den Sieg Durgas über die Dämonen.«

Durga ist im hinduistischen Glauben die Inkarnation der furchterregenden Seite Parvatis, der schönen und gütigen Tochter des Himalaja. Während Parvati nur als Gefährtin Shivas verehrt wird, handelt Durga selbständig und bekämpft die Dämonen der Unwissenheit und Falschheit mit ihrer ungezügelten Stärke.

Narjan erzählte uns von der Legende, die zu Durgas Verehrung führte und die auch im Durga Charitra – zu Deutsch »Durgas Taten«, einer der berühmtesten Mythen des Hinduismus – überliefert wurde.

Zur Zeit der Götter und Rishis übte der gewaltige Dämon Mahishasura so strenge Askese, daß die Götter ihm fast unbegrenzte Macht verleihen mußten. Diesen Umstand gedachte der Dämon für seine Zwecke zu nutzen, denn er wollte die Herrschaft über die Welt den Göttern entreißen. So nahm er Büffelgestalt an und stürmte gegen die Tore des Himmels. Von seiner schrecklichen Macht und dem nachfolgenden Chaos waren die erzürnten Götter überwältigt, so daß sie Durga schufen, womit sie all ihre Kraft in einer einzigen Göttin konzentrierten. Durga besiegte die Dämonenheere und vernichtete nach mörderischem Kampf schließlich Mahishasura.

»Es heißt, daß Durga und ihre Verbündeten siegten, weil sie sich über weite Strecken verständigen konnten, ohne daß die Dämonen in der Lage waren, diese Gespräche mitzuhören. Überall im Land standen damals diese Masten, die wir heute Siegessäulen nennen. Sie waren durch metallene Drähte miteinander verbunden. Diese Konstruktion nutzen Durga und ihre Verbündeten – die Götter und Rishis – um sich zu verständigen. So blieben ihre Pläne vor den Feinden geheim und sie vermochten die entfesselten Dämonen zu schlagen. Die Konstruktion der Siegessäulen und die Idee der Verständigung durch die metallenen Drähte aber stammte von den Rishis, welche schließlich auch die Siegessäulen schufen. So hatten sie wesentlich Anteil am Sieg über die Dämonen«, sagte Narjan.

Wir standen inzwischen vor der »Siegessäule« und schauten

mit in den Nacken zurückgelegten Köpfen hinauf zu der Konstruktion am oberen Ende des Mastes. Aus der Nähe war die Ähnlichkeit mit einem modernen Telegraphenmast noch größer. Die Legende paßte dazu. Was hier als Symbol des Sieges über einen bedrohlichen und möglicherweise außerirdischen Gegner der Menschheit eines früheren Yugas verehrt wurde, war einstmals Bestandteil einer technischen Anlage gewesen, eines umfangreichen Kommunikationssystemes, das in den Tagen der Vorzeit zumindest ganz Südindien und vielleicht noch weitere Teile des Subkontinentes umspannte.

Am Sockel der »Siegessäule« waren in steinernen Reliefs Bildnisse der Gottheiten Shiva und Durga sowie Episoden des Kampfes gegen die Dämonenheere eingemeißelt. Wenige Meter davon entfernt fand sich die Darstellung des Dämonenherrschers Mahishasura. In der sakralen indischen Kunst ist die Abbildung Durgas auf ihrem mythischen Reittier, dem Löwen, im Kampf gegen den Büffeldämonen ein recht beliebtes Motiv. Meist erscheint Mahishasura als aggressiver, waffenschwingender Angreifer mit wildem, tierartigen Kopf. Auf moderneren Bildern führt der Dämon dann schon einmal ein Gewehr oder gar eine Kanone mit sich. Doch hier war nichts von all dem zu sehen. Die Darstellung Mahishasuras im Ekambaranathar-Tempel von Kanchipuram schien viel eher abstrakter, um nicht zu sagen, technischer Natur zu sein.

Gegenüber der »Siegessäule« stand ein etwa ein Meter hoher granitener Sockel, auf dem der Dämon plastisch in der Form einer Flugscheibe aus dem harten Stein modelliert war, so wie wir sie von den bildlichen Darstellungen aus dem Kailasanatha-Tempel bereits kannten.

»Hier ist nicht Mahishasura in seiner körperlichen Form selbst, sondern in der Form seiner Vimana dargestellt,« erklärte uns Narjan, »die er in der Schlacht gegen Durga einsetzte. Doch auch diese fliegende Maschine konnte seine Niederlage nicht verhindern. Die Vimana wurde von Durga zerstört und der Dämon vernichtet.«

Bis heute erinnert ein zehntägiges Tempelfest, das jedes Jahr im März abgehalten wird, an diese Ereignisse. Während des Festes werden die Statuen von Durga und Mahishasura in einer rituellen Prozession durch den Tempel und die umgebenden Straßen getragen. Zum Abschluß dieses farbenprächtigen Umzuges plazieren die Priester dann die Abbilder des Dämonen und seiner Bezwingerin vis-à-vis im Abstand von mehreren Dutzend Metern an einem exponierten Platz auf dem Tempelhof, ganz in der Nähe des Victory-Pillar. Anschließend wird die Schlacht zwischen Durga und den Dämonenheeren in Tänzen und Gesängen sowie durch das Abbrennen zahlloser Feuerwerkskörper dargestellt. Die farbigen Raketen werden solange auf das aus relativ leicht brennbaren Materialien hergestellte Abbild Mahishasuras abgefeuert, bis der Dämon in Flammen aufgeht. Dann feiert die Menge den Sieg Durgas über die Mächte der Finsternis. Besondere Beachtung bei diesem Geschehen verdient die Tatsache, daß jene bei der symbolischen Schlachtdarstellung verwendeten Feuerwerkskörper die mächtigen »Himmelspfeile« darstellen sollen, welche Durga einst auf ihren Widersacher abfeuerte. In Anbetracht der Darstellung Mahishasuras in Form seiner Vimana fällt es nicht schwer, diese »Himmelspfeile« als Raketengeschosse zu identifizieren, welche das Wesen vernichteten, das in die indische Mythologie als »Büffeldämon« einging.

Narjan führte uns tiefer in die labyrinthischen Hallenkomplexe des Tempels hinein. Vereinzelte Fackeln und Öllampen erhellten hier die ewige Dämmerung. Brennende Räucherstäbchen verströmten aromatische Düfte nach Sandelholz, Amber und ätherischen Ölen. Doch im Halbdunkel dieser geheimnisvollen Räumen waren die Wände und Säulen aus perfekt aufeinander gefügten zentnerschweren Granitblöcken nicht mehr so reich verziert wie in den äußeren Bereichen. Wir hatten eher das Gefühl, uns in einer leeren Fabrikhalle als durch die Säulengänge eines sakralen Bauwerkes zu bewegen. Die Hallen, Nischen und Arkaden wirkten seltsam funktionell und ließen jede religiöse Prachtentfaltung vermissen. Dies wunderte uns um so mehr, wenn wir an die reich geschmückten und fast überladen wirkenden Gopurams und Schreine draußen dachten, wo auf Schritt und Tritt frische Blumen, Vibuthi und Blütenkränze die Statuen der Götter und Dämonen schmückten.

»Diese Räume hier sind den Bauwerken nachempfunden, in denen einst die Vimanas, die Fahrzeuge der Götter und Weisen,

Eine Siegessäule – erinnert sie nicht verblüffend an einen Strom- oder Telegraphenmast?

Detailaufnahme des oberen Teils der Siegessäule – deutlich sind technische Attribute der Darstellung zu erkennen.

Detailaufnahme des Sockels der Siegessäule – rechts im Bild die flugscheibenähnliche Darstellung des »Dämonen«, der von Durga besiegt wurde.

Aufnahme des Sockelbereichs einer Siegessäule.

konstruiert und gebaut wurden«, ließ sich Narjan im Halbdunkel vernehmen. »So wie hier sah es auch im Innern mancher Vimanas aus.«

Tatsächlich ließen sich einige Bereiche des Sri Ekambaranathar-Tempels auch ohne große Phantasie als Nachbauten von Verladerampen, Werkstätten und Hangars interpretieren.

Wir gingen weiter. Die Räume wurden immer kleiner und verschachtelter, die Durchgänge enger. Sie wirkten fast schleusenartig.

»Hierher kommen sonst keine Weißen«, sagte der Priester. »Folgen sie mir, ich werde ihnen etwas Besonderes zeigen.«

Voller Erwartung betraten wir eine lange, vom Glanz zahlreicher Öllampen matt erhellte Galerie. Was wir hier zu Gesicht bekamen, ließ unseren Atem stocken. Entlang der Wände standen auf niedrigen Sockeln Dutzende halbmeterhohe Statuen in seltsamen Gewändern. Auf den ersten Blick wirkten sie alle menschlich. Doch nur auf den ersten Blick.

»Das sind die Abbilder der Hohepriester dieses Tempels«, erläuterte Narjan und deutete auf die Ziffern, welche über den einzelnen Skulpturen an die Mauer geschrieben waren.

»Hier sind alle Generationen aufgezeichnet, die seit Beginn des Tempelbaues vergangen sind.«

Es waren mehr als siebzig und die ältesten Darstellungen wiesen trotz oder gerade wegen der großen Detailtreue allenfalls menschenähnliche Züge auf.

»Schauen sie sich doch einmal die Baumeister des Tempels an«, ermunterte uns Narjan und deutete auf die Vertreter der ersten Generationen. »Es waren Rishis.«

Wir betrachteten die Skulpturen der geheimnisvollen Schöpfer dieses Tempels, der Vimanas und der Palmblattbibliotheken mit großem Interesse.

Diese Wesen trugen helmartige Kopfbedeckungen und ihre darunter nur teilweise erkennbaren Gesichter hatten etwas seltsam Fremdes an sich. Auch der schlanke und dennoch kraftvolle Körperbau wirkte beinahe reptiloid, ganz so, als hätten wir es hier mit amphibischen Wesen zu tun, deren Heimat Meer und Land zugleich gewesen waren.

Über ihrer modern wirkenden Kleidung trugen sie Tornister

geschultert, die entfernt an Sauerstoffgeräte, zugleich aber auch an militärisches Marschgepäck denken ließen. An den Koppeln, die sie um ihre Hüften geschnallt hatten, hingen waffenähnliche Gegenstände. Mit dieser Ausrüstung und all den technisch anmutenden Utensilien sahen die Erbauer des Tempels ihren weltabgewandten, asketischen Nachfolgern späterer Priestergenerationen, die mit den typischen Abzeichen der Shivaiten – Dreizack, Trommel und drei waagerechten Streifen auf der Stirn als Zeichen des asketischen Strebens nach Auslöschung der drei Unreinheiten Selbstsucht, eigennütziges Handeln und Maya – dargestellt wurden, so gänzlich unähnlich. Die Rishis wirkten nicht wie Priester, sondern wie Mitglieder einer Expedition, die unter extremen Bedingungen zu operieren gezwungen ist. Auch in diesem Fall wurde unsere Hypothese durch die Überlieferungen vom Untergang der »Dritten Welt« oder des vorhergehenden Yugas bestätigt. Waren die Rishis also jenen Kachinas ähnlich, diesen hochentwickelten Wesen, von denen die Legenden der Hopi aus der Dritten Welt berichteten, so sahen wir hier die Statuen jener Angehörigen einer prähistorischen Hochkultur vor uns, die ihre Heimat durch kriegerische Auseinandersetzungen und Naturkatastrophen verloren hatten. Sie waren gezwungen in einem fremden, ihnen unbekannten Land, bevölkert von Wesen, die ihnen mit Sicherheit nicht immer freundlich gesonnen waren, eine neue Heimat zu finden. Nur allzu verständlich, daß sie sich hierbei all jener Ausrüstung bedienten, die ihnen für dieses Unterfangen tauglich erschien und entsprechend ausgerüstet auftraten. In dieser Erscheinung blieben sie den Bewohnern des Landes in Erinnerung, die schließlich auch die Abbilder ihrer neuen Lehrmeister formten und auf diese Weise jene unsterblich werden ließen, die sich aus der Welt der Menschen schon längst wieder zurückgezogen haben.

Wir schritten durch die Galerie, vorbei an den steinernen Abbildern ganzer Generationen der Tempelpriester und gelangten schließlich in einen anderen Bereich des Heiligtums. Hier erhob sich inmitten eines kleinen umbauten Hofes ein mächtiger und offensichtlich uralter Mangobaum.

»Damit hat es eine ganz besondere Bewandtnis«, sagte Narjan ehrfürchtig. »Dieser Baum ist 3 500 Jahre alt. Dies haben sogar

Wissenschaftler mit der Hilfe der Baumringmethode zu bestätigen vermocht. Nach ihm wurde einst unser Tempel genannt.«

Tatsächlich soll der Name des Tempels auf die Bezeichnung Eka Amra Nathar zurückgehen, was soviel wie »Herr des Mangobaumes« bedeutet. Die vier riesigen Äste dieses uralten Baumriesen symbolisierten die Yugas, die vier Weltzeitalter, vertraute uns Narjan an. Deshalb hätten die Früchte der einzelnen Zweige auch jeweils einen anderen Geschmack. Unter diesem Mangobaum, so vermeldet die Legende, heiratete einst der Gott Shiva seine Gefährtin Parvati, die schöne Tochter des Himalaja. Zum ewigen Andenken an diese Hochzeit ließen die Rishis dann um den heiligen Mangobaum herum den Ekambaranathar-Tempel errichten. Daher wird der Baum auch als eine Manifestation des Gottes Shiva angesehen. In einem kleinen Schrein am Fuße des mächtigen Baumes brachten gläubige Hindus dem gewaltigen Shiva und seiner gütigen Gefährtin mannigfache Opfergaben dar – Wasser, ätherische Öle, Räucherwerk, Blumen, Früchte, Schmuck und Geld. Andächtig umschritten die Gläubigen den Schrein des Gottes, Gebetsmantras murmelnd. Wir verfolgten fasziniert das Geschehen. Narjan freute sich sichtlich über unsere Aufmerksamkeit.

»Ich werde sie beide Shiva und Parvati vorstellen«, verkündete er. »Dann werden sie ver-

Naga – die Schlangengottheit und Symbol der Weisheit.

stehen, daß es keine bloßen Statuen sind, nicht nur Bilder aus Stein, sondern daß sie wirklich existieren.« Der Priester geleitete uns weiter durch dunkle Hallen und riesige Arkadengänge zum Schrein der Gottheiten, einem Tempel im Tempel, dem Wohnsitz von Shiva und Parvati.

Wir betraten den Schrein durch das schmale, steinerne Tor. Direkt vor uns thronte in der Mitte des hohen Raumes das göttliche Paar auf einem kleinen Altar. Die etwa einen Meter großen Statuen von Shiva und Parvati waren in prunkvolle Gewänder aus kostbarer Seide – für deren Produktion Kanchipuram seit mehr als tausend Jahren berühmt ist – Damast und Goldbrokat gekleidet. Über ihnen hing von der Decke herab ein Netz aus tausenden von haselnußgroßen, getrockneten Samen einer bestimmten indischen Pflanze, die Shiva geweiht ist. Diese Samen werden deshalb auch als Shivas Augen bezeichnet. Ihre ungeheure Anzahl in diesem Schrein symbolisierte die Allmacht und Allgegenwart des Gottes.

Uns fiel auf, daß der Altar zu beiden Seiten von mehr als mannshohen, messinggerahmten Spiegeln flankiert wurde, deren Qualität an das berühmte venezianische Glas erinnerte. Narjan entging unsere Aufmerksamkeit nicht.

»Mit diesen Spiegeln hat es folgende Bewandtnis,« erzählte der Priester, »den Devotees, den Anhängern Shivas ist vorgeschrieben, daß sie auf einer Pilgerfahrt in eine heiligen Stadt wie Kanchipuram hier alle Schreine ihres Gottes aufsuchen müssen. Das ist Bhakti, ein Weg der völligen Hingabe an die Gottheit. Hier in Kanchipuram gibt es aber 108 Shiva geweihte Tempel. Sie können sich vorstellen, wieviel Zeit man braucht, um sie alle aufzusuchen und dort die vorgeschriebenen Rituale der Puja abzuhalten. So viel Zeit hat kein Mensch. So kam schon vor mehreren hundert Jahren ein Herrscher der Pallava auf die Idee, seinen gläubigen Untertanen die zeitraubenden Zeremonien zu ersparen. Wenn man diese Statuen der Gottheiten hier umschreitet, so erblickt man sich selbst im Spiegel und 108mal das Abbild des göttlichen Paares, so daß mit einer Puja vor diesem Altar alle religiösen Pflichten des Besuches der heiligen Stadt erfüllt sind.«

Eine sehr effiziente Methode der Verehrung, die sich die

Pallavas da hatten einfallen lassen. Nun, diese uralte Königsdynastie war nicht umsonst noch heute für ihre Tüchtigkeit und ihren Einfallsreichtum bekannt.

Narjan sprach zahllose Gebetsmantras voller geheimer Bedeutungen und intonierte mit kräftigem Bariton die Bhajans zu Ehren von Shiva und Parvati. Obwohl es in den steinernen Hallen des Tempels ansonsten angenehm kühl trotz der draußen brütenden nachmittäglichen Hitze war, herrschte in dem steinernen Schrein eine eigentümliche drückende Schwüle, die uns den Schweiß aus allen Poren brechen ließ. Ein dunkler hallender Ton, wie ferner monotoner Gesang schien in der Luft zu liegen – der Klang der Stille.

»Shiva ist ein mächtiger Gott. Das ist seine Energie«, flüsterte Narjan ehrerbietig. Der Priester schwitzte wie wir. Ein lang anhaltendes vibrierendes Hallen, das uns erbeben ließ, erfüllte plötzlich den Raum. Mridangas, die Trommeln erklangen, Flöten, Tablas und Sarods fielen ein. Eine Musik erklang, wie wir sie noch nie gehört hatten.

Die Zeremonie begann. Wir reinigten uns mit den Flammen des heiligen Feuers. Narjan markierte mit roter Vibuthi die Thika, das Dritte Auge, auf unseren Stirnen. Anschließend erteilte er uns den Segen Shivas, indem er eine reich verzierte Haube aus Silberblech, die den Fuß der Gottheit darstellen sollte, auf unsere Köpfe herabsenkte. Ununterbrochen rezitierte Narjan dabei die heiligen Mantras zu Ehren der Gottheiten. Die Berührung des kühlen Metalles durchzuckte uns unmittelbar wie ein elektrischer Schlag. Wir hatten unvermittelt das Gefühl, direkt in einem klaren Strom mächtiger Energien zu stehen, in denen sich die Kräfte des Universums und der Erde verbanden. Shiva Nataraja – wir spürten den kosmischen Tanz des Gottes.

Als allmählich die Musik leiser wurde, bat uns der Priester, den Altar des göttlichen Paares langsam zu umschreiten. »Schaut dabei in die Spiegel.« Wir folgten seinen Worten und blieben mit dem ersten Spiegel im Rücken stehen, den Gottheiten zugewandt. Im gegenüberliegenden Spiegel erblickten wir tatsächlich das vielfache Abbild von Shiva und Parvati und – wir sahen uns. Doch mit anderen Gesichtern und fremden Körpern. Fortwährend schienen sich die geheimnisvollen Bilder zu verwandeln, immer neue Metamorphosen zu durchlaufen. Menschen erschienen und verschwanden, von denen wir wußten, daß all diese Wesen wir waren. Wer zählt die Namen, nennt die Inkarnationen, in denen wir uns fanden und wieder verloren und deren Abbilder in diesen Minuten – oder waren es Stunden – vor unseren Augen vorüberzogen? Ein Maskentanz der Seelen.

Als wir unseren Rundgang fortsetzten und vor dem nächsten Spiegel abermals stehen blieben, wiederholte sich das unglaubliche Schauspiel. Wie es funktionierte, haben wir nicht herausgefunden. Alles Maya, Illusion oder doch eine Botschaft der Götter? Ehrlich – was auch dahinter stecken mochte –, es interessierte uns in diesem Augenblick nicht sonderlich, waren doch diese Bilder für uns nicht mehr und nicht weniger als ein weiterer Beweis dafür, wie recht Gunjur Sachidananda hatte, als er uns Dualseelen nannte. Sind doch Körper, Namen und Existenzen bloße Hüllen der Seelen, die füreinander bestimmt sind von Anbeginn an. Nur wem das selbst widerfahren ist, nur der wird auch vermögen, dies vollkommen verstehen.

Als wir viel später, nach einem herzlichen Abschied von Narjan, den Schrein verließen, vergoldete der Sonnenstrahlen letzter Widerschein die mächtigen Gopurams des Tempels. Eine kühlende Brise hatte sich aufgemacht und vertrieb den Staub des geschäftigen Tages. Wir strebten im Strom der Pilger und Touristen unserer Unterkunft entgegen – erschöpft, zufrieden und einmal mehr überrascht von diesem Land. Es war Abend geworden über der Heiligen Stadt.

Nach dem Frühstück am nächsten Tag trafen wir Mr. Davis, unseren Dolmetscher. Er war ein pensionierter Beamter der indischen Eisenbahn, den wir in Madras kennengelernt hatten, wo er sich als Buchhalter im Hotel ein Zubrot zu seiner bescheidenen Pension verdiente.

Mr. Davis beherrschte neben Tamil und Hindi auch noch einige andere lokale Sprachen und Dialekte. So waren wir hoch erfreut, als er sich bereit erklärte, uns trotz seiner mehr als siebzig Jahre als Dolmetscher auf der Fahrt nach Kanchipuram zu begleiten. In der Palmblattbibliothek von Mr. Balasubramaniam, hatten wir gehört, wurde nur Tamil gesprochen, so daß sich die Anwesenheit eines Dolmetscher bei ausländischen Besuchern zwingend erforderlich machte. Mr. Davis stammte aus einer der in Südindien recht seltenen christlichen Familien. Kumar, unser Fahrer, war Moslem. Dennoch brannten beide genauso wie wir darauf, die Palmblattbibliothek zu besuchen, obwohl es doch eine hinduistische Orakelstätte war. Religiöse Vorurteile, die noch heute in der sogenannten zivilisierten Welt für so manchen unversöhnlichen Zwist sorgen, waren unseren beiden Begleitern ebenso unbekannt wie den Palmblattlesern der Familie Balasubramaniam, die ihre andersgläubigen Landsleute genauso wie uns mit großer Herzlichkeit in der Palmblattbibliothek willkommen hießen.

Die Palmblattbibliothek von Kanchipuram war in einem großräumigen, doch trotzdem bescheiden wirkenden, strohgedeckten Haus an der Ausfallstraße nach Chengalpattu untergebracht. Nur ein Schild mit der Aufschrift »Sri Agathyar Nadi Jothida Nilayam« an der nahegelegenen Bushaltestelle zeugte von ihrer Existenz. Ansonsten hätte man das Anwesen ohne weiteres auch für das Wohnhaus der Großfamilie eines Händlers oder Angestellten halten können.

Ein junger Mann begrüßte uns mit einem herzlichen Lächeln auf der Schwelle des Hauses.

»Namaste, ich bin Siddharta«, übersetzte Mr. Davis seine Worte und fügte hinzu: »Der Meister selbst weilt zur Zeit nicht in der Stadt. Doch Mr. Balasubramaniam hält überdies in eigener Person nur noch wenige Palmblattlesungen ab. In seinem Alter überläßt er diese Arbeit eher seinen Schülern und widmet sich vor allem deren Ausbildung. Wenn Mr. Balasubramaniam einmal seinen Körper für immer verläßt, muß ein würdiger Nachfolger die Bibliothek weiterführen, so wie es die Tradition vorschreibt.«

Siddharta, unser junger Palmblattleser, schien zu den Anwärtern auf dieses Amt zu gehören. Die anderen Nadi-Reader und ihre recht zahlreichen Assistenten begegneten ihm mit großer Achtung. Siddharta bat uns in die Palmblattbibliothek, wo in etlichen kleinen Zimmern stets zugleich verschiedene Palmblattlesungen abgehalten wurden. In mehreren anderen Räumen und unter dem schattigen Vordach warteten ganze Scharen von Klienten. Fast alle Anwesenden waren Inder.

»So ist das hier jeden Tag.« Siddharta klang fast entschuldigend, daß er seinen europäischen Gästen eine längere Wartezeit zumuten mußte. »Unsere Bibliothek ist sehr bekannt, nicht nur in Tamil Nadu. Die Leute kommen von weit her, um sich hier Rat zu holen.«

In der Tat stammten einige Klienten aus Calcutta oder Bombay und eine Familie war sogar aus dem sonst so nüchternen und britisch knochentrockenen New Delhi angereist. Sie alle wollten mehr über ihr Schicksal erfahren oder hatten einfach drängende, ganz bestimmte Fragen, auf die sie sich hier eine Antwort erhofften. Mr. Balasubramaniams Palmblattbibliothek ist meist auf Monate im Voraus ausgebucht und nur unserem rührigen Mr. Davis und seinen zahlreichen Bekanntschaften aus den alten Zeiten, da er noch mit der Eisenbahn durch ganz Indien gefahren war, verdankten wir überhaupt diesen Termin.

Trotzdem die Palmblattleser und Assistenten ihre Arbeit ruhig und voller Würde verrichteten, ging es in der Bibliothek geschäftig zu wie in einem Bienenstock. Hier wurden von den Helfern die notwendigen persönlichen Angaben der Klienten notiert, dort kamen Nadi-Reader mit Palmblattbündeln aus dem nur für Eingeweihte zugänglichen Archiv der Bibliothek. Und überall erklangen die Stimmen der Palmblattleser, welche in einem ganz eigentümlich schönen, rhythmischen Sprechgesang die alt-tamilischen Texte rezitierten.

Auch Siddharta wurde zu seinem nächsten Klienten gerufen. Er versicherte uns noch rasch, daß er sich gleich nach dem Lunch um uns kümmern würde. Wir machten uns auf stundenlanges Warten gefaßt und nahmen im Schatten des luftigen Vordaches auf langen hölzernen Bänken Platz. Bald schon wandten uns einige der wartenden Tamilen ihre Aufmerksamkeit zu. Doch kaum hatten wir die ersten Fragen nach dem Woher und Wohin beantwortet, da erschien Siddharta wieder und bat uns zu seinem Assistenten. Ramu war für die Aufnahme der Personalien zuständig. Um das Palmblatt eines Ratsuchenden in Kanchipuram aufzufinden, benötigten die Nadi-Reader zunächst nur den ersten Buchstaben des (ersten) Vornamens und den Abdruck des Daumens. Dabei wurde der Daumenabdruck je nach Geschlecht des betreffenden Klienten unterschiedlich abgenommen. Die Herren gaben den Abdruck des rechten Daumens, die Damen den des linken Daumens. Dies verwunderte uns nun doch ein wenig, gilt doch in Indien die linke Hand allgemein als »unrein«, da sie für alle Tätigkeiten unterhalb der Gürtellinie benutzt wird und in den ärmeren Bevölkerungsschichten auch heute noch das Toilettenpapier ersetzt.

Doch für das Orakel schienen die Fragen die rituellen Reinlichkeit ganz offensichtlich nur eine untergeordnete Bedeutung zu haben. Ramu erklärte uns kurz und bündig, daß diese Art der Personalienaufnahme aller Ratsuchenden einst durch den erleuchteten Rishi Sri Agasthya persönlich angeordnet worden sei. Nach dieser Auskunft verstaute Ramu die kleinen Zettel mit den Daumenabrücken und den sorgfältig aufgemalten Buchstaben in der Brusttasche seiner Kurta. »Ich werde jetzt im Archiv nach ihren Palmblättern suchen. Sobald ich sie gefunden habe, wird Siddharta mit dem Nadi-Reading beginnen.«

Wir gesellten uns erneut zu den Wartenden. Die junge Familie neben uns war mitsamt der beiden Kleinkinder aus den Staaten angereist.

»Eigentlich wohnen wir in Oregon, doch einmal jedes Jahr kehren wir nach Indien zurück«, erklärte uns der Mann. »Meine Eltern leben hier in Kanchipuram. Dann suchen wir auch jedesmal die Bibliothek hier auf. Bislang haben wir es noch nie bereut, uns auf die Ratschläge Sri Agasthyas zu verlassen.«

Wir wollten gern noch mehr wissen über ihre persönlichen Erfahrungen mit den Voraussagen dieser Bibliothek und über die Geschichte der Orakelstätte. »Wir nehmen die Hinweise Sri Agasthyas stets ernst und versuchen, danach zu leben. Doch was die Geschichte dieser Bibliothek betrifft, kann ich ihnen nur sagen, daß sie auf den erleuchteten Rishis Agasthya zurückgeht und sehr alt sein soll. Man sagt, diese Bibliothek existiert hier mindestens schon so lange wie es den Vaikuntha-Perumal Tempel gibt. Und der steht meines Wissens schon über tausend Jahre hier. Doch es kann leicht sein, daß die Bibliothek selbst noch älter ist als der Tempel. Die Frage, wann genau diese Bibliothek entstand, nehmen wir nicht so wichtig. Viel bedeutender sind für uns die Aussagen der Palmblattmanuskripte und was wir damit in unserem Leben anfangen können.«

In einem späteren Gespräch mit Siddharta erfuhren wir dann, daß die Palmblattbibliothek von Kanchipuram sehr wohl zu den ältesten ihrer Art gehört und offenbar seit Jahrhunderten traditionell geführt wird. Die künftigen Nadi-Reader leben und arbeiten wie Familienmitglieder im Hause des Meisters und werden von diesem im Lauf von mehreren Jahrzehnten in der Kunst des Nadi-Readings unterwiesen. Fühlt dann der Meister seinen Tod nahen, so bestimmt er einen Nachfolger, welcher dann die Leitung der Bibliothek und die weitere Ausbildung der übrigen Schüler übernimmt.

Der Rishi Agasthya, mythischer Gründer dieser Bibliothek, genießt hier in Indiens Süden noch heute höchste Verehrung. Auch er gehörte zu den Großen Alten, den Weisen der Vorzeit, die das Wissen und die Kenntnisse früherer Yugas und der versinkenden Dritten Welt von Kasskara an die Menschen unseres Zeitalters weitergaben. Die wörtliche Übersetzung seines Namens lautet »Bergbezwinger«, da er als erster das sagenhafte Windhja-Gebirge überwunden und den indischen Süden für den Hinduismus gewonnen haben soll. Doch der Sohn Mitras und Warunas wird hier auch als Bringer der alt-tamilischen Schriftsprache verehrt. Mehr als eintausend Jahre, bevor die Dichter und Chronisten des frühen Indien mit der schriftlichen Überlieferung von historischen Ereignissen, Legenden und religiösen Texten begannen, wurden unter Anleitung Sri Agasthyas die Palmblätter mit speziell für diesen Zweck geschaffenen Schriftzeichen beschrieben. Es sollen dieselben Schriftzeichen gewesen sein, die auch benutzt wurden, um auf den steinernen Tafeln, die James Churchward in Kanchipuram Ende des 19. Jahrhunderts entdeckte, die Überlieferung vom Untergang des Kontinentes Mu (oder Kasskara) aufzuzeichnen.

Die alt-tamilische Schriftsprache und insbesondere die Texte auf den Palmblättern und den Steintafeln Churchwards können sinngemäß mit der Speicherung von Daten auf einer modernen CD-ROM verglichen werden. In beiden Fällen ist es jeweils darum gegangen, möglichst umfangreiche Informationen unter Verwendung möglichst weniger, vorgegebener Zeichen auf einem Datenträger mit begrenzter Speicherkapazität unterzubringen.

Siddharta berichtete weiter, daß er schon mehr als ein Dutzend Jahre bei Mr. Balasubramaniam lebt. Seine Ausbildung begann mit dem Unterricht in der alt-tamilischen Schriftsprache und ihren vielfältigen Interpretationsmöglichkeiten. In den ersten drei Jahren dieser Ausbildung gehört es vor allem zu den Aufgaben eines künftigen Nadi-Readers, mittels feiner Griffel und Nadeln wortgetreu die Texte alter und verbrauchter Palmblätter auf neue Manuskripte zu übertragen. Durch diese Tätigkeit üben sich die Schüler im Umgang mit den anfangs ungewohnten Begriffen und Formulierungen des Alt-Tamil. In der weiteren Ausbildung wird neben der vollkommenen Beherrschung der Schriftsprache größter Wert auch auf die geistige und spirituelle Unterweisung der angehenden Palmblattleser gelegt. Die Kenntnis religiöser Gesänge und Rituale des für gläubige Hindus unverzichtbaren Tempeldienstes gehört ebenso dazu wie yogische Exerzitien und Körperübungen, die einzig und allein dazu dienen, dem Schüler einen Kontakt mit den geistigen Welten zu ermöglichen und ihn zu einem reinen Kanal für die Energien des Rishis Agasthya werden zu lassen. Denn auch die Palmblattleser von Kanchipuram sehen sich lediglich als Medien, als bescheidene Dolmetscher der Worte Agasthyas, von dem sie glauben, daß er bei jedem Nadi-Reading durch sie spricht.

Siddharta selbst nun praktizierte das Lesen der Palmblätter bereits seit acht Jahren, anfangs natürlich noch im Beisein und unter Anleitung seines Meisters Balasubramaniam. Inzwischen jedoch arbeitete er selbständig. Dennoch machte Siddharta kein Hehl daraus, daß auch für ihn die Interpretation der alten Texte immer noch ein ständiger Lernprozeß ist.

»Dies war aber auch die Absicht Sri Agasthyas«, erklärte Siddharta. »Nicht nur für den Ratsuchenden, der hier Auskunft über sein Schicksal erhält, sondern auch für den Nadi-Reader, der seine Fähigkeiten von Reading zu Reading ständig vervollkommnet, ist es eine Möglichkeit, um einst die Meisterschaft und damit auch Moksha, die Erlösung vom Rad der Wiedergeburten, erlangen zu können.«

Bis zu diesem Gespräch, das unserem Nadi-Reading voraus ging, hatten wir mehrere Stunden warten müssen. Eine Übung, die jedem streßgeplagten, ungeduldigen und hektischen Europäer zumindest einmal die wunderbare Möglichkeit eröffnet, eine Lektion in indischer Gelassenheit gegenüber der Zeit zu nehmen. Mit uns wartete eine junge Koreanerin. Sie war bereits den vierten Tag hier und wußte, daß es mindestens noch einen weiteren Tag bis zu ihrem Nadi-Reading dauern würde.

»Mr. Balasubramaniam hat mir gesagt, daß in meinem Palmblatt ausdrücklich erst der morgige Tag als Datum für mein Reading angegeben ist«, erzählte sie. »Ich studiere zu Hause indische Philologie und habe bis zu meiner Abreise nur an meiner Magisterarbeit geschrieben. Ich hielt es für eine ganz tolle Idee, hier einfach herzukommen und meine philologischen Studien anhand der Texte auf den Palmblättern fortzusetzen. Sie waren in meinen Augen ideale, authentische Studienobjekte, denn die Kunst des Nadi-Readings ist bereits seit Jahrtausenden fest in die hinduistische Kultur integriert. Die Palmblätter hier in Kanchipuram sind im Durchschnitt etwa 700 Jahre alt, erzählte mir Mr. Balasubramaniam. Was diese Archive wirklich bedeuten, welch allumfassendes Wissen hier gespeichert ist, nicht nur für die Hindus, sondern für jeden, der damit in Berührung kommt, war mir nicht klar. Jetzt habe ich Zeit, darüber nachzudenken und auch darüber, was ich mir in meinem tiefsten Innern wirklich von dem Besuch hier erhoffe, was mich wirklich hierher geführt hat. Ob sie es nun glauben oder nicht, inzwischen bin ich zutiefst dankbar für diese Wartezeit.«

Siddharta berichtete uns, wie einst die Palmblattbibliothek von Kanchipuram entstand. Als Zentrum der Kunst des Shuka-Nadi galt ursprünglich die alte Stadt Tiruchirapalli, kurz Trichy genannt. Dieser Ort blickte auf eine lange und äußerst eindrucksvolle Geschichte zurück. Im ersten Jahrtausend unserer Zeitrechnung herrschten nach wechselvollen Schlachten die Pallava oder die Pandya über die Stadt. Im zehnten Jahrhundert konnten sich die Chola als neue Machthaber etablieren. Über eine langen Zeitraum hinweg war Trichy eine ihrer bedeutendsten Zitadellen. Als das Reich der Chola zerfiel, ging die Stadt in die Hände der Vijayanagar-Dynastie von Hampi über, die Tiruchirapalli im Jahr 1556 an die Streitkräfte des Sultanats von Dekkan verloren. Auch im 18. Jahrhundert noch spielte die

Stadt eine bedeutende Rolle bei den Auseinandersetzungen zwischen den rivalisierenden Briten und Franzosen in Südindien.

Das berühmteste Wahrzeichen dieser quirligen Stadt ist heute der gewaltige Rock-Fort-Tempel. Gegründet auf einer massiven Felspyramide, erhebt sich das Monument unvermittelt aus der Ebene und überragt eindrucksvoll die Altstadt. Hat man die 437 Treppenstufen bis zum Gipfel des Felsens erklommen, so darf man auch als Nicht-Hindu den Vinayaka-Tempel auf dem Gipfel betreten und sich sogar vom Tempelelefanten segnen lassen. Der nimmt an Spenden sowohl Geld als auch Naturalien entgegen. Die Rupien – ob Münzen oder Scheine – reicht er treulich an seinen Mahout weiter. Bananen, Ananas oder Süßigkeiten frißt er selber.

Von den Plattformen des Vinayaka-Tempels aus bietet sich ein phantastischer Ausblick über ganz Trichy, wobei man sofort in einem Meer aus Kokospalmen das zweite Wahrzeichen der Stadt entdeckt – den Sri Ranganathaswamy-Tempel, auch Srirangam-Tempel genannt.

Dieser riesige Tempelkomplex erhebt sich auf einer Insel inmitten des Flusses Cauvery und umfaßt ein Areal von mehr als zweieinhalb Quadratkilometern. Der Vishnu geweihte Tempel wird von sieben konzentrischen Mauern umschlossen und von 21 Gopurams gekrönt. Damit gehört die Anlage zu den größten sakralen Bauwerken in ganz Indien.

Hier soll der Rishi Agasthya mit seinen Schülern die Urtexte jener Palmblätter angefertigt haben, deren Abschriften in Kanchipuram für die Ratsuchenden bereitliegen. Siddharta versicherte uns, daß derzeit in der Bibliothek die Lebensläufe von etwa 500 000 Menschen aufbewahrt werden.

In den Zeiten der Rajias von Vijajanagar verlagerte sich das Zentrum des Shuka-Nadi von Trichy nach Vaithisvarankoil, da sich dieser Ort mehr und mehr zum spirituellen Zentrum der südlichen Region entwickelte. So wird auch das Nadi-Reading in Kanchipuram noch heute in der Tradition des Shuka-Nadi von Vaithisvarankoil abgehalten. Jene ersten Nadi-Reader, die vor Tausenden von Jahren nach Kanchipuram kamen, waren Schüler aus der Palmblattbibliothek von Vaithisvarankoil. Doch bald verbreitete sich der Ruf der neuen Palmblattbibliothek in der heiligen Stadt über ganz Südindien. Die Klienten nahmen weite Wege, Gefahren und lange Wartezeiten in Kauf, um hier Rat und Hilfe bei der Lösung ihrer Probleme zu finden. Daran hat sich bis heute nichts geändert.

Die Legende berichtet von einem reichen Kaufmann aus Calcutta, der einst die Palmblattbibliothek von Kanchipuram aufsuchte. Er wünschte zu erfahren, wie die kürzlich geschlossene Ehe seines einzigen Sohnes verlaufen würde und ob ihm die Schwiegertochter den ersehnten Enkelsohn schenken würde, damit der Fortbestand seiner Familie auch künftig gesichert sei. Der Palmblattleser verkündete ihm jedoch zunächst zu seiner Überraschung und alsdann immer mehr wachsenden Wut, daß er keine Enkel – weder Söhne noch Töchter – haben würde.

»Das Palmblatt lügt!« empörte sich der Kaufmann. »Mein Sohn und seine Frau sind beide jung und gesund! Wieso sollten sie keine Kinder haben?«

Doch der Palmblattleser blieb fest bei seiner Aussage, was seinen Klienten nur noch mehr erzürnte. »Ich werde allen berichten, was für Lügengeschichten du mir erzählt hast!«

»Bedenke wohl, was das Palmblatt sagte«, antwortete der Nadi-Reader. »Und bedenke ebenso was du tust und mit deiner Zeit noch beginnen willst.«

Doch der Kaufmann war taub für die Mahnungen des Weisen und stürmte zornig aus der Palmblattbibliothek ins Freie. Blind vor Wut und Enttäuschung achtete er nicht auf den Weg und hörte nicht das warnende Zischen einer Kobra, der er zu nahe kam. Die Schlange biß den Kaufmann. Für ihn kam jede Hilfe zu spät. Er starb kurze Zeit später im Delirium. Sein Sohn und dessen Frau bekamen viele Kinder – Söhne und Töchter. Doch der Kaufmann selbst hatte niemals Enkel.

Dieser Bericht mag eine Legende sein, doch wurden wir vor einigen Jahren selbst Zeugen eines ganz ähnlichen Falles. Ein junges Ehepaar aus Japan machte auf seiner Indienreise Station in Kanchipuram und wollte natürlich einen Besuch in der Palmblattbibliothek nicht versäumen. Ihre Palmblätter wurden auch alsbald aufgefunden und das Nadi-Reading konnte beginnen. Alle von den Palmblattlesern vorgetragenen Informationen entsprachen der Realität und die beiden waren vor Überraschung ganz aus dem Häuschen. Um so unangenehmer berührt zeigte sich der junge Mann, als ihm der Palmblattleser mitteilte, daß seine Eltern nicht mehr am Leben seien. Er hatte sie erst einige Tage zuvor bei bester Gesundheit in ihrer Heimatstadt Kobe verlassen. Ganz offensichtlich konnte die Aussage des Palmblattes zumindest in diesem Punkt nicht stimmen. Doch Mr. Balasubramaniam, der zur Schlichtung des sich anbahnenden Disputs herbeigeholt worden war, prüfte selbst nochmals den Text und bestätigte die Interpretation seines Schülers. Nun bestand der junge Japaner darauf, mit seinen Eltern zu telefonieren, um den Nadi-Readern zu beweisen, daß sie mit ihren Aussagen im Unrecht waren. Mr. Balasubramaniam gestattete bereitwillig die Benutzung des Telefons der Bibliothek. Nach mehreren erfolglosen Versuchen konnte dann doch noch eine Verbindung nach Japan hergestellt werden. Am anderen Apparat waren offensichtlich die Schwiegereltern des jungen Mannes und was sie ihm mitzuteilen hatten, ließ ihn am Telefon weinend zusammenbrechen. Seine Eltern gehörten zu den Opfern des gewaltigen Erdbebens, das die Stadt Kobe einen Tag zuvor heimgesucht und hunderte Tote gefordert hatte.

Bei unserem ersten Besuch im Juli 1995 in der Palmblattbibliothek von Kanchipuram hatten wir uns aus Zeitgründen darauf verständigt, daß diesmal nur für Annett ein Nadi-Reading abgehalten werden sollte. Diese Absprache war wohl in weiser Voraussicht getroffen worden, denn das Auffinden von Annetts Palmblatt gestaltete sich dann in der Tat recht zeitaufwendig.

Siddharta erklärte, daß er uns nun aus all jenen Palmblattmanuskripten, die eine bestimmte Affinität zu den vorhandenen Angaben – also dem Daumenabdruck, dem ersten Buchstaben des ersten Vornamens und der astrologischen Konstellation, unter der wir diese Palmblattbibliothek aufgesucht hatten – die jeweils bedeutendsten, die Vergangenheit betreffenden Aussagen vorlesen würde. Konnte Annett diese Aussagen bestätigen, wurde mit der Lesung fortgefahren. Trafen die Aussagen nicht zu, wurde das Palmblatt verworfen und ein neues Manuskript gelesen. Letztlich ging es darum, den Namen und das Geburtsdatum von Annett sowie die Namen und ihrer Eltern zu verifizieren. Stimmten diese mit den Informationen des Palmblattes

Während eines Nadi-Readings in der Palmblattbibliothek von Kanchipuram. Links im Bild ist Siddharta, unser Palmblattleser zu sehen.

überein, war das zutreffende Manuskript aufgefunden. So ergab sich eine Art von Frage-und-Antwort-Spiel, bei dem sich Siddharta durch Rückfragen vergewisserte, ob die auf den Palmblättern angegebenen Daten – die sich sämtlich auf die Vergangenheit und die momentanen Lebensumstände von Annett bezogen – mit der Realität übereinstimmten. Mr. Davis, unser Dolmetscher, übersetzte fließend und korrekt. Zwischenzeitlich aber schien er sich königlich darüber zu amüsieren, daß wir die weite Reise aus Europa hierher unternommen hatten, bloß um von einem Fremden die Namen unserer Eltern aus einem Jahrhunderte alten Palmblattmanuskript vorgelesen zu bekommen.

Doch dann, als wir bereits zu zweifeln begannen, ob denn in dieser Bibliothek überhaupt ein Palmblatt für Annett bereit lag, war es geschafft. Siddharta trug in dem eigentümlichen Sprechgesang, den wir in den Schicksalsbibliotheken schon so oft gehört hatten, den Text der Jahrhunderte alten Abschrift vor, der im folgenden auszugsweise wiedergegeben ist.

Ich, Sarat Agasthya, bin glücklich, zu meinen Göttern Ganesha, Parvati und Shiva zu beten. Ich danke ihnen im Gebet für die Güte, die sie mir stets erweisen und dafür, daß sie der Welt die Palmblätter überlassen haben, auf denen die gesamten Leben aller Individuen, die geboren sind, beschrieben werden.

Dieses Palmblatt, welches am 13. Juli des Jahres 1995 – nach dem westlichen Kalendersystem – aufgefunden wurde, gehört zu einer Person weiblichen Geschlechts, die nicht dem hinduistischen Glauben zugehörig ist. Sie hat eine weite Reise unternommen, um zu diesem Ort zu kommen. Ihre Heimat liegt fern von hier im Nordwesten auf einem anderen Kontinent. Die Symbole ihrer Heimat sind ein Baum, der dort »Eiche« genannt wird sowie die Farben schwarz, rot und gold.

Der Name ihres Vaters beginnt mit dem Wort »Karl«, sein zweiter Name ist »Heinz«. Der Name ihrer Mutter fängt mit dem Wort »Erika« an. Sie selbst heißt mit dem ersten Namen »Annett«. Ihre Eltern und sie haben den gemeinsamen Nachnamen »Mann«.

Annett ist an einem 31. Januar geboren, im Jahr 1972 nach dem westlichen Kalender.

Heute ist sie gemeinsam hier mit einem Mann, dem sie das Versprechen der Ehe gegeben hat. Der erste Name dieses Mannes ist »Thomas«. Der Name seiner Familie ist »Ritter«.

»Treffen diese Informationen zu?« wollte Siddharta wissen.

»Vollkommen.«

»Dann ist dies hier ihr Palmblatt«, antwortete er zufrieden. »Genauer gesagt, ist es so etwas wie ihre Karteikarte in unserer Bibliothek. Deshalb dürfen sie dieses Palmblattmanuskript auch fotografieren und anfassen«, fügte Siddharta lächelnd hinzu.

Er war sogar bereit, uns die Stellen des alt-tamilischen Textes zu zeigen, an denen unsere Namen und die von Annetts Eltern verzeichnet waren.

»Anhand dieses Palmblattes, das ich als ihre Karteikarte bezeichnen will, ist es nun möglich, alle Informationen, die Annetts Leben betreffen, in unserem Archiv aufzufinden«, ließ uns der Nadi-Reader wissen. »Dort existiert für sie ein Palmblattmanuskript, das aus 12 allgemeinen Kapiteln besteht, die Khandams genannt werden. Diese Khandams beschreiben die einzelnen Lebensbereiche eines Individuums. Außerdem gibt es vier weitere, spezielle Khandams, die sich mit besonderen Fragen befassen. Dieses Palmblattmanuskripte aber bekommt kein Klient, sei er nun Hindu oder nicht, zu sehen. Sie sind nur den Nadi-Readern zugänglich. Heute wird für Annett das erste Kapitel des Palmblattes geöffnet. Es enthält allgemeine und weit gefaßte Informationen über ihr gesamtes Dasein in dieser Inkarnation sowie über das ihrer Familie bis hin zu Tag, an dem sie ihren irdischen Körper verlassen wird. Ich schreibe den Text des ersten Khandams dann in ein speziell für diesen Zweck bestimmtes Heft in der Schrift des heutigen Tamil nieder. Anschließend liest einer meiner Assistenten den Text nochmals laut vor. Diese Lesung wird dann auf Kassette aufgenommen. Der geschriebene Text und das aufgenommene Reading dürften ihren Dolmetscher in die Lage versetzen, den Inhalt des ersten Khandams ohne weitere Schwierigkeiten wortgetreu ins Englische zu übertragen.«

Und so geschah es. Nachdem wir zwei Stunden später das Heft mit dem aufgezeichneten Inhalt der Palmblattlesung und die dazugehörige Kassette erhalten hatten, begann Mr. Davis noch am gleichen Tag mit der Übersetzung des ersten Khandams. Wie Siddharta vorausgesagt hatte, gelang diese Transkription problemlos. Am nächsten Morgen präsentierte uns ein strahlender Mr. Davis das Ergebnis seiner Arbeit. Und das konnte sich wirklich sehen lassen. Auf sechs engzeilig beschriebenen Seiten des Heftes fand sich die englische Wiedergabe des ersten Kapitels aus Annetts Palmblattmanuskript. Auch die Aussagen dieses Nadi-Readings in Kanchipuram waren sehr exakt und stimmten mit denen aus Madras und Bangalore überein – wobei natürlich nicht eine buchstäbliche sondern sinngemäße Identität gemeint ist. Natürlich wurde in dem uns nun zugänglichen ersten Kapitel von Annetts Palmblatt nicht so detailliert wie in Madras oder Bangalore über bestimmte Lebensumstände berichtet. Doch dies war ja auch nicht der Zweck dieses Khandams, das nach Siddhartas Worten lediglich einen ersten Überblick über das gesamte Dasein in dieser Inkarnation darstellte.

Weitergehende Ausführungen zu einzelnen Lebensbereichen waren den folgenden Kapiteln des Manuskriptes vorbehalten. Im Gegensatz zu den beiden anderen von uns besuchten Bibliotheken sind in Kanchipuram also mehrere – um genau zu sein, insgesamt bis zu 16 – Nadi-Readings möglich und wohl auch erforderlich, wenn man den Inhalt aller Kapitel einschließlich der speziellen Khandams erfahren will. Nach der ersten Palmblattlesung können die folgenden Kapitel jedoch zumeist erst in einem zeitlichen Abstand erfragt werden, der zwischen mehreren Tagen und einigen Monaten schwankt. Nach Ablauf dieser Frist ist es dann möglich, den Inhalt des nächsten Khandams zu erfahren.

Diese Kapitel befassen sich detailliert mit einzelnen Lebensbereichen – so wird im zweiten Khandam über die Ausbildung, berufliche Karriere und das persönliche Vermögen des Klienten berichtet, während sich das fünfte Kapitel ausschließlich mit dem Schicksal der Kinder des Ratsuchenden auseinandersetzt oder aufzeigt, aus welchen Gründen es dem Klienten nicht möglich ist, in diesem Leben Kinder zu bekommen. In diesem Zusammenhang werden auch Möglichkeiten zur Erfüllung eines bestehenden Kinderwunsches aufgezeigt, von medizinischer Hilfe bis hin zur Adoption.

Im siebenten Khandam werden Informationen zu Liebe, Beziehungen und Partnerschaft gegeben sowie das Geburtshoroskop des idealen Partners in diesem Leben benannt. Die Aussagen können so präzise sein, daß sie sogar den genauen Ort und den Zeitpunkt der ersten Begegnung mit dem Lebenspartner bezeichnen.

Das achte Kapitel enthält Angaben zu gesundheitlichen und anderen Risiken der persönlichen Existenz und den Möglichkeiten ihrer Verhütung. Außerdem werden in diesem Kapitel der genaue Zeitpunkt, die Umstände und der Ort des eigenen Todes benannt.

Das neunte und das elfte Kapitel hingegen widmen sich ausschließlich spirituellen Fragen, so etwa dem Sinn der Existenz in diesem Dasein und den zu erfüllenden geistigen Aufgaben. In diesem Zusammenhang werden auch Aussagen über die Möglichkeiten der persönlichen spirituellen Entwicklung durch das Studium bei einem auserwählten Meister oder die Zugehörigkeit zu einer bestimmten Religionsgemeinschaft erörtert. Ebenso stehen Reisen zu heiligen Orten sowie Anleitung zu bestimmten yogischen oder tantrischen Übungen im Mittelpunkt vor allem des neunten Kapitels. Surja Namaskar, das Sonnengebet, ist beispielsweise eine solch alte Übung, um mit der Grundenergie des Universums in Verbindung zu treten. Man führt es in der Morgendämmerung aus, um die Energie der aufgehenden Sonne aufzunehmen und so Blutkreislauf und den Bauchraum zu stimulieren.

Das elfte Khamdam gibt darüber hinaus Hinweise auf den Zeitpunkt und den Ort der nächsten Inkarnation oder die Möglichkeit, nach Vollendung des gegenwärtigen Lebens Moksha, also Erlösung vom Kreislauf der irdischen Wiedergeburten, zu erlangen.

Wir verließen die Palmblattbibliothek und die heilige Stadt Kanchipuram in der sicheren Gewißheit, daß trotz des zunehmenden Touristenverkehrs und der auch in der indischen Gesellschaft immer weiter um sich greifenden Säkularisierung die Palmblattmanuskripte ebenso wie die geheimen Archive der Tempel auch zukünftig durch treue Hüter bewahrt werden. Hier zeigte sich wieder einmal die Kraft einer seit Tausenden von Jahren ungebrochenen Tradition. Das überlieferte Wissen der Rishis wird nicht untergehen.

X. DAS VERMÄCHTNIS DER SIEBEN RISHIS

Im Verlauf der Jahre hatten wir auf mehreren Reisen drei Palmblattbibliotheken besucht und konnten uns dabei von der Realität und den ausgesprochen exakten Voraussagen des dort abgehaltenen Nadi-Reading überzeugen. Nach uns vorliegenden Informationen existieren jedoch noch weitere Palmblattbibliotheken vor allem in Südindien, so unter anderem in Tanjore, Tirucharapalli und dem kleinen Ort Vaithisvarankoil, südlich von Pondicherry. Über die Qualität der Palmblattlesungen dort wollen wir uns kein Urteil erlauben, da uns die persönliche Erfahrung in diesen Fällen fehlt.

All jenen aber, die sich selbst einmal auf die Suche nach »ihrem Palmblatt« begeben möchten, aber nicht wissen, in welche Bibliothek sie erfolgreich sein könnten, sei gesagt, daß Bescheidenheit, Gastfreundschaft und eine tiefe Spiritualität jeden wirklichen Palmblattleser ebenso auszeichnen wie die Kenntnis der vedischen Wissenschaften und die Befolgung ihrer Regeln im Alltag. Dies gilt natürlich ebenso für Astrologen, Chiromanten und auch für ihren spirituellen Lehrer, wenn sie in Indien auf der Suche nach einem solchen sind.

Vor allem sollte es bei ihrem Nadi-Reading niemals vordergründig um den dafür zu bezahlenden Preis gehen, sondern vor allem um die Fragen, die sie ganz persönlich bewegen und deren Beantwortung sie sich von der Konsultation einer solchen Palmblattbibliothek erhoffen.

Sie müssen sich dafür aber nicht in den kulturell zwar äußerst spannenden, jedoch tropisch heißen Süden Indiens begeben. Auch in der Hauptstadt Delhi ist es möglich, eine Palmblattbibliothek zu besuchen und hoch im Norden des Subkontinents, im gemäßigten Klima des Punjab in der Stadt Hoshiarpur existiert eine Bibliothek, die sich auf den Rishi Brighu beruft. In dieser »Brighu Santa« genannten Schicksalsbibliothek sind die Texte allerdings nicht auf Palmblättern, sondern auf pergamentähnlichem Papier aufgezeichnet. Seit einigen Jahren sollen findige Nadi-Reader dieser Bibliothek jedoch bereits begonnen haben, die alten Texte computermäßig zu erfassen. Vielleicht ist es auf diese Weise sogar bald möglich, sein ganz persönliches

Nadi-Reading »online« zu erhalten. Ob dies jedoch im Sinne der Rishis ist, soll dahingestellt bleiben. Nach unseren Erfahrungen bewirken nicht einfach die Informationen der Palmblattlesung eine Veränderung im Leben des Klienten. Vielmehr bedarf es dazu auch des Erlebnisses der vieltausendjährigen indischen Kultur und des Alltags in diesem Land. Nur auf diese Weise kann jene grundlegende Erschütterung festgefahrener Lebensmuster erfolgen, welche erst die wirkliche Chance einer Neuorientierung ermöglicht.

Zweifellos haben die Palmblattbibliotheken und die Reisen nach Indien unser Leben und das Bild, welches wir uns von der Welt machen, entscheidend verändert. Doch trotz der langjährigen Beschäftigung mit diesem Phänomen sind wir sicher, eigentlich erst am Anfang unseres neuen Weges zu stehen, der im August des Jahres 1993 begann.

Noch sind für uns zahlreiche Fragen nicht ausreichend beantwortet – vor allem jene nach den Schöpfern der Palmblattbibliotheken. Was wurde aus den Rishis, den großen weisen Alten der Vorzeit?

Wir haben inzwischen vielen Legenden und vagen Berichten nachgespürt. Immer wieder stießen wir dabei auf den rätselhaften Begriff Shambhala. Da dies ein tibetischer Ausdruck ist, tut man am besten daran, die Tibeter selbst nach seiner Bedeutung zu fragen.

Der gegenwärtige Vierzehnte Dalai Lama gab bereits im Jahr 1981 dazu die folgende Erklärung an seine damaligen Schüler, die sich der Einweihung in das Kalachakra Tantra unterzogen:

Das Kalachakra Tantra ist stets eng verbunden gewesen mit dem Lande Shambhala – seinen sechsundneunzig Distrikten, seinen Königen und deren Gefolge. Doch wenn du eine Landkarte ausbreitest und Shambhala suchst, so ist es nicht zu finden. Vielmehr scheint es ein reines Land zu sein, das man nicht einfach sehen und besuchen kann, mit Ausnahme derjenigen, deren Karma und Verdienste gereift sind. Wie es auch der Fall ist bei dem Fröhlichen Reinen Land, dem Himmelsterritorium, dem Glückseligen Reinen Land oder dem Berg Da-La. Sogar wenn Shambhala ein reales Land ist – ein wirkliches reines Land – können normale Menschen sich ihm nicht unmittelbar nähern.

Es wird vielleicht möglich werden, wenn man in Zukunft die Raumschiffe bis zu dem Punkt verbessern kann, daß sie schneller als das Licht werden. In der Tat, bis dahin aber muß man reich an Verdiensten sein, um dort hin zu kommen.

Khamtul Jhamyang Thondup, ein Sekretär des Dalai Lama, vervollständigte diese Beschreibung weiter.

»Die Erscheinung Shambhalas hängt vom Geisteszustand des Einzelnen ab«, sagte er. »Darum ist es schwierig, sie zu bestimmen.« Die Lehren des Klachakra Tantra sagen jedoch aus, daß Shambhala aus den Atomen der fünf Elemente geschaffen worden ist, projiziert in das Zentrum des unbedingt leeren Raumes. Da das Erscheinungsbild dieses Ortes also vom eigenen geistigen Status abhängig ist, kann das, was von Shambhala gesagt wurde also ebenso für Berlin, London oder New York behauptet werden. Jeder nimmt eine solche Stadt wahr, wie es die eigene Stimmung – lediglich eine andere Bezeichnung für ›Zustand‹ – erlaubt, sie wahrzunehmen. Für einige ist es die Hölle, für andere der Himmel oder zumindest ein Fegefeuer.«

Durch dieses Beispiel manifestiert sich ein weiteres Mal die Macht des Maya, der Illusion, die alles auf dieser Welt beherrscht. Es gibt keine scharfe Trennung zwischen materiell und immateriell, zwischen der Welt des Stoffes und der Welt des Geistes. Was ist denn eine Stadt anders als das Ergebnis der Gedanken von Millionen von Menschen in Hunderten oder gar Tausenden von Jahren? Die Stadt verwirklicht die Züge der kreativen Ideen dieser Menschen – seien sie nun schön oder häßlich, edel oder schändlich. Daher ist es durchaus gerechtfertigt zu sagen, daß Shambhala genauso real ist für diejenigen, die es wahrnehmen können, wie Berlin es ist für alle, die diese Stadt besuchen.

Wenn in unserer Zeit Shambhala sich nun auch über den Grenzen der materiellen Wahrnehmung befindet, so scheint dies nicht immer so gewesen zu sein. Die Lehre des bereits erwähnten Kalachakra Tantra wird traditionell auf Siddharta Gautama, den historischen Buddha, zurückgeführt, der es ausführlich erläutert hat auf Anordnung von Suchandra, dem König von Shambhala. Nachfolgende Herrscher hielten die Tradition des Kalachakra Tantra lebendig, so daß sie im zehnten Jahrhundert v.u.Z. nach Indien gebracht werden konnte. Den Bewohnern von Shambhala werden neben einem hohen moralischen und gesellschaftlichen Entwicklungsniveau sowie einer damit verbundenen, auch für unsere Begriffe hochentwickelten Technik vor allem außergewöhnliche spirituelle Kräfte nachgerühmt.

Es sind all jene Gaben, über die auch die Rishis verfügen. So ist es den Bewohnern von Shambhala möglich, mittels Levitation die Schwerkraft zu überwinden, sich telepatisch über weite Strecken zu verständigen und an mehreren Orten gleichzeitig zu weilen (Bilokation). Auch sogenannte Geist- oder Astralreisen sind diesen Wesen ohne weiteres möglich. Vor allem in den Palmblattbibliotheken Indiens, aber auch unter der Bevölkerung von Kashmir und im Punjab wird die Überlieferung bewahrt, daß die Rishis sich zu Beginn unseres »Eisernen« Weltzeitalters, des Kali-Yuga nach Shambhala zurückzogen, als die von ihnen geschaffene Kultur mit einem Großteil des gesammelten Wissens beim Untergang der Dritten Welt vernichtet wurde. Von diesem sicheren Refugium aus sollen sie weiter über die Entwicklung der Menschen und Devas wachen, bis es auch diesen möglich geworden ist, in höhere, geistige Sphären zu gelangen.

Zu allen Zeiten aber hat es Menschen gegeben, denen es vergönnt gewesen ist, in dieses verborgene Reich der Rishis oder Mahathmas – der »Großen Seelen«, wie diese Wesen in unserer Zeit insbesondere in der theosophischen Literatur genannt werden – vorzudringen. Zu den bekanntesten Forschern, denen dieser Schritt offensichtlich gelang, gehört die Familie Roerich.

Nicholas Roerich, ein begnadeter Maler, Philosoph und unermüdlicher Arbeiter für einen wahrhaft weltumspannenden Frieden, seine Frau Helena – Medium für den Rishi oder Meister Morya – sowie ihr gemeinsamer Sohn George, der später Professor an der renommierten Yale-Universität wurde, unternahmen in den Jahren 1925 bis 1928 eine großangelegte Expedition durch Indien, China und die Mongolei bis hin zu den Grenzen von Tibet. Im Ergebnis dieser Reise veröffentlichten die Roerichs mehrere Bücher – eines trug den Titel »Shambhala«.

Für Nicholas Roerich war Shambhala das Symbol des kommenden Weltfriedens und der Aufklärung. Alles, was er auf seiner Expedition in Indien, China und der Mongolei aus erster Hand lernte, integrierte er in seine eigene Weltanschauung. Die Expedition der Roerichs hatte eine tiefe spirituelle, vielleicht sogar magische Dimension – und damit verbunden auch eine politische Aufgabe. Doch die Roerichs sollten ihr ersehntes Ziel – die Stadt Lhasa – nie erreichen. Durch eine verweigerte Reiseerlaubnis war die Expedition gezwungen, den Winter 1927/28 wartend vor den Toren Lhasas zu verbringen. Ungenügend für einen solchen Fall ausgerüstet, verloren die Roerichs hier zahlreiche Reisebegleiter und fast alle der in diesen Breiten unersetzlichen Tragtiere durch Erfrieren.

Doch um so intensiver setzte Nicholas Roerich seine Suche nach Shambhala fort, von den er schreibt:

Shambhala selbst ist der Heilige Ort, an dem sich die irdische Welt mit den höchsten Bewußtseinszuständen verbindet. Im Osten weiß man, daß es zwei Shambhalas gibt – ein irdisches und ein unsichtbares. Es ist viel über den Ort des irdischen Shambhala spekuliert worden. Gewisse Anzeichen verlegen diesen Ort in den extremen Norden, indem sie erklären, daß die Strahlen der Aurora Borealis die Strahlen des unsichtbaren Shambhala sind. Dies ist jedoch so nicht zutreffend. Das irdische Shambhala liegt nur von Indien aus gesehen nördlich. Daher ist es im Himalaja, im Pamir, in Turkestan oder der zentralen Gobi zu suchen.

In seinen Schriften verband Roerich die Idee Shambhalas wiederum mit den Überlieferungen, die von den Rishis oder Mahathmas berichten und außerdem mit der Idee des unterirdischen Reiches von Agartha. Den Überlieferungen zufolge, mit denen die Roerichs in Indien und China in Berührung kamen, existierte unter den Plateaus von Zentralasien ein ausgedehntes Höhlensystem. Diese gewaltigen unterirdischen Kavernen werden noch heute durch das Volk der Chud von Agartha bewohnt, schrieb Roerich. In ganz Asien war er auf Erzählungen über diesen verschwundenen, friedlichen und hochzivilisierten Stamm gestoßen. Die Chud waren durch Angriffe kriegerischer Nachbarn gezwungen worden, unterirdisch Schutz zu suchen. Diese Berichte über Agartha waren allerdings nicht von allzu großem Interesse für Nicholas Roerich, wie sich unschwer aus seinen Schriften erkennen läßt. Er erwähnte sie lediglich als Facette der Überlieferungen, die im wesentlichen um Shambhala kreisen.

Die Bücher hingegen, welche der Rishi Morya Roerichs Frau Helena diktierte, waren der Klärung der Frage gewidmet, was die Agni oder das Feuer von Shambhala sei und wie es an der Wende der Yugas funktionieren wird.

Als Agni wird demnach »die große ewige Energie, diese unwägbare Materie, die überall verteilt ist und die uns jederzeit zur Verfügung steht«, bezeichnet. In den vierziger Jahren des zwanzigsten Jahrhunderts, so sagten der Rishi Helena Roerich voraus, »werden sich Energien kosmischen Feuers der Erde nähern und viele neue Lebensbedingungen schaffen.«

Leider geschah dies tatsächlich. Wenn die Roerichs gewußt hätten, in welcher Form Agni gezwungen wurde, sich im August 1945 zu zeigen, sie wären vielleicht vorsichtiger gewesen, es dem westlichen Teil der Menschheit zu empfehlen.

An dieser Stelle soll auch nicht unterlassen werden, darüber zu berichten, daß die Expedition der Familie Roerich am 5. August 1927 im Distrikt von Kukunor Zeuge einer klassischen UFO-Sichtung wurde. Dies geschah immerhin zwanzig Jahre vor dem »offiziellen« Beginn des Phänomens mit einer Sichtung von mehreren unbekannten Flugobjekten über den Rocky Mountains durch den Amerikaner Kenneth Arnold im Jahr 1947. Während Arnold den gesichteten Objekten die unglückselige Bezeichnung »Fliegende Untertassen« verpaßte und somit bereits von Anfang an das Phänomen, wenn auch sicherlich unbeabsichtigt, der Lächerlichkeit preisgab, ist Roerichs Bericht sachlicher Natur, wenn er schreibt:

Wir alle sahen, wie sich etwas Großes und Glänzendes, die Sonne reflektierend, in einer Richtung von Nord nach Süd, wie ein riesiges Oval mit hoher Geschwindigkeit bewegte. Als es unser Lager überquerte, änderte es seine Richtung von Süd nach Südwest. Wir sahen, wie es im tiefblauen Himmel verschwand. Wir hatten kaum Zeit, unsere Feldstecher zu nehmen und sahen ganz deutlich eine ovale Form mit glänzender Oberfläche, eine Seite von der Sonne bestrahlt.

Der einheimische Führer von Roerichs Expedition, ein Lama, bemerkte zu dieser Sichtung: »Ein sehr gutes Zeichen. Wir werden beschützt. Rigden-Jyepo selbst achtet auf uns.«

Auch die deutsche Asienexpedition des Dr. Ernst Schäfer von 1938 wurde Zeuge ganz ähnlicher Ereignisse. In Anbetracht dieser Tatsachen erscheint die Annahme gerechtfertigt, daß es sich bei einem Großteil der alljährlichen UFO-Sichtungen höchstwahrscheinlich eben nicht um außerirdische Intelligenzen, sondern um die Vimanas der Rishis aus Shambhala handelt. Für diese Hypothese spricht ebenfalls das außerordentliche Interesse, welches die Besatzungen der fremden Flugobjekte für die Entwicklung der Menschheit und des Planeten Erde hegen. So sie tatsächlich aus den Tiefen des Alls zu uns kämen, bestünde für sie kein nachvollziehbarer Grund, immer öfter die Menschheit vor einem kollektiven Selbstmord durch einen weltweiten Krieg oder durch eine hausgemachte Umweltkatastrophe zu warnen. Wenn unsere Zivilisation aber durch ihr leichtsinniges, um nicht zu sagen, größenwahnsinniges Spielen mit den Kräften der Natur auch an dem Ast sägt, auf dem zugleich mit uns die Rishis sitzen, dann besteht für diese tatsächlich Handlungsbedarf und die Legenden von Rigden-Jyepo und den Herren der Welt, über die auch Nicholas Roerich berichtet, erscheinen plötzlich in einem neuen, brandaktuellen Bezug.

Für Nicholas Roerich war Rigden-Jyepo der prophezeite Herr der Neuen Ära von Shambhala, welcher zur Zeit eine unbesiegbare Armee vorbereitet. Roerich identifizierte diesen Herren der Welt als Maitreya, den Letzten Avatar, welcher das Kali-Yuga zu Ende führt und zugleich das neue Krita oder Satya Yuga eröffnet.

Es existieren durchaus ernstzunehmende Hinweise darauf, daß Roerichs Expedition bei diesem Wechsel der Zeitalter eine aktive Rolle spielte. Diese Hinweise beziehen sich auf einen geheimnisvollen Stein von einem fernen Stern, der am ehesten mit dem *lapsit exillis*, dem Grals-Stein aus Wolfram von Eschenbachs Epos Parzival verglichen werden kann oder mit dem Stein der Weisen westlicher Alchemie.

Der größere Teil dieses Steines soll der Überlieferung zufolge in Shambhala verbleiben, während ein anderer Teil rund um die Erde zirkuliert und dabei seine magnetische (= geistige) Verbindung mit dem Hauptstein behält. Von diesem wird berichtet, daß er sich auf dem »Turm von Rigden-Jyepo« befinden und von dort aus zum Wohl der gesamten Menschheit strahlen soll. Professor George Roerich, der Sohn des Malers, berichtete, daß der Stein vermutlich vom Sirius stammt. Ein Bruchstück dieses Steines wurde von Zentralasien aus nach Europa geschickt, um bei der Gründung des Völkerbundes zu helfen. Roerichs Expedition soll dann diesen Teil des Zentralsteines wieder nach Shambhala zurückgebracht haben. In der Tat beziehen sich einige Gemälde des Chintamani-Zyklus von Nicholas Roerich ganz offensichtlich auf diese geheime Mission.

Auch wir werden uns im Erscheinungsjahr dieses Buches auf eine Expedition durch den Norden Indiens begeben, die den Spuren von Nicholas Roerich folgt. Sie soll uns dem irdischen Shambhala, dem Refugium der Rishis, dieser Weisen der Vorzeit, wiederum einen Schritt näher bringen.

Auf dieser Reise wird neben Dharamsala, dem Exilort des Dalai Lama – der vielen als irdischer Repräsentant von Shambhala gilt – auch das Tal von Kullu zu unseren Zielen gehören. Dort verbrachte Nicholas Roerich seine letzten Lebensjahre. Ein liebevoll gestaltetes Zentrum erinnert an ihn und seine unermüdliche Arbeit für den Weltfrieden und die Verständigung der Völker untereinander. Wir werden auch in dieser Beziehung seinen Spuren folgen. Denn das Ziel unserer Reisen und Expeditionen ist es, jenen, die sich unserer Leitung anvertrauen ebenso wie den Menschen der Länder, die wir besuchen, zu vermitteln, daß der andersartige Fremde kein potentieller Feind, sondern immer zuerst ein möglicher Freund ist.

Daher steht die Frage nach dem Beweis für die Existenz der Rishis und ihrer Heimat Shambhala auch keineswegs allein im Vordergrund der Forschungen, obwohl sie ein Teil unserer Suche im Außen ist.

Viel wichtiger erscheint uns die Frage, was jeder, der mit dem Vermächtnis der Rishis – den Schicksalsbibliotheken Indiens – in Berührung kommt, mit den Informationen, die ihm dort über sein Leben zur Verfügung gestellt werden, beginnen kann.

Die Wende zu einem neuen Jahrtausend steht unmittelbar bevor. Viele Seher und Propheten, denen ebenso wie den Rishis zu verschiedenen Zeiten ein Teil der Informationen aus der

Akasha-Chronik zugänglich gewesen ist, verbinden mit der Jahrtausendwende furchtbare Ereignisse – schreckliche Kriege und weltumspannende Naturkatastrophen, die einen Großteil der Menschheit vernichten sollen. Doch wir sind überzeugt, daß diese Ereignisse nicht unbedingt eintreten müssen. Die Akasha-Chronik und ebenso die aus ihr abgeleiteten Palmblattbibliotheken sind keine Goldenen Bücher des Schicksals, in denen alle Ereignisse unabwendbar festgeschrieben stehen. Vielmehr handelt es sich bei diesem Weltgedächtnis um eine Art von virtuellem Speicher, der ständig Dinge und Ereignisse aufnimmt, die initialisiert oder verändert werden. Die Rückwirkungen davon erleben wir alle Tag für Tag, denn unser Leben ist in unserem ureigenen Buch – oder Palmblatt – beschrieben. Doch diese Beschreibung wird ständig ergänzt. Was auch immer geschieht, es kommt auf jeden an, was in der Akasha-Chronik durch die Aktionen und Reaktionen auf bestimmte Lebensumstände geschrieben steht.

Daraus läßt sich aber ebenso ableiten, daß der von vielen ersehnte und propagierte Übergang in ein neues »Goldenes Zeitalter«, das Satya Yuga, sich nur durch die Mitwirkung jedes einzelnen erreichen läßt. Die erwünschte Veränderung im Außen wird erst eintreten, wenn die Transformation im Innen gelungen ist.

Wem also in den Palmblattbibliotheken bestätigt wird, daß er sich auf einem geistigen Pfad befindet und die Anlagen für noch größere spirituelle Fähigkeiten in sich trägt, der wird enttäuscht über das Ausbleiben des Erfolges auf seiner Suche sein, wenn er in sein Alltagsleben zurückkehrt, ohne etwas daran zu verändern. In diesem Fall nämlich wird er seine spirituellen Anlagen verkümmern lassen. Pflegt derjenige jedoch diese Fähigkeiten und nutzt die Hinweise des Nadi-Readings, so wird er all das erreichen, was ihm das Palmblattmanuskript voraussagt.

Enttäuscht werden jedoch auch all jene sein, die heimlich wünschen, in Indien im Eilzugtempo und ohne große Mühe die Erleuchtung erreichen zu können oder jene, die mit ganz bestimmten Erwartungen, deren ausschließliche Bestätigung sie erhoffen, die Schicksalsbibliotheken aufsuchen. Wer jedoch mit wirklichen Fragen und offenen Herzens in die Palmblattbibliotheken kommt, wird für alle diese Fragen jene Antworten erhalten, die er sucht und die für seine weitere Entwicklung wichtig sind.

In einem vorangegangenen Kapitel hatten wir die Zeit mit einem mächtigen Strom verglichen. Zu diesem Bild wollen wir nunmehr zurückkehren. Die Aussagen der Palmblattmanuskripte bilden so etwas wie eine geistige Seekarte für diesen Strom der Zeit, mit deren Hilfe wir unser Lebensschiff steuern sollen. Diese spirituelle Karte zeigt also alle Untiefen, gefährlichen Strudel und steinigen Küsten, aber ebenso den idealen Kurs durch die Fährnisse des Lebens und der Zeit. An jedem selbst aber liegt es, diesen Kurs zu steuern. Ein guter Kapitän wird seiner Seekarte vertrauen, sich aber nicht ausschließlich auf sie verlassen, sondern zugleich Wind, Wetter und die See beobachten, um selbst den idealen Kurs zu finden. Wenn er dies dann erreicht hat, so braucht er die Seekarte nicht länger. Bezogen auf die Palmblattbibliotheken bedeutet dies, daß jeder, der seine spirituellen Fähigkeiten kontinuierlich und diszipliniert vervollkommnet, sich also ernsthaft auf eine geistige Suche begibt, nicht nur die Aufgabe, welche ihm in seinem Palmblattmanuskript dargelegt wird, in diesem Leben verwirklichen kann, sondern darüber hinaus selbst den Zugang zu den geistigen Welten und auch zur Akasha-Chronik zu erlangen vermag.

Wie bereits ausgeführt, hat diese Chronik keinen ausschließlich deskriptiven Charakter. Sie schreibt also nicht den Ablauf der Ereignisse in dieser Welt unausweichlich vor. Vielmehr ist es möglich, mit ihr aktiv zu arbeiten, wie auch unsere Erfahrungen mit den Voraussagen der Palmblattbibliotheken bestätigen. Diese sind ebenso wie die Akasha-Chronik selbst vor allem ein Hilfsmittel zur Klärung von Ursachen, die in der Vergangenheit liegen und sich in der Gegenwart auswirken oder sich möglicherweise erst noch in der Zukunft auswirken werden. Diese Zukunft durch die Voraussagen der Palmblattbibliotheken oder den Zugang zur Akasha-Chronik zu kennen, bedeutet auch, diese Zukunft beeinflussen zu können. Wenn es denn so etwas wie ein Geheimnis der indischen Palmblattbibliotheken gibt, dann ist es dies:

Die Palmblattmanuskripte sind eine Beschreibung unseres

Lebens. Leben aber müssen wir es selbst jeden Tag aufs Neue. So schreiben wir das Buch unseres Schicksals.

Dieses Vermächtnis der Rishis läßt sich am besten wohl in jene Worte fassen, die Bhagawan Sri Shuka Maharshi zugeschrieben werden und die uns Gunjur Sachidananda, der Palmblattleser aus Bangalore, mit auf den Weg gegeben hat:

TROTZDEM

Die Menschen sind unvernünftig, irrational und egoistisch.
Liebe diese Menschen trotzdem.

Wenn du Gutes tust, werden dich die Menschen beschuldigen, dabei selbstsüchtige Hintergedanken zu haben.
Tue trotzdem Gutes.

Wenn du erfolgreich bist, gewinnst du falsche Freunde und wahre Feinde.
Sei trotzdem erfolgreich.

Das Gute, das du heute getan hast, wird morgen schon vergessen sein.
Tue trotzdem Gutes.

Ehrlichkeit und Offenheit machen dich verwundbar.
Sei trotzdem ehrlich und offen.

Die Menschen bemitleiden Verlierer, doch sie folgen nur den Gewinnern.
Kämpfe trotzdem für ein paar von den Verlierern.

Woran du Jahre gebaut hast, das mag über Nacht zerstört werden.
Baue trotzdem weiter.

Die Menschen brauchen wirklich Hilfe, doch es kann sein, daß sie dich angreifen, wenn du ihnen hilfst.
Hilf diesen Menschen trotzdem.

Gib der Welt das Beste, was du hast,
und du wirst zum Dank dafür einen Tritt erhalten.
Gib der Welt, das Beste, das dir gegeben wurde.

Trotzdem.

DANKSAGUNG

Ein herzliches Dankeschön soll an dieser Stelle all jenen ausgesprochen werden, ohne die dieses Buch nicht entstanden wäre. Insbesondere geht unser Dank an die Herren Holger Kersten und Rainer Holbe, ohne deren Arbeit wir vermutlich nie auf das Phänomen der Palmblattbibliotheken gestoßen wären.

Ebenso herzlich danken wir unserem unermüdlichen Verleger Thomas Mehner, der die Realisierung dieses Manuskriptes mit großer Geduld und Einfühlungsvermögen begleitete.

Auch den Palmblattlesern der besuchten Bibliotheken von Madras, Kanchipuram und Bangalore danken wir für ihre Gastfreundschaft, ihre Güte und ihr Vertrauen, uns, die wir als Fremde kamen, mit der Tradition des Nadi-Reading vertraut zu machen.

Nicht unerwähnt bleiben sollen die Kernphysiker des Institutes für Ionenstrahlphysik Rossendorf und die Philologen der Universitäten von Berlin, Prag und Göttingen, denen wir die wissenschaftliche Analyse der Palmblattmanuskripte verdanken.

Unser Dank geht weiterhin an all jene zuverlässigen Hoteliers, Dolmetscher und Kraftfahrer in Indien, ohne die unsere Recherchen vor Ort undenkbar gewesen wären. Stellvertretend für alle seien an dieser Stelle Mr. Murgan vom Hotel »Imperial«, unser Dolmetscher Mr. Davis und der Fahrer Kumar genannt, der uns unfallfrei durch ganz Südindien chauffierte.

Abschließend wollen wir all jenen nochmals Dank sagen, die in dieser kurzen Aufzählung nicht namentlich erwähnt werden konnten. Vor allem bedanken wir uns aber bei all den Reisenden, die sich unserer Führung zu den indischen Palmblattbibliotheken anvertrauen. Sie sind alle ein Teil unserer persönlichen Entwicklung – ein Teil jenes Weges, auf dem wir alle fortschreiten und der letztendlich jedes Wesen nach Arcadia führt.

VERWENDETE LITERATUR

Arz, Wilfried, Palmblattbibliotheken in Südindien, in DAO, Heft 2/98, S. 20 ff., DAO Zeitschriften Verlag, Hamburg 1998

Blavatsky, Helena Petrovna, Die Geheimlehre, Secret Doctrine, Adhyar/ Madras 1877

Blavatsky, Helena, Die entschleierte Isis, Isis unveiled, Adhyar/ Madras 1888

Blumrich, J. F., Kasskara und die sieben Welten, Droemersche Verlagsanstalt Th. Knaur Nachf., München 1985

Buttlar, Johannes von, Gottes Würfel, Herbig Verlag, München 1992

Childress, David Hatcher, Lost Cities of China, Central Asia and India, Adventures unlimited, Stelle, IL 60919, USA 1991

Childress, David Hatcher, Lost Cities of Ancient Lemuria & the Pacific, Adventures unlimited, Stelle, IL 60919 USA 1987

Churchward, James, Mu – der versunkene Kontinent, Windpferd/Reihe Atlantis, Aitrang 1990

Däniken, Erich von, Reise nach Kiribati, Ullstein Sachbuch, Düsseldorf 1983

Frankenberg, Peter, Spuren im Weltgedächtnis, in VISIONEN, Heft 01/97, S. 49 ff., Sandila Verlag, Herrischried 1997

Finlay, Huge & Kollegen, Indien-Handbuch, 5. Auflage, Gisela E. Walther Verlag, Bremen 1997

Gehring, Heiner, Die Innere Erde – Eine Übersicht, Innere Erde Gemeinschaft 1997 im Vertrieb des CTT-Verlages, Suhl 1997

Godwin, Joscelyn, ARKTOS - Das Buch der Hohlen Erde, Edition Neue Perspektiven, Peiting 1997

Hedin, Sven, Transhimalaya – Entdeckungen und Abenteuer in Tibet, 7. Auflage, F. A. Brockhaus, Mannheim-Leipzig 1985

Hopkirk, Peter, Foreign Devils on the Silk Road, Oxford University Press, Oxford 1980

Krack, Rainer, Hindi für Globetrotter, Kauderwelsch-Sprachreiseführer Bd. 17, 3. Auflage, Peter Rump Verlag, Bielefeld 1991

Krack, Rainer, India obscura, Peter Rump Verlag, Bielefeld 1986

Krassa, Peter & Habeck, Reinhard, Die Palmblattbibliothek und andere geheimnisvolle Schauplätze dieser Welt, Herbig Verlag, München 1993

Lippert Helga & Kollegen, Das Mysterium des Shiva, in Gottfried Kirchner (Hrsg.), TERRA X – Von Atlantis zum Dach der Welt, Gustav Lübbe Verlag, Bergisch Gladbach, 1988

Mahajan, V. D., Ancient India, S. Chand & Company Ltd., New Delhi 1997

Morgenroth, Wolfgang, Das Schlangenopfer – Geschichten aus dem Mahabharata, Rütten & Loenig, Berlin 1987

Mylius, Klaus, Älteste indische Dichtung und Prosa, Verlag Philipp Reclam jun., Leipzig 1978

Narandra M. R., Pralaya 1999, Is this the last decade for human race?, H. Venkataramaiah & Sons, Mysore/India 1997

Prabhupada, Bhaktivedanta Swami, Srimad Bhagavatham, Zweiter Canto, The Bhaktivedanta Book Trust reg., Heidelberg 1983

Rausch, Barabara & Meyer, Peter, Indien – Nepal, 7. aktualisierte und verbesserte Auflage, Barbara Rausch Verlag, Wetzlar 1992

Reddy, Gouru Tirupati, The Secret World of Vaashtu, Padullaparti Chandra Sekhar, Hyderabad/India 1994

Risi, Armin, Gott und die Götter, 2. Auflage, Govinda-Verlag, Zürich – Berlin 1996

Rohr, Wulfing von, Es steht geschrieben ..., Ariston-Verlag, Genf/ München 1994

Schweia, Horst, Muruganadam, K., Tamil für Globetrotter, Kauderwelsch-Sprachreiseführer Bd. 39, 2. Auflage, Peter Rump Verlag, Bielefeld 1993

Taylor, Prof. John, Eine Schlacht in der Zeit festgebannt?, in Unglaublich – aber wahr, Verlag DAS BESTE, Stuttgart 1989

York, Ute, Eine Reise zu den indischen Palmblattbibliotheken, Reihe Esoterik, Droemersche Verlagsanstalt Th. Knaur Nachf., München 1995

Waterstone, Richard, Living Wisdom India, Duncan Baird Publishers, London 1995

Weiterhin fanden die privaten Aufzeichnungen aus den Reisetagebüchern der Autoren von ihren Reisen im August 1993 und Juli/August 1995 sowie der Text des von ihnen verfaßten Artikels »Dem Schicksal auf der Spur«, Magazin »esotera«, Heft 9/94 aus dem Verlag Hermann Bauer Freiburg, Eingang in dieses Buch.

BILDQUELLEN

Alle Aufnahmen stammen von den Autoren.

Außerdem erschienen bei CTT:

Annett & Thomas Ritter
RENNES-LE-CHATEAU – DAS GEHEIMNIS DER PYRENÄEN

Um 1900 kommt der einfache Landpfarrer Berenger Sauniere aus dem winzigen Dorf Rennes-le-Chateau bei Carcasonne auf mysteriöse Weise zu unerhörtem Reichtum. Er baut Villen, läßt die Kirche des Ortes auf eigene Kosten rekonstruieren, wird Großgrundbesitzer und empfängt bedeutende Gäste aus Politik und Adel. 1917 stirbt er unter seltsamen Umständen und nimmt sein Geheimnis mit ins Grab.
Woher hatte Sauniere seinen Reichtum? War er Alchimist und stand mit dem Teufel im Bunde? Warum bezahlte ihm dann der Vatikan wahrhaft fürstliche Summen? Hatte Sauniere etwa das Vermächtnis des Templerordens entdeckt oder gar etwas, was nicht von dieser Welt stammte? Aus welchem Grund interessieren sich die Prieure de Sion – ein mächtiger Geheimbund –, aber auch andere bedeutende Personen so brennend für Rennes-le-Chateau?
Was wie eine Schatzgräberstory begann, erweist sich bei genauer Betrachtung als Kampf um eine absolute Macht, um die Möglichkeit des realen Zugangs zu einer anderen Dimension oder Seins-Form. Diese spannende Geschichte, die vor mehr als 1000 Jahren begann, ist noch lange nicht zu Ende ...

(260 S., Abb., A5, Pb., ISBN 3-933817-04-8),
Preis: 32,- DM

erhältlich im Buchhandel unter Angabe
der ISBN oder direkt beim Verlag:
CTT-Verlag, Stadelstraße 16, D-98527 Suhl
Fax: 03681 / 30 49 18, Email: CTTDIREKT@aol.com